健康占星全書

12星座的身心靈功課，校準能量的72個生活練習

YOUR BODY AND THE STARS

THE ZODIAC AS YOUR WELLNESS GUIDE

史蒂芬妮·莫倫歌 Stephanie Marango、麗貝卡·戈登 Rebecca Gordon 著
星光餘輝 譯

目錄

3 公牛的頸部 59

4

孿生子的雙手 81

5

蟹兒的胸部 103

6

獅子的心臟 127

7

處女的腹部 153

8

天平的背部 179

9

蠍子的薦骨 201

10 人馬的臀部 225

11

海山羊的膝蓋 249

各界讚譽

「麗貝卡・戈登是我見過最好的占星師之一。她真誠、風趣，而且才華洋溢！我向每一個人推薦她的作品以及《健康占星全書》！」

——嘉柏麗・伯恩斯坦（Gabby Bernstein）

「紐約時報」暢銷書《用願力召喚奇蹟》（*Miracles Now*）作者

「我很喜歡史蒂芬妮醫師與麗貝卡將你的身體和靈魂帶到另一個維度，不僅融合了物質、形上學和心智，也深度探索了我們自己與每一個黃道星座的關聯。《健康占星全書》深入地教育我睜開雙眼，看清我是多麼地需要利用其他星座的元素來讓自己完整。這真是一本出色的傑作！」

——伊麗莎白・霍夫帕普（Elisabeth Halfpapp）

身心編程（Mind-body Programming）執行副總，呼氣法的共同創辦人，核心融合（Core Fusion™）芭蕾課程的共同創作者，《芭蕾健身》（*Barre Fitness*）的共同作者

「這是一本完美的著作，由史蒂芬妮醫師與麗貝卡・戈登共同執筆。我著迷於占星和健康差不多五十年了，這兩位女士所彙整的資料，對有興趣研究占星學與身體關係、以及你可以如何運用這些資訊達致更大幸福的人來說，

實在是詳實又有用。我強力推薦《健康占星全書》。」

——埃爾森・M・哈斯（Elson M. Haas）醫學博士

綜合家庭醫師（網站：elsonhaasmd.com），

《四季健康法》（*Staying Healthy with the Seasons*）與《營養健康法》（*Staying Healthy with Nutrition*）作者

「天體物理學家卡爾・薩根（Carl Sagan）說過：『我們是星辰打造的。』而在突破性的最新力作《你的身體就是12星座》當中，占星家麗貝卡・戈登與全人照護醫師史蒂芬妮博士，支持這個強而有力的宇宙概念。她們用一份綜合的全人健康指南讓讀者看見，藉由實用的工具和精巧如宇宙法則的健康計畫，如何將你的整體幸福增至最大。透過理解星座與自己身體之間的關係，麗貝卡和史蒂芬妮醫師帶你踏上一趟自我發現之旅，那將會引領你進入與星辰及物質世界和諧共存的境地，讓你看見如何活在最佳的健康狀態中。」

——羅尼・葛利許曼（Ronnie Grishman）

《戴爾星象》（*Dell Horoscope*）雜誌總編輯

「太棒了，史蒂芬妮醫師和麗貝卡！我現在醉心於認識我的身體以及我要求它完成的一切，而那是如此地深受我和宇宙的形上連結所影響。我從本書中所習得的智慧，已經深化了我對自己身體的讚賞以及我對身心概念的理解，而那是如此地遍佈在我們的呼氣健身課程之中。感謝這本偉大的著作。現在，它將是我的參考書目之一。」

——弗雷德・德維托（Fred DeVito）

呼氣法的執行副總兼共同創辦人，核心融合芭蕾課程的共同創作者，《芭蕾健身》的共同作者

【作者序】

連結身體和星座的養生智慧

我相信科學，也相信靈性，知道能量有無數種形式。事實上，我認爲科學和靈性時常訴說著類似的事情，只是以不同的方式訴說。但科學著作與我卻出現分歧：我不讓自己僅僅侷限在科學——只接受唯有人類當前科技可以理解的事物才是可能的。恰如紫外線和微生物，在人類開發出可以看見它們的適當工具之前，這兩樣東西早就存在了。同理，我相信還有許許多多現代人的眼睛和心智所看不見的東西。我是誰？怎能侷限大自然的能力呢？或是怎能侷限我們理解大自然能力的方法呢？

二〇一二年在一場探討意識進化的討論會期間，我就是抱持這樣的心態迎接麗貝卡的占星學簡報。在此之前，我對於占星學從未深思細想過。當然，我知道自己的太陽（出生）星座（射手座），也翻閱過一些星象資訊，但除了基本的流行文化，占星學不曾實質地進入我的視界範圍內。因此，我很詫異麗貝卡的談話居然對我造成如此大的衝擊。但的確是這樣啊！而且我相信是這樣，因爲麗貝卡把星座解釋成「實用的魔法」，而這也同樣是我在擔任全人照護醫師的過程中，對人體的理解。

在我的定義中，「實用的魔法」是指有能力採用人世間看不見的原力（例如，念頭、情緒、覺受、直覺及其他），同時將它們具體地表達出來；這是在祭出「無形之形」（formless form）。好比你腦袋裡的某個念頭（例如，「我想買房子」），如何在某一天轉譯成某樣可觸摸的東西（某間被你和你的其餘有形財產占據的眞實磚牆灰泥住宅）；或是工作上因老闆所造成的尚未克服的情緒壓力，如何變成頸部的肌肉張力。在我心中，那是一種魔法。

而且這很實用，因爲它涉及你的日常生活。你的念頭、感覺、印象，最終都被表達在你選擇吃下的東西、選擇度日的方式、以及選擇與誰共度時光等等之中。你是可以同時選擇「無形」和「無形之形」的魔術師！有時候，你外在的選擇會反映出你內在的眞實本質，但並非始終如此。對於如何生活，你不見得可以始終感到一致或平衡，因而造成了一種「不適感」。其實，最能充分表達健康的，不外乎是：全然地表達你自己。

這帶領我們回到麗貝卡與她的能力——她能夠解讀你的出生星盤，進而點滴蒐集蘊含其中的宇宙萬物。無論個案是家庭主婦或公司的專業人士，麗貝卡都會提醒每一個人，是什麼因素造就了個案的獨一無二，從個人的指紋樣式，到個人靈魂的藍圖。麗貝卡解讀個案的星座，使個案與他們的更大智慧連成一氣，從而興起動機，走出自己的舒適圈，活出最爲廣闊浩瀚的人生。

舉例來說，她可能會引導某位金牛座的個案擴大自我表達，那不僅會幫助個案與自己的眞實本質連成一氣，而且有助於解決頸部的緊繃。同樣地，我會鼓勵頸部長期緊繃的病患，讓對方更深入地理解自己的身體，以及身體與心智、情緒、靈性的連結；病患無形的念頭、感覺、以及與自我表達相關的故事（在物質和形上層面，頸部都代表自我表達），可能會導致有形的肌肉緊繃和壓力。然後我會教導病患實用的工具（運動、呼吸、營養、靜心冥想等等），以此對治問題。

因此，雖然麗貝卡和我外表看似大相逕庭（或者如同某笑話的開場，說一位醫師和一位占星師走進一間酒吧……），但我倆都帶著根深柢固的信念來應對自己的個人生活和職業生涯，相信一切均蘊藏於內，相信你的身體包含整個宇宙的智慧，而那可以充當通向個人幸福安康的鑰匙——只要你讓宇宙的智慧接管。

當然，在認識對方（那並沒有發生在那場討論會當晚）之前，我們並沒有覺察到這個概念上的重疊。沒錯，第一晚見到麗貝卡時，我就知道有一天我們將會認識，並且建構一份深厚的關係，但這需要發生在適當的時間。因此，在她演講期間，我只是坐著微笑，隔天醒來興起了勾勒本書大綱的靈感……然後等了大約六個月，直到事實證明，我在某療癒中心租用的辦公室空間就在麗貝卡的辦公室隔壁。值得討論一下我倆的星盤！

然後接下來故事的發展，哦，就是這本書了。這是一本談論你的身體與星座的著作，以一個清新的觀點，讓你得以醒覺，起身面對新的可能性，並且超越你目前想像「自己是誰」或「應該是誰」的限定。此書也附帶了實用的工具，幫助你活出最充實、最豐富、最安好的人生。

此刻，難道不是取回你的完整自我的時候嗎？該是時候成爲研究自己的專家了吧？假使眞的如此，假使你感覺到除了現在的快樂、健康之外，還有其他更多的事物，而且你想要爲此承擔實際的責任，那麼我們邀請你前來探索這個自我故事的下一篇章。這一則故事談論的是：天堂與人間、靈性與物質，以及居住其間的「你」。

——史蒂芬妮醫師（Dr. Stephanie）

【前言】在所有層面活出最好的自己

這不是一本占星書，也不是一本解剖學著作；應該說，這是一本健康指南，是以星座為基礎的全人健康指引，有別於以特定飲食或日常鍛鍊為基礎的健康指南。世上有許多方法可以保持健康，同時感覺安好，而且幸運的是，當代的焦點正逐漸轉向以「全人健康」作為新的健康型態。千萬不要誤解我們的意思！我們相信傳統西方醫療系統儘管有其缺失，但的確表現出色，只不過其焦點在於急性照護以及疾病的診斷和管理，而不在於健康優化和全人健康。

「全人健康」的涵蓋面更廣泛，不僅是身體，更囊括心智、情緒和靈性。可是當我們進入這些無形界域時，許多全人健康療法變得很難用當前的科學尺度和方法加以證明。畢竟，相較於用X光檢查骨折，評估一個人情緒和心智的幸福狀態是比較模糊的。但有一個理由，使得全人療法現在變得比另類療法更為主流，那即是：大多數體驗過營養、瑜伽、針灸等療法的人，除了自己親身的感覺，並不需要任何進一步的證明。對大部分的我們來說，個人的健康、經驗和理解就是明證。

本書提出另一種方式，可以存取你的一切有形和無形的零星片斷，同時幫助它們開始以一個「統一的整體」來運作。乍看之下，利用黃道星座促進全人健康的療法似乎有些偏門，但我們只是取回一套被認可過的古老信念系統——一套鞏固現代醫學和科學基礎的信念系統，並且不去理會任何的誤解或爭議。誠如美國科學史學家大衛·林德柏格博士提醒我們的：「如果希望公平對待整個歷史事業，就必須如實地看待過往……

我們必須尊重先人接近大自然的方法，承認它，儘管那可能與現代的方法不同，卻仍舊有其趣味性，因爲那是我們智慧傳承的一部分。」①因此，使用本書時，我們要求讀者不僅要對自己的幸福喜樂負起更大的責任，還要嘗試實踐幸福喜樂的新方法，如此，這方法將會擴展、吸引並啓發你，使你對身體狀況與全人健康擁有不同於以往的理解。

星座的故事提出威力強大的法則，使你能夠最充分地表達全人健康，亦即：全然地表達你自己。如果將你對這些法則的關注放在與你的身體的關係中，你將會逐漸領悟到，你是遠遠超乎肉眼所見的。當然，你將會感覺更好、更自在釋然，但本書眞正的禮物是：它有助於引導你在「所有」層面（包括身、心、靈）活出最佳版本的自己。在如此實踐的過程中，你將會實現更有質地和品質的人生——擁有容光煥發的身體、振奮人心的想法、得到擴展的情感、值得信賴的直覺。然後，最終，你個人的小宇宙，將會跟你理所當然屬於的大宇宙重新連結。

本書的撰寫基礎及各章脈絡

《健康占星全書》利用黃道帶作爲你的身體形相的地圖，而且從頭至尾象徵你與宇宙萬物的連結。這可幫助你取回自己的身體，將身體置於你的更大整體中作考量，而當你這麼做時，你就取回了自己已然丟失或遺忘的面向。我們所做的，只是搭橋銜接其間的療癒連結。

第一章爲這個連結奠定了基礎，我們在這一章介紹星座的背景脈胳之於占星學和你的身體的關係。接下來的十二個章節，每一章均專章談論某個特定的身體部位以及與其相關聯的黃道星座，並深入探討更多身體與星座相互關聯的詳實細節。身體部位爲每一章設置舞臺（頭部、胸部、膝蓋），搭配聚焦在肌肉骨骼的解剖結構，因爲骨骼、關節、肌肉往往是最可關聯且最容易存取的部分。然後，我們將身體連結至該黃道星座在占星學上的精神或性格，透過該星座的主題呈現出來，並解釋這個主題，進而介紹它的普世特徵，同時爲讀者強調它的個人關聯性。

每一章的「不健康的身體警訊（兩種極端）」一節，意在向讀者介紹「可能」伴隨身體症狀而出現哪些需要考慮的心智和靈性問題。這些不是為了自我診斷，也並非暗示某些日期或特點一定會造成某些症狀；更確切地說，它們勾勒出黃道星座與身體表現之間可能存在的連結，而這些連結其實比本書所描述的複雜許多。再次重申，強調的重點在於肌肉骨骼的表現（同時約略提及其他面向）。

爲了讓資料切題且實用，我們緊接著提出自學式提問，協助闡明目前活在你之內的星座主題（因此在觀察的過程中要誠實以對，且不加以評斷），以及動作建議，引導你將這些主題帶到物質生活中。所推薦的練習就大部分的經驗層面而言都是實用的，而且是揀選自種種物理療法，包括：伸展和強化鍛鍊、瑜伽、皮拉提斯（Pilates）課程等等。我們無法囊括每一種練習的圖像，因此鼓勵讀者請教當地的教練，或是上網查詢與本書所舉練習相關的影視教學說明。

這些練習的用意是要滿足廣大群眾，並且只需略加修改調整，便可裁剪成適合你的程度。儘管如此，我們鼓勵讀者進一步將這些練習修改得符合你身體的需求（譬如，增加重複的次數，減少一次撐握的時間，利用瑜伽磚和軟墊）。請務必勤加練習，帶著自我覺知，加上適度的校正，並以你的最大安全爲考量。不當地執行某個進階動作，往往比適度地完成某個基本動作更容易。

你一定會注意到，十二個主要章節交互使用特定性別的名詞和代名詞（「他」和「她」）。這個用法是根據前人討論過的星座極性。「二極性」（polarity）就是「二元性」（duality）——陰與陽，雌與雄，負向和正向——代表相互的理解。如此稱謂並無貶損之意，也與性別無關。譬如說，牡羊之類的火象星座被認爲偏陽性，共享行動和外向性之類的特質；而因爲牡羊是陽性星座，所以，牡羊座那一章採用的代名詞就是「他」。另一方面，金牛是陰性星座，於是用來描述金牛能量的代名詞便是「她」。雖然這不是一般常用的準則，但我們仍採用這個方法來協助維繫每一個星座的完整性。

本書最後附上具實用參照功能的附錄，包括：以圖表舉例說明不同的身體表現與黃道、身體連結之間的關係；十二星座全身能量掃描；人體骨骼結構與部位名稱。撰寫本書時，我們只介紹了浩瀚的占星學和解剖學領域，以及其間的療癒連結；這些附錄的目標，是要使讀者能夠靠自己繼續學習，同時不斷地去體驗。

如何最有效的閱讀本書

我們相信，「經驗」就是大師級教師。許多占星學或解剖學著作的讀者，往往只閱讀他們認爲與自己有關的章節（譬如，太陽處女只閱讀處女座相關章節，膝蓋外科醫生只閱讀膝蓋相關章節）。然而，我們鼓勵你去經驗本書的每一個章節，因爲每一個身體部位和星座都活在你之內！你可能出生在處女座的時段，但仍有攣生子的雙手（雙子座）和獅子的心臟（獅子座）。每一天，不同的星座都透過你而做出不同的表達。

當某個身體部位由於外來的疼痛或內在的失衡而需要關注時，該星座的敏感弱點也就浮上檯面。事實上，身體和星座都需要關注，且與你的其餘部分達致平衡。你當然不必等到自己的某一部分故障了，才閱讀相關章節。事實上，我們鼓勵你閱讀不同身體部位的相關內容，從而優化各個部位的健康——只要這是你受

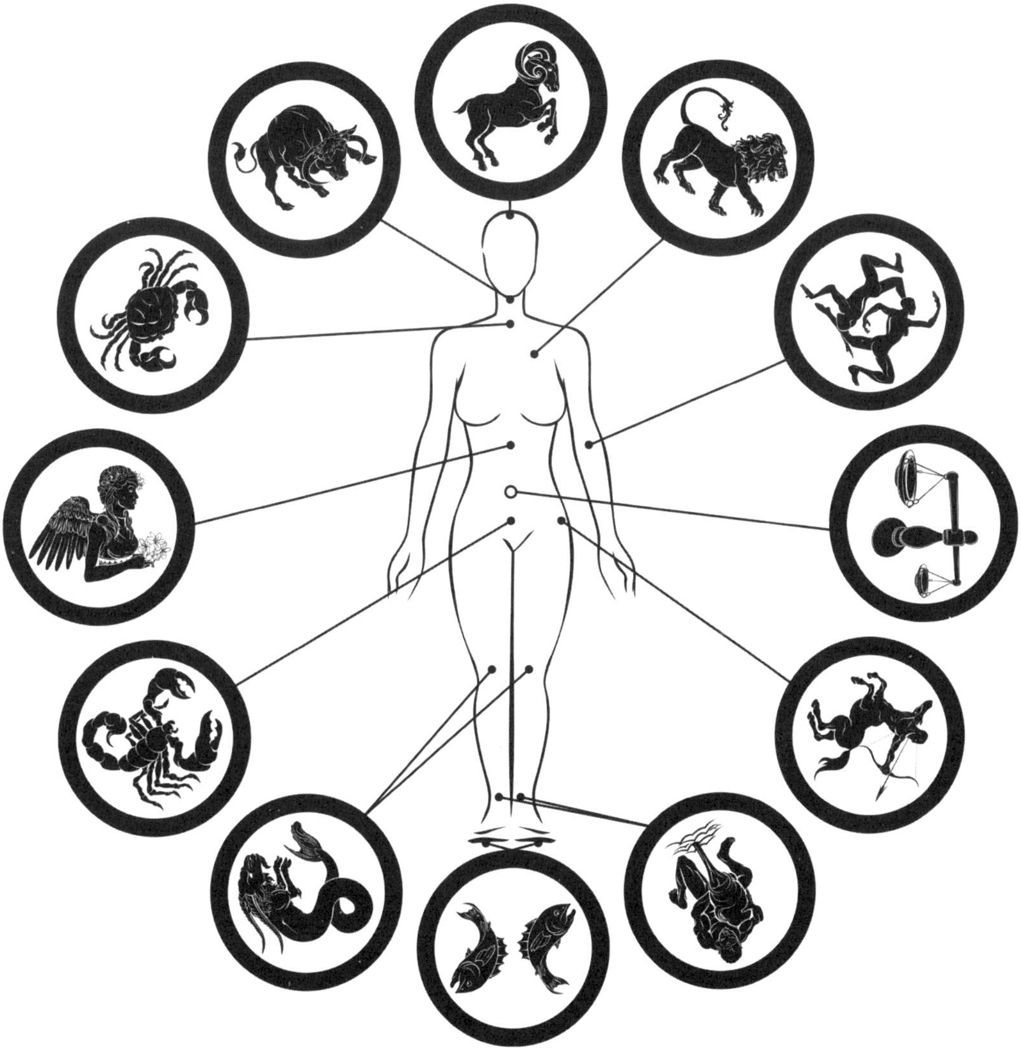

到本書吸引的原因。換言之，我們鼓勵讀者依照與你產生共鳴的順序閱讀各個章節，如此，本書才可以被用作量身訂製的身體掃描圖兼全人健康參考書，方便一再地使用。

你可以根據身體部位或黃道星座選擇某一章，然後開始掃描。選擇你最感興趣的身體部位，或許這與你的太陽星座相關聯，或是你最近才在某健身雜誌上讀到這個部位，或者這是你覺得疼痛的部位。舉例來說，如果你是想要多加了解膝蓋的跑者，請參閱第十一章「海山羊的膝蓋」。要以開放的心態接觸這一章，帶著諸如此類的提問：「我的膝蓋的實際狀況如何？它們在我的生命中扮演什麼樣的角色？我可以從我的膝蓋學習到什麼課題？」然後翻到上一章和下一章的身體部位。以此例而言，分別是第十章「人馬的臀部」和第十二章「持水者的腳踝」，以了解可能與膝蓋疼痛相關的相連身體部位。

此外，本書也將探討你與星座的連結、星座代表的古老智慧，以及你該如何透過自己的身體形相來運用星座的智慧。因此，你也可以依據自己的太陽（出生）、月亮或上昇星座，或是依據你想要進一步體現的某個星座主題，選擇開始閱讀某一章。譬如說，假使你是個太陽雙魚，想要更加了解自己的本質，以及如何最適當地表達自己的本質，那就翻到第十三章「魚兒的雙腳」。閱讀的時候，問些諸如此類的問題：「我要如何活出魚兒的本質？這個星座爲我呈現的是什麼課題？我的雙腳如何體現我的本質的這個部分？」

當你從自己所選擇的觀點來閱讀時，要同時密切注意這對你有何意義。哪些特徵感覺起來強固而健壯？哪些可以被發展得更好？要盡可能地誠實面對自己，才能從本書獲得最大裨益。

每一個人都有優勢強項和敏感弱點，這無關好壞善惡。過度強勢有過度強勢的問題（例如，肌肉拉傷、行爲頑固），過度敏感也有過度敏感的麻煩（例如，肩膀錯位、缺乏自信）。你需要平衡這兩者，才能保持健康。你需要堅強屹立，同時隨風搖擺。如同眾所周知的蘆葦，在暴風雨中比橡樹更加屹立不搖，因爲它能夠彎曲而不被折斷。要記下你的優勢強項和敏感弱點，因爲在閱讀的過程中，它們會變得愈來愈明顯。

需要幫你選擇哪些特徵該要好好滋養嗎？哪些特徵該要納入更美好的平衡嗎？閱讀時，要留意身體部位和星座特徵的相關敘述，哪些與你產生最大的共鳴，那類敘述便會以確切的「是」或肯定的「否」立即突顯出來。凡是強烈的反應，無論「是」或「否」，均指出你需要多加考量的面向。假以時日，你的操練一定會不一樣，因爲你是被召喚去體現不同的特性。這些特性全都活在你之內，活在你人生的不同時期，都需要以不同的方式被表達出來。所以，隨心所欲地重返每一章，好好參照你這一生的歷程。每一次閱讀，一定會揭露出新的信息。

最重要的是，本書旨在帶你踏上一趟穿越宇宙萬物的旅程，因爲宇宙萬物不僅活在你周圍，更活在你之內。前進，然後帶著太空人該有的探險感，加上開放的想像力，想像這份全人健康指南如何爲你提供最大效用。倘若我們的宇宙、銀河、太陽系、地球、肉身不神奇，那麼它們便什麼也不是了。而存取這些，就是讓實用的魔法發揮最大效力。

原註：

① 大衛・林德柏格（David C. Lindberg，一九三五～二〇一五），《西方科學的起源》（*The Beginnings of Western Science: The European Scientific Tradition in Philosophical, Religious, and Institutional Context, Prehistory to A.D. 1450*），Chicago: University of Chicago Press，2007，2－3頁。

1

如其在上，如其在下

你在鏡子中看見的「你」，是一具歷經數百萬年結構演化而誕生的身體，有一個頭顱、一個軀幹、兩隻手臂、兩條腿等等，定義出「人類」這個物種。但你的其他部分呢？你那些看不見或觸碰不到、但卻定義出你的真正核心的部分呢？（我們所謂的「核心」，指的不只是你的腹部！）你的身體的這些零星片斷，其實遠遠大過身體的形相：它們活生生、正在呼吸，具體地顯化出你的希望和恐懼、優勢強項和敏感弱點、夢想願景和失望沮喪。

整個歷史的文明，一直參照著星座來增強我們對自己和世界的理解。億萬年來，我們的祖先看見了人間與天堂、自然與神界之間並無差別，星座被反映在身體的各個部位，於是提出了一套深具洞見的生命內在作業指南與之相應。來，看著你的雙手，以此為例：你很可能看見兩項實用的附件，而我們的古希臘前輩在注視雙手的同時，卻見到了來自眾神的禮物。說得更明確些，是來自眾神的主宰——天神宙斯——的禮物。這個禮物化成孿生子的形相，拉丁文叫作Gemini（雙子座），被表達成太陽每年（五月二十一日至六月二十日）行經的一群星宿。

根據古代希臘人的說法，你的雙手代表雙子座連結凡間與神性兩個界域，以及某人與他人之間的交流。當你有意識地協調雙手時（常用雙手但不過度，在適度校正的情況下操作雙手，保持雙手強健但柔軟靈活），不論你出生在什麼時候，就等於是喚起你最美好的雙子特徵，諸如非凡的適應能力和溝通交流。同樣地，假使你不是處於平衡狀態，那麼雙子座的敏感弱點（例如，感覺渙散）可能會凌駕一切。

此一關係的研究（天堂與人間、天體、人事），就變成了占星學的課題。這是一門類似數學般精確的藝術兼科學，整個發展出人們數千年來的日常觀察和經驗。誠如上述舉例說明的雙子神話，我們的祖先相信，物質和非物質的世界是聯合的、同一的，他們相信，古代的眾神遍佈塵世間，使世間活躍有生氣，也為世間帶來信息。

古人沒有我們的現代科學知識，他們的周圍事物（以及得自周圍事物的智慧）是詩歌。暴風雨不是起伏波動的氣象狀況造成的，而是眾神之間強力交鋒的結果。地球不是因爲氣體的偶然結合所形成，而是誕生自某位偉大母神的子宮。愛不是腦部的多巴胺豐富區被活化了，而是被邱比特的弓射了一箭。物質與靈性、自然與神界之間，沒什麼明顯的差別。眾神經常影響凡間事務，也常被凡間事務所影響，而夜空就是見證這些神性運作的最佳地點。

大宇宙：星體的舞臺

在某個清朗的黑夜，肉眼可以見到大約兩、三千顆星辰。對受過訓練的眼睛來說，這些星辰結合，形成十二個星群，每一個星群都有自己的故事和符號。

這十二個星群沿著太陽的軌道（名爲「黃道面」，ecliptic plane）分佈，形成一條滿天星斗的帶子，稱爲「黃道帶」（the zodiac）。原則上，太陽一個月行經一個星群，一年行遍整個黃道帶。（因爲太陽並不是眞正在移動，太陽的視軌是太陽看似在天空中形成的軌跡，奠基於觀察者從地球上找個有利位置觀看太陽，而這個位置會依地球繞行太陽的位置而輪換。）我們目前的系統對黃道帶的理解，源自於古希臘兼具地理學家、占星家、天文學家、數學家等身分的克勞狄烏斯．托勒密（Claudius Ptolemy，西元一〇〇～一六八年），他在西元第二世紀左右寫下了《天文學大成》（*Almagest*），描述了半數以上今日已知的八十八個星群（人類的望遠鏡愈好，能夠看到的星群就愈多）。最近，國際天文學聯合會（International Astronomical Union，簡稱 IAU）聚集了一群科學家，爲星辰和太空設定標準，藉此更新對天文學的理解。當然，假如宇

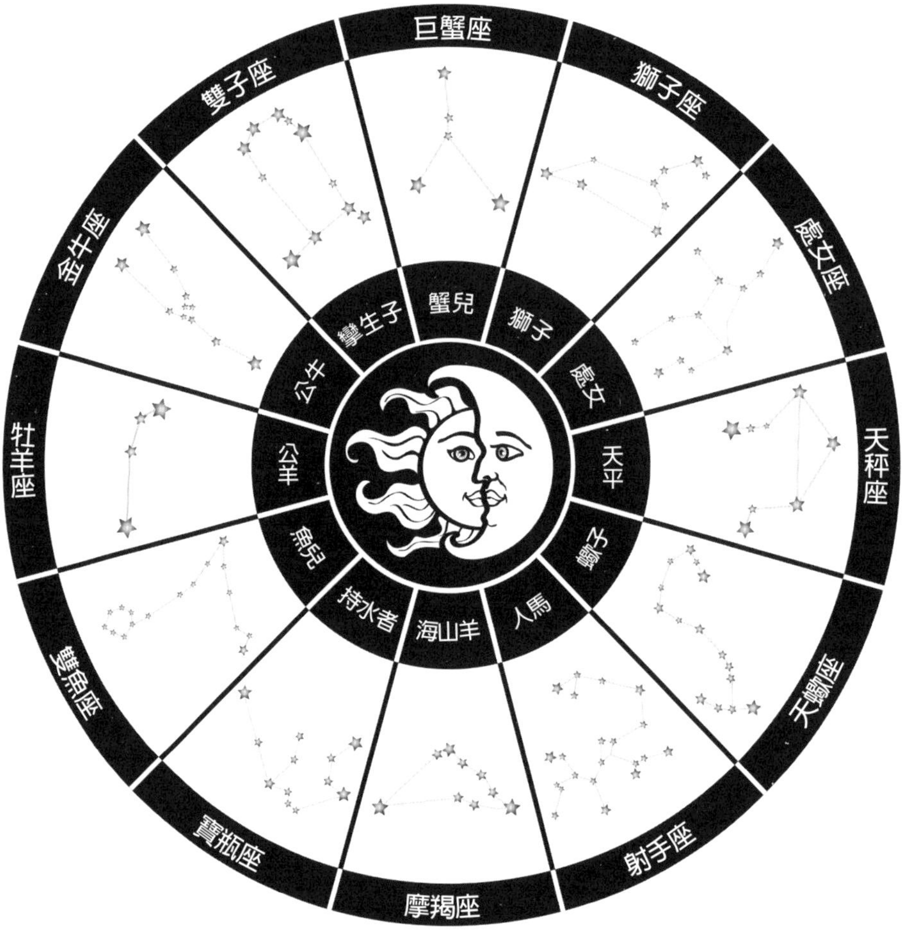
巨蟹座
獅子座
處女座
天秤座
天蠍座
射手座
摩羯座
寶瓶座
雙魚座
牡羊座
金牛座
雙子座
蟹兒
獅子
處女
天平
蠍子
人馬
海山羊
持水者
魚兒
公羊
公牛
孿生子

宙已有一百四十億歲，必有許多尚待了解的領域！然而，由於本書是以基礎占星學爲宗旨，所以主要演出者仍是行星和星座。

本書出版時，國際天文學聯合會標出八顆行星：水星、金星、地球、火星、木星、土星、天王星、海王星。冥王星如今與穀神星（Ceres）、鬩神星（Eris）、鳥神星（Makemake）、妊神星（Haumea）同屬相當新穎且正在增長的矮行星類別。

根據國際天文學聯合會更新的行星地位條件，目前有八顆行星。儘管如此，占星學卻認爲有十一顆行星，包括冥王星在內，外加太陽和月亮兩顆發光天體（太陽和月亮本身並不是行星，但發揮的效用與行星類似）。

不管冥王星是不是被稱作行星，它還是同一顆物質和形上實體。在天文學上，它是一團冰塊加岩石；在占星學上，它則與深度的力量感和進化相關聯。一九三〇年冥王星的發現，有助於占星學家闡明個人和社會事件的崛起，例如，心理分析與核能……。這些特質都與同名的羅馬神話陰間統治者「冥王」，有著驚人的相似性❶。

每一顆行星代表你性格的一個維度。舉例來說，火星代表行動，它是一股強大的力道，幫助驅動你朝向目標邁進，無論是馬拉松路跑期間或是與人爭辯之際。相較之下，金星描繪你成爲情人時的特徵，強調一開始是哪些特質將你吸引到你的伴侶面前。所有行星全都存在於你的整個出生星圖中。

假使行星的作用就像生活舞臺上的演員，那就把星座想成行星在行經黃道帶時所扮演的角色。有十二個黃道星座，每個星座三十度，均分三百六十度的天球（celestial sphere，見第28頁）。雖然你的太陽星座可能最為突出，但所有十二個星座全都活在你之內，全在你裡面自我表述。

僅次於太陽星座之外，有另外兩個星座因素會明顯出現在你的性情中，亦即：月亮星座（月亮在你出生時行經的星座）透露出你的內在自我、需求、情緒、恐懼，它是你最親近的人看見的那個你；上昇星座（在你出生時，位於東方地平線上的星座）是你如何將自己投射到人世間，往往也是世人對你的看法，包括你給他人留下的印象。因此，火爆的射手座對待她的配偶可能像個體貼的巨蟹，對待朋友則像是講究平衡的天秤。

當行星行經每一個黃道星座時，都會受到每一個星座鮮明的特徵所影響。譬如雙子座的角色是溝通，當火星行經雙子座時，便將火星的招牌行動風格帶入溝通的領域；他可能因此成為能言善道的發電機，積極地提出他的理想，且積極到足以使任何辯論團隊引以為傲。另一方面，金星行經雙子座而成為一個迷人的演說家，優雅並自在地表達她的信息，恰似選美大會上的女王。

占星學錯綜複雜，遠遠超乎流行文化的預言或命定。占星學背後的原始意圖是：描繪行星與星座之間的連結，並對應於地球上的生命，以此完善人類的狀況；運用天空的語言鑑往知來，充分發揮當下和未來的效用。從古至今，占星家一直利用占星資訊解決種種議題，包括：告知重要的政治決定、預測天氣型態、突發事件、照拂個人的健康。換言之，占星學一直被用來回答「為什麼」、「什麼時間」、「情況如何」，而不是只回答「什麼事」。這點在今天同樣適用：每一張天宮圖的作用可能就像自助指南，是一種理解你的真我且同時相應地活出眞我的方式。

所以，將占星學想成某種「敘述」和「規範」的結合，是比較準確的。占星學描繪核心的你是誰，然後根據占星知識，建議最有利於全然活著的環境。這好比本質與教養，全都合而爲一。多年來，科學已經知道，本質影響教養，而且更進一步地發現教養也影響著本質。事實上，新興的表觀遺傳學（epigenetics）領域，專門致力於更加理解教養所扮演的角色。目前爲止，科學家已經確定，雖然你的基因沒變，但告知身體何時該要表現那些基因的信號，卻可以因食物、關係、壓力之類的環境因素而改變。換言之，你選擇吃什麼、你的婚姻品質、或是生活環境的毒性，可能會影響你容易罹患心臟病的體質是否被表現出來，以及如何被表現出來。同樣地，占星學理解到，人類不僅受到基因和環境因素影響，並且同時將我們對環境的理解擴展至包含整個太陽系。

有史以來，不同的文化採納了不同類型的占星學。例如，西洋占星學根據春分的位置定義十二星座，強調本命星盤中的太陽星座。相較之下，源自印度的吠陀（Vedic）占星學利用固定的星座作為參照點，強調業力和月亮星座。中國占星學強調流年（相較於流月）週期，也強調五行（木、火、土、金、水）和生肖（例如，龍、馬、猴）的關聯。

西洋占星學最重視你的太陽星座，而本書維持同樣的做法。所以，雖然所有星座的特徵全都活在你之內，但太陽星座（你出生時，太陽所在的黃道星座）的特徵在你的眞實本質中最占優勢。舉例而言，假使你出生在七月二十三日至八月二十二日之間，太陽在獅子座，因此，你的稟性便包含獅子座的優勢強項，例如，勇氣、野心、極富魅力，以及驕傲和自戀之類的敏感弱點。請注意，你的星座所擁有的特性，不見得他人就欠缺。獅子座當然可能像射手座一樣通曉哲理，或是像處女座一樣善於分析。你囊括了所有星座的特性，但你的太陽星座的特性將最爲耀眼閃亮。

明白這點，可以如何幫助你呢？哦，如果你是蘋果，那麼不管你願不願意，你始終都是蘋果，而絕不會是柳橙。然而，若要成爲最好的蘋果，你可以有許多方法去覺察到你的眞實蘋果本質，並據此生活。同樣地，如果你是獅子座，你知道自己被裁製成爲眾人的焦點，那麼選擇地鐵列車長作爲終生職業，可能就不利於你的長遠成就。當然，你可以那麼做，但那違背了獅子座天生熱愛光鮮與社交群居的特質。爲了追求最快樂、最健康的人生，要學習與你的眞實本質合作，發展你的優勢強項，並從你的敏感弱點中學習，然後在你的太陽星座與內在其他十一個星座之間找到恰當的平衡。占星學可以提供如此更加深入的洞見，以及個人的指引。

小宇宙：人體的奧祕

然而，占星學的研究並非終結於此！事實上，占星學提供許多使其教誨鮮活有生氣的方法，從指引（例如，在水星逆行期要注意溝通和運輸難題），到穀物（藉由與每個行星的特質相關聯的食物和草本植物），而你的身體更是不折不扣唾手可得的占星途徑。

你的身體相當了不起，它是大自然六百萬年來所打造的奇蹟。站在鏡子前，你可以看見身體的形狀是一顆五芒星，由一顆頭顱、兩隻手臂、兩條腿組成。這些結構共同形成你最爲熟悉的「你」。然而，身體眞正的美不在於它的個別部位，而是更宏大且實用的整體。走路、跑步、單腳跳、雙腳跳，加上你的骨骼、肌肉等等，一同編排出使你能夠如願運轉的交響樂章。然而，我們目前生活在一個多數人都知道如何操作筆記型電腦、卻不太曉得如何操作雙腿的社會，在這個世界中，日曆與電腦之間發生同步的頻率，大過頭顱與頸部間的連結。你忘記將身體視爲一個綜合的整體，許多人甚至不知道身體有些什麼部位。也就是說，這樣的無知將一直持續到某個身體部位停止其該有的行爲，緊接著是疼痛、折斷或碎裂，抑或是無法運轉。

但並不是一直都如此。很久很久以前，只有「整體」被看見。對結構部件的關注並不存在，直到像別迦摩的蓋倫（Galen of Pergamum，西元一二九～二一〇年，古羅馬的醫學家、哲學家）這樣的解剖學家，揮舞著手術刀，有系統地解剖骨骼、腦部和血管，用影響今日科學的巨作，鉅細靡遺地描述這些細節，一切才有所改觀。但回顧當時，當蓋倫詳細描述身體的各個部位時，他也將這些部位與一個人的靈性相互關聯（正如柏拉圖之前確認的那樣）。因此，心臟被視爲身體循環的源頭，同時也是一個人的激情活動中心；腦部引動身體的神經以及靈魂的心智。對蓋倫來說，神性的證明就存在於物質界的布丁裡。

因此，這與占星術一致。十二個黃道星座，每一個皆統御一個身體部位，從牡羊座的頭部開始，結束於雙魚座的雙腳，其他星座則居其間。你可能很熟悉中世紀的「黃道帶人」（Zodiac Man）圖解（見34頁），它描述十二個黃道星座疊映在圖中的人形上。

這個圖形提到，身體是人類通向宇宙萬物的鑰匙。這個觀念顯示，每一個星座的能量都活在身體裡面，可以透過相關聯的身體部位加以存取。以此方式，每一個黃道星座的所有性格特性、優勢強項和敏感弱點就不必仍舊只是概念，它們全都可以活靈活現，如此一來，你是誰便與你的作爲相呼應。使你自己的「黃道帶人」鮮活有生氣，就好比言行一致之於幸福康樂。

你的身體可以如實地活出星座的故事。存取並不像你想得那麼困難，因爲星辰已經活在你之內——在你之內呼吸。其實，人是由跟星辰相同的物質打造而成的，這是不折不扣的眞相。星辰主要是由氦和氫組成，它們在過去幾十億年的生死循環中，同時製造了幾乎每一樣其他元素，包括碳、氮、氧。你瞧，就跟我們知道的一樣，這些基本元素正是構成生命的元素，也正是在土壤中、草地裡、食物中……在你之內找到的那些元素。譬如說，氫是水分子（H_2O）的一部分，而水分子組成你一半以上的身體質量；碳遍佈在DNA（去氧核糖核酸）的雙鏈上；氮則形成你身體蛋白質的重要部分；氧是數兆個細胞的主要燃料。簡言之，你活著，因爲星辰跟你一樣——死亡，然後回收利用它們的原料。

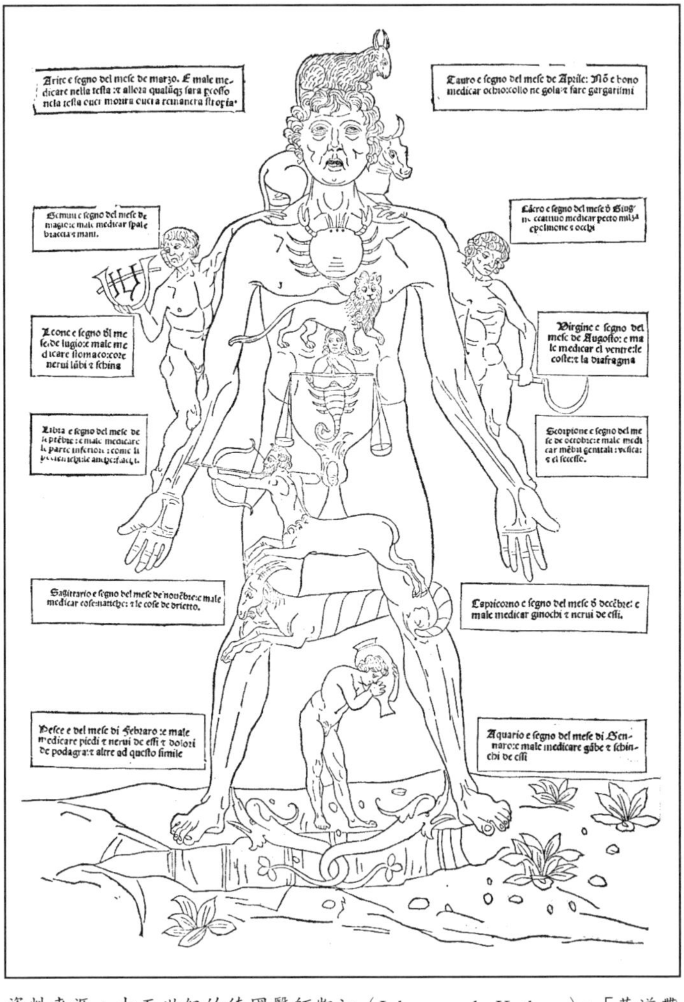

資料來源：十五世紀的德國醫師凱沁（Johannes de Ketham），「黃道帶人」，《醫學百科》（*Fasiculo de medicina*，Venice: Gregori, 1943）。

有許多關於「黃道帶人」的描述，但原圖作者至今依舊不詳。大部分畫作可以追溯到中世紀，儘管第一份參照此一概念的文本，時間更早，出現在馬庫斯・馬尼里烏斯（Marcus Manilius，古羅馬詩人，大約活躍於西元一世紀初期）西元十五～二十年的作品中。他的作品是根據前輩依次傳遞下來的智慧。他的前輩如何確定身體與星座之間的關係呢？嗯，對絕大部分已知的人類歷史來說，自然界和神界不過是同一枚硬幣的兩面。人類祖先的思想傳統不同於現在，因此，我們無法回顧不同的年代，然後將現代的心態套用在古人身上。古人的證明主要是基於生活經驗，而不是實證研究（例如，你主觀地知道睡眠對你有好處，不必等某份科學研究告知你）。所以，古人靠著生活經歷知道這一切。

這可能是你首度邂逅「主張你體現了星辰的物質和靈性兩方面」這個理念，但這是一份存在許久的關係，時間甚至早於巴比倫帝國的紀錄。請注意下頁表格，看看黃道星座如何與你的身體部位對應關聯。

人體中沒有氦，但氦與氫共同組成全世界大約百分之九十八的已知物質。

你可以查出自己星盤中最突出的星座，例如，太陽、月亮或上昇星座，但要記住，十二個黃道星座全都活在你之內！也就是說，事實上，赫密斯公理（hermetic axiom）「如其在上，如其在下」（As above, so below）的意思是：天堂被反映在此地人間，反之，人間也反映出天堂。這意指假使你有一個身體部位，那麼你就有相應星座的故事在你之內活著。譬如說，你那顆充滿愛的獅子心臟和謹慎的摩羯膝蓋。

星座	身體
牡羊座	頭部
金牛座	頸部
雙子座	胳膊、前臂、雙手
巨蟹座	胸部

星座	身體
獅子座	心臟、上背部
處女座	腹部
天秤座	下背部
天蠍座	薦骨

星座	身體
射手座	臀部、大腿
摩羯座	膝蓋
寶瓶座	腳踝
雙魚座	雙腳

無論你是否意識到這點，所有黃道星座的特徵皆呈現出你的各方各面，而那些是你要好好表達的層面——只要你如此選擇。於是，問題在於：哪些方面要表達？如何表達？你要如何透過你的身體形相活出星座的故事呢？

譯註：

❶羅馬神話的冥王普魯托（Pluto），也就是希臘神話的黑帝斯（Hades）。

2

公羊的頭部

♈ 牡羊座

★**出生日期**：三月二十一日～四月十九日

★**身體部位**：頭部

★**主　　題**：主動覺知，堅持自己的主張

黃道帶是一個週期循環，從牡羊座啓程，結束於雙魚座，只爲了再次開始。身爲循環週期的第一個星座，牡羊座強調個人，它引進「你」——你是誰、你在這裡是要完成什麼事——藉此表現你降生人世的形上層面。它是你的自我感，讓你體認到你擁有自己獨一無二的頭部和雙腳、欲求和需要。雖然你是所處環境的產物，但你與你的環境並不同，牡羊座使你沉浸在個體化之中，幫助你對焦於最眞實的自己，同時有意識地在周遭事物中堅持眞我。

牡羊座司掌：頭部

「頭好壯壯」（頑固任性）是一個適用於牡羊座的措辭，尤其是因爲頭部是與牡羊座相關聯的身體部位。的確，牡羊座的頭部實在強健。其實，每一個人的頭部都是強健的，目的在保護裡頭的內容物，也就是你的「腦」，那是你身體的指揮中心。頭部的骨骼結構由顱骨構成，那是由二十二塊骨頭集合而成。然而，觸摸你的頭頂，感覺卻好似只有一塊骨頭，因爲它們靠骨縫關節接合在一起，使你的顱骨可以感覺和操作起來都像一個堅實的整體。

如果你眞正需要的只是一塊強健的骨頭，爲什麼還要有那麼多塊骨頭呢？因爲好幾塊浮動的骨頭會比一塊堅實的骨頭更有彈性。這樣的彈性，讓嬰兒的大腦袋能夠通過相對較窄小的產道；一旦嬰兒來到人世間，這樣的彈性也讓嬰兒的腦部有成長的空間。如果你觸摸嬰兒的頭頂，可以在一個名爲「前囪」的區域感覺到浮動的骨頭，這是介於額骨和頂骨之間的膜質開口，大約要兩年後才會接合。

♈

出生時需要柔軟有彈性的，不只是嬰兒的頭部，還包括母親的骨盆。通常為了適應人類靠兩隻腳走路的方式，骨盆需要穩定而狹窄；然而，在分娩期間，鬆弛素之類的激素可以幫助韌帶鬆弛，方便骨盆變寬。

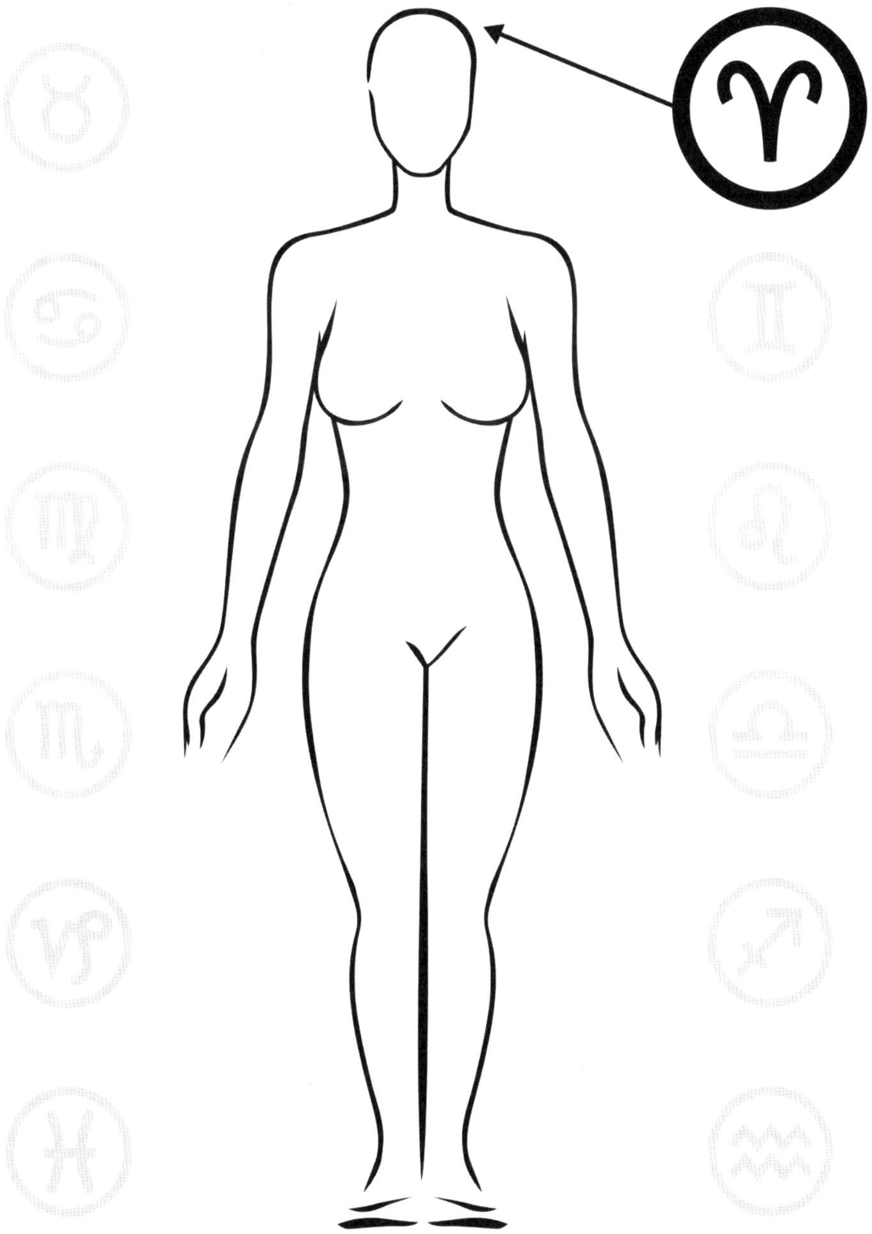

頭部的骨骼結構，參見附錄C。

明白了吧！頭顱是你進入人世間的第一個部分，它在實質上和比喻上都是大大敞開的。因此，我們每一個人之內的牡羊座都必須保持一顆清晰的頭腦，以覺察可能會經歷的一切，如此才能夠挑選屬於自己的探險。否則，我們可能會被困在不是由自己打造的生命中，這對牡羊能量來說會是個問題，因爲牡羊的存在是要打造自己的道路。

還好，頭部位在頸部上方，而頭部是身體最可移動的部位之一。你的頸部將頭部從一側移動到另一側，旋轉幾近一百八十度，使頭部的感覺器官得以欣賞到周圍的大量事物。的確，你的眼睛、耳朵、鼻子、嘴巴和皮膚全都位在頭部，而且就是這些器官輸入的印象，加上腦部處理這些印象，最終知會你經驗到現實。這一切會提供外在資訊，讓你的心智用來塑造內在資訊；反之亦然。舉例來說，假使你沒有看過或聽過健身房，便不會知道健身房的存在；然而，一旦你覺知到健身房的存在，就可以將它納入你的定期健康作息中。所以，關鍵在於，爲了讓我們的牡羊本質盡可能地融入所處環境，我們可以選擇最適合自己發揮的元素。

你從四周環境中接收到多少元素呢？請從下述練習找出答案。

分解步驟：

1. 站起來，在周遭漫步一分鐘。跟平時一樣與周圍事物互動。等回到原地後，才進一步閱讀第二點。
2. 回來之後，記下你看見的十件事物。
3. 盤點你與周圍事物的互動情況：你看到了什麼？你是否將天花板、地板和牆壁納入你的視界中？抑或只是將你的經驗侷限在眼前的事物？

4. 現在，再次緩步走，試著更積極而全面地看。
5. 回來後，記下你看見的五件新事物。你是否注意到什麼以前沒有注意到的元素？你需要做什麼才會注意到那些元素呢？

四處走動時，許多人會將頭部固定在某一個方向，眼睛直盯著前方或是手機，完全沒注意到周遭事物所提供的一切。他們只是盯著地面，或是只聆聽自己的內在對話，因而錯過了草地、人物、天空。設定在某一個方向的感官，就只會接收到一組資訊。然而，從演化的觀點看，你的感官基於一個理由而存在——要從你的環境中接收大量資料，如此，你才能決定當你需要回應時，該如何回應。換句話說，如果你沒有意識到一隻獅子在你背後，那麼你很可能會被吃掉。所以，你的頭部加上頭部裡的感覺器官，以及內含的腦，能幫助你更有覺知。

牡羊座健康課題：主動覺知，堅持自己的主張

你是否聽過這樣的說法：「你如何做一件事，就會如何做每一件事」？如果沒聽過，那就花些時間仔細想一想這個情境：你如何沿街而下呢？是有所目的，還是漫無目標？和朋友聊天時，你在結束話語的那一刻，是信誓旦旦，還是語調上揚？你怎麼走路、說話、選擇何種方式帶著這具皮囊度日，全都是你如何在這顆地球上堅持自我存在的實例。

牡羊座直言不諱，他在這裡是要明確而果斷地堅持主張。他在這裡，是要帶著目的明確的「我是（I am）！」以及存活下去的意志，向世界宣稱他的存在。這點反映在他出生的季節，也就是春天。如同春天的

種子知道自己終將長大成爲一棵樹，每一頭公羊都是先驅，帶著目標向前、向上推進。牡羊能量總是帶著意志力直指向前。想像一下牡羊座的另一個名字——公羊。這種動物有兩支大角，不容易被震懾住，因此，牡羊座的精神也不容易受到震懾。此等精神是一種可怕的承諾——承諾於「眞我」和「目的」，而「應該」和「期望」是被詛咒的。正是從這份承諾開始，眞正的力量發光發熱。那不是整個社會所定義的力量，而是寓居在你內心深處的火焰所生起的強大燃料，那是一股力道，在這裡精確地堅持你是誰、你來這裡是要完成什麼事。

我們所生活的社會中，表意識和潛意識層面均存在著習俗和規範、意見和期望，並在不同程度上影響我們每一個人。譬如說，當你的心智告訴你要進入某間大學，才能擁有特定的事業，才能賺取一定的錢財，才能成功……試問那份計畫有多少眞正是屬於你的？這是一個難以回答的問題，因爲個人與集體的相互作用全被編織在我們的生命和我們的決定之中。但那可能或多或少是被影響的，而在這方面，牡羊座落在少數派，落在社會上戮力以赴的另一邊，而且可能完全蔑視社會的影響力。

這個「只顧自己」的焦點是需要的，因爲牡羊座負責定義自主權；或者，更簡潔的說法是，負責定義那個「我」，而那是需要的，因爲這個星座與我們的想法、我們的心智、我們的頭部相關聯。但千萬不要將對「我」的強調與傲慢混爲一談。這兩者可以被連結在一起嗎？絕對可以，但不見得有必要。「我」也可以活在它最簡單的狀態中——體認到「自己」是一個個人，與人群中的其他人有所區別。這意指在你環視周遭事物、聽著他人不得不說的話時，你不會因而看不見你的本性和你的欲求。就舉牡羊座民權領袖布克．華盛頓（Booker T. Washington）爲例，華盛頓生於奴隸家庭，解放後，在一個大家告訴他那既不是、也不可能是他的身分的年代，他半工半讀地完成學業。但他十分專注於盡其所能地成爲佼佼者，因此，他不僅完成了學業，最終更成為塔斯基吉大學（美國一所私立傳統黑人大學）的第一位領導人，以及美國總統西奧多・羅斯福和威廉・霍華德・塔夫脫的顧問，這使得華盛頓成為美國第一位黑人政治領袖之一。他的自我實現方法反映了他的信念，因為他主張透過教育和產業進步，而不是藉由當時的準則——抗議隔離法。他的做法頗有爭議，但華盛頓仍堅持自己的立場，因此能夠為非洲裔美國人建立農村學校和商業聯盟，而這些都是之前不曾存在的。

以此方式，華盛頓不僅是模範牡羊座，更是想要體現牡羊優勢強項（專注在自己的「我」和自己的欲求）的任何人的典範。他知道自己的需求，也追求自己的需求，儘管過程困難重重。牡羊座發展心理學家亞伯拉罕・馬斯洛（Abraham Maslow）說：「你想成為什麼樣的人，你就會是什麼樣的人。一個人必須忠於自己的本性。如此的需求，我們可以稱為自我實現……。這個傾向可以被表達成欲求渴望：要變得愈來愈忠於一個人本然的氣質，要成為一個人有能耐成為的一切。」①

> ♈
>
> 馬斯洛在一九四三年的一篇論文中，提出他的需求層次。今天，需求層次備受關注，被描述成一座基本需求的金字塔，自下而上包括：生理、安全、歸屬感和愛、尊重、自我實現。後來又加入備受爭議的自我超越。

換言之，我們每一個人在這裡是為了自我實現，為了定義並堅持自己的道路。而且是什麼道路無關緊要，只要那是我們自己的。當我們暢所欲言時，就是在體現牡羊座的本質，一種不能夠也不可以被他人觀點約束的本質，即使在這個過程中，我們冒著父母和同伴並不贊同的風險。我們應該聆聽他人的觀點嗎？當然應該。但我們必須將那些觀點當作資訊，當作基準點，代表世界可以提供的不同面向。有許許多多的面向，我們覺察到愈多，就愈好。要記住，身爲黃道週期開端的牡羊座，是形上層面的新生兒。並且就像新生兒一樣，我們的牡羊本質照拂著周圍呼喚我們名字、指引我們覺察關注的面向，而除了本能反應外，這個過程還附加一層理性思考作爲額外的贈禮。

你對周遭環境有幾分覺知？覺知意指有意識地感知周遭世界，從眼中所見（例如，實體商店）到看不見的（諸如憤怒之類的情緒），它是一種以被動和主動形式同時存在的知覺。被動覺知意指接收感官體驗，卻沒有嘗試、想要、甚或是意識到你的情況。譬如說，因爲有周邊視力，從中心視力向外，你看見顳側一百度，鼻側六十度，向上六十度，向下七十五度；這意味著即使你盯著手機沿街而下，即使你不直視商店，商店也會進入你的視界。另一方面，主動覺知是刻意納入；它是你沿街而下之際，同時注意著途經的每家商店。這種刻意參與是要培養的重點，因爲一個牡羊座覺知到的路徑愈多，他就愈能夠選擇適合他的道路，而這是一條最能證實他自己的想法和興趣的途徑。

話說回來，雖然牡羊能量最能領會周圍事物能夠爲他做什麼，但他同樣需要密切注意自己對周遭事物所造成的衝擊，否則他可能會迷失在自己的心智陰謀、自己的欲求和需要裡，卻沒有注意到他人的心智陰謀以及欲求和需要。這是專門由牡羊本質驅動的一種危險，因爲在試圖變得更加獨立時，我們冒著思慮過剩的風險。

關於牡羊座不計代價地個體化所導致的全面毀壞，最適合的警世故事叫作「尋找金羊毛」，這是與牡羊星群相關聯的希臘神話。自信而英勇的年輕人傑森，幸運地從森林裡走出來，並且堅稱自己是之前被盜走的王位合法繼承人。長話短說！對方給了他重掌王權的機會，條件是要拿一頭公羊的金羊毛前來交換。如此特殊的羊毛被認爲是無法取得的，但傑森就像任何有本事的牡羊座一樣，立即接受挑戰。他召集了一群英雄，登上名爲「阿果號」的船艦，尋得了羊毛。

然而，傑森並非沒有奮鬥就獲得成功，他是靠著美迪雅的青睞才戰勝的。美迪雅是個女巫，被邱彼特的弓射了一箭，於是愛上傑森。爲了幫助傑森，美迪雅做出莫大的犧牲（例如，殺死自己的兄弟），最後更爲了成爲傑森的妻子而離開家人。傑森答應美迪雅，等他們回到希臘，美迪雅將會因她的功績而備受尊崇。

然而，當英雄返家時，他卻被王室的野心蒙蔽了。他突然不承認美迪雅，將美迪雅在他的成功中所扮演的角色減至最小，並且選擇迎娶另一名女子，好替自己的王位增添聲望。心煩意亂的美迪雅用巫術奪走傑森的一切，包括他的新娘的性命。最終，傑森憤怒生氣，淪落到孑然一身，完全看不見自己的想法和行爲如何導致他的敗亡。唉！要是傑森能夠看見他的實際情況（相較於他所欲求的情況）就好了，那麼他將會成就自己與生俱來的至高榮光。

如果只看見自己想看見的東西，你將會像戴了眼罩的公羊，莽撞地闖蕩人生。眼罩可以是健康的工具，減少分心，強化焦點；但你必須先有機會點滴蒐集蘊藏在上方、後方、下方的信息，眼罩才會發揮效用。收藏全方位的資訊不但有助於確保選擇一條適合你的道路，並且納入了周遭世界的認可。

不健康的身體警訊（兩種極端）

頭腦心智會從頭部接收到的輸入信息來創造故事。譬如說，你讀到某則新的飲食計畫，在智性上有所感，你可能會斷定這個選項對你來說很不錯，你的飲食故事隨後變成了「我只吃……」。如果這則故事與你的個人眞相一致，你將會根據頭腦心智的欲求和身體的需要進食；但是如果你的故事不對頭，那麼你將會成天購買著、思考著、消耗著挹注智力而非滋養身體形相的食物。

無論是聚焦在食物還是傅柯（Michel Foucault，法國哲學家和思想史學家），你的心智陰謀的來源可能五花八門——自我、家庭、社會、學校，而牡羊座在此是要破解它們的個人關聯性和眞實性。只要牡羊座的自我來自於你的最高眞理，確認你的眞理是諸多眞理之一，那就是最佳狀態的自我中心。假如你能夠成就這個寶貴的平衡，就是有效地活出牡羊的黃道功課：懂得定義並堅持自己的獨立性，同時與周遭事物協同合作。

然而，假使你無法確認自己的身分，無法識別自己與周遭契合的程度，那麼牡羊的陰暗面將會出現。你內在的公羊將會變得煩躁易怒，事情似乎很難照計畫進行，而公羊會將這份感知到的失敗歸咎於他人。公羊拒絕質疑自己的內在信念，因此勢必不明白自己何以缺乏外在成就。他只會看見周圍事物有問題，卻看不見自己腦袋中的陳舊故事與冀望更大覺知的需求。當這事發生時，公羊的能量將會感到受阻。他會感覺到彷彿是因爲缺乏外在的執行，他的傑出想法和計畫才被迫留在腦袋裡。在自然界，公羊用頭牴撞敵人；在此情況下，牡羊座的公羊不僅忙著用頭牴撞他人，也牴撞他自己。頭部是與牡羊座相關聯的身體部位，它會保留牡羊的能量。無法被建設性地釋出的能量將會卡在裡面，顯化成挫敗的想法和感覺。緊張將會積累壯大，然後由於更多的能量從中作梗，牡羊的頭部會感到不斷被塡滿塞脹。

塡滿塞脹的牡羊能量，其身體表現可能包括：

★頭痛
★偏頭痛
★頭痛鼻塞型傷風
★鼻竇炎
★臉部色斑
★鼻塞或頭悶

★耳朵感染
★下顎肌肉緊繃
★磨牙，牙齒感染

話說回來，倘若你確切知道你是誰、你在這裡是要完成什麼事，那麼你的公羊將是一股強大的力道。然而，如果沒有保持適量的謙卑，公羊可能會毅然決然地爆發，一路碾過被他視爲路障的任何人、事、物。對於敢質疑他的人，他可能會不由自主地猛烈抨擊，最終造成的自我傷害將大於利益。而且他不聆聽別人的忠告，只會繼續頑固地堅守自己的意見。失敗通常不是個人牡羊面向的選項，但在此情況下，失敗卻成爲自我實現的預言。

容易爆發的牡羊本質，其身體表現可能包括：

★頭痛
★聽力減退
★偏頭痛
★眼睛感染
★流鼻水
★臉部色斑
★牙痛，牙齒感染
★毛髮脫落

你的頭部的覺察程度如何呢？無論是感覺到塡滿塞脹、容易爆發，還是介於兩者之間的某處，關鍵都在於：好好聆聽你的身體，給予身體所需要的。好好運用下述提問和練習，喚醒你內在的牡羊座。

找回平衡的五項提問

下述提問和練習將會充當你體現牡羊座的個人指南，不妨運用它們去主動覺知，堅持自己的主張。

★「真正」的你是誰？寫下一份形容詞清單，描述核心的你（例如，聰明、熱情）。

★看著你的清單，圈選出你想在白天多加維護的前三項特質。你需要採取什麼行動才能讓它發生？什麼在阻止你，使你無法一開始就堅持自己的主張？

★當你堅持自己的主張時，對周遭的其他人（諸如朋友、環境）有什麼影響？你可以更有效地堅持自己的主張嗎？

★你是否主動覺察周圍事物？走在街上時，你是讓頭部持續固定在某個位置，還是刻意環顧四周？

★周遭事物如何幫助或阻礙你走在自己的道路上？

牡羊座養生操

練習1 點頭：增強自我主張

要知道你是誰，同時好好展現你的本性！從皮拉提斯課程的點頭開始，這有助於強化頭部周圍的肌肉組織，讓頭部正確地置於頸部之上。一顆位置妥貼的腦袋，足以充分說明你的自我感。它是穩定的，得到良好的支撐，不像搖頭晃腦的玩具娃娃。這份穩定感賦予一股堅定的信念（只要你願意，肩膀上就有一顆好腦袋），幫助你爲你是誰以及你在這裡所要完成的事而奮戰。

分解步驟：

1. 臉朝上躺著，雙膝彎曲，雙腳平貼在地板上。伸長雙臂，置於身體兩側，手掌朝下。
2. 找到頭部的中立位置，使頭部與天花板平行。處在這個位置時，你應該保持頸部的自然曲線。
3. 吸氣時，下巴收向胸部。感覺這個動作是在伸長頸部（而不是壓縮頸部）。
4. 呼氣，讓頭部返回中立位置。
5. 下一次吸氣時，下巴上仰，然後回來。再次強調，在移動時感覺頸部伸長。
6. 呼氣，讓頭部返回中立位置。
7. 重複十遍，結束在頭部處於中立位置。

頭部的移動應該要緩慢而微小，如此，在俯屈（下巴微收）和伸展（下巴上仰）的過程中，頭部才會感覺得到支持。移動頭部時，設法確保不要忽略頭部的中立位置；這個位置接近站立時頭部應該要擺放的位置。

練習 2

站立前屈摺疊式：更新你的自我感和周遭事物

每一天，你帶著直立的視角四處走動。身爲直立的人類，這是很自然的事。不過有時候，你的世界觀需要被顚倒過來。爲了成長，你需要用新的方式看待同樣的事物。用這個站立摺疊式讓感官接收到新的視角吧！

分解步驟：

1. 以中立位置站立，雙腳分開，與臀部同寬，雙臂伸長，置於身體兩側。接收你的感受。
2. 呼氣時，慢慢將上半身向下彎成摺疊位置，從頭部開始，接著是頸部，然後是上背部、中背部，最後是下背部。一次一根椎骨慢慢向下，直至雙手觸及地板。假使雙手觸碰不到地板，可放在腿部前方作爲支撐。

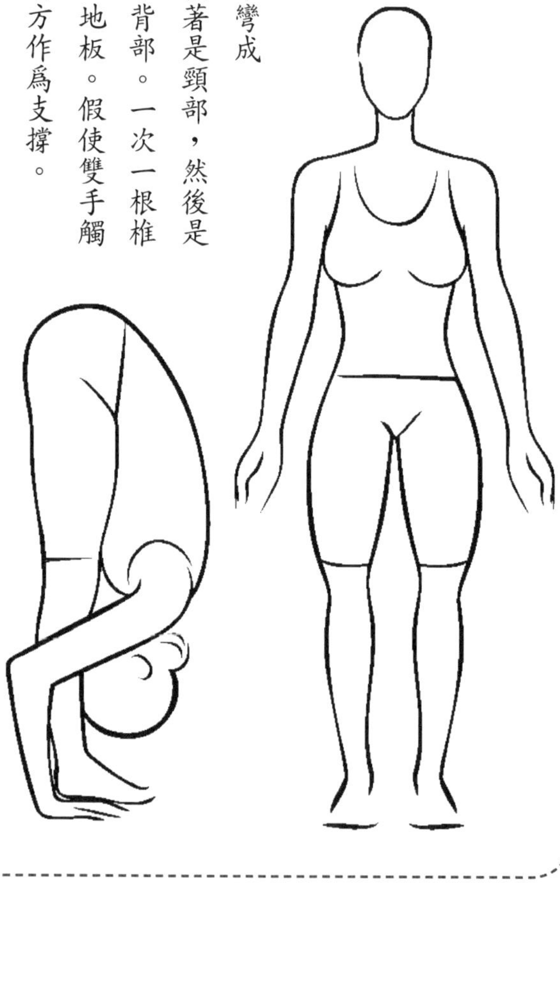

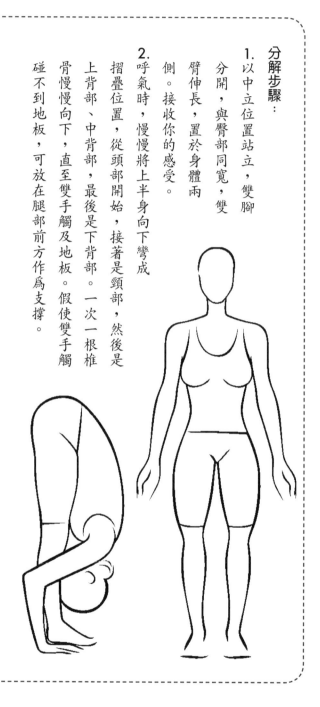

3. 放輕鬆，進入最大摺疊狀態，無論你能夠摺疊到哪裡。設法確保頭部或頸部不緊繃。你可以閉上眼睛。
4. 點頭表示「是」，重複數次。搖頭表示「不」。再次點頭表示「是」。
5. 依舊保持摺疊式，並持續幾秒鐘，讓血液流向頭部。
6. 如果眼睛是閉上的，就睜開雙眼，從你的新視角環顧四周環境。暫停一會兒，接收一下。
7. 吸氣時，逆轉原來的方向，一次一根椎骨，經過下背部、中背部、上背部、頸部、頭部，慢慢向上，回復成站姿。
8. 當你返回站立位置時，閉上眼睛，暫停一下。感覺你現在的感受與剛開始練習時，有何差異。舉例來說，你覺得刺痛嗎？更加敞開嗎？更為放鬆嗎？

練習 3
聲音靜心：主動覺知周遭事物

超越心智的陰謀，進入得到擴展的覺知。更加覺察到你自己和你周圍的事物始終在你之內。有時候，你只需要靜下心來就能找到它。靜心冥想是透過有紀律的聚焦，讓頭腦安靜下來。研究人員推測，原始的狩獵採集社會可能是在凝視火堆的火焰時發現了靜心聚焦法，歷經後續無數個世紀和社會，靜心冥想演變成更具結構化的修練。舉例而言，某些人稱之為「吠陀」的最早期印度經典，提到大約五千年前的靜心冥想技巧，佛陀則在西元前五百年左右讓靜心冥想成為其哲學的核心原則。有許多靜心冥想的方法，甚至有更多集中注意力的要點。下述靜心冥想積極地將你的注意力集中在來自緊鄰環境的聲音上，以此方式，讓心智遠離頭腦中的故事，朝向比較重大的周圍事物。

分解步驟：

1. 選擇一個不會被打斷的空間和時間。關掉手機鈴聲，同時設定鬧鐘，在這段十分鐘的靜心結束時提醒你。
2. 在地板上找到一個舒服的座位。需要的話，盤腿坐在軟墊、枕頭或瑜伽磚上（如果不能盤腿，就找一個舒適的姿勢在地板上坐正；如果這個坐姿對你而言仍有困難，就坐在椅子上）。最好的坐姿是能夠在接下來的十分鐘健康地支撐你的姿勢。
3. 雙手放在膝部，手掌朝上。輕輕地閉上眼睛。
4. 將心思聚焦於發生在周遭的某個聲音上，例如，路上的車輛、蟋蟀或水龍頭的滴答聲。持續關注那個聲音，並且只要聆聽即可。
5. 當心神游移時，儘快逮住心神，將它帶回來，回到融入四周環境的行為，聚精會神在某個聲音上。假使又神遊了，不要感到挫敗，大多數人都是這樣的。集中注意力需要經常練習，這是靜心冥想被認為是一種修練的原因。

6. 鬧鐘響後，保持坐著，閉上雙眼，暫停一會兒。反思一下這段經驗，再繼續過你一天的生活。

如果十分鐘靜心冥想似乎令你生畏，可隨意找一段可以練習這個靜心冥想的時間（譬如說，兩或五分鐘）。無論哪一種靜心冥想，最大要點都是實地練習。假以時日，靜心冥想的時間長度便會自然而然地增加。

練習4 洗鼻壺：使頭腦清明

幾千年來，洗鼻壺（neti pot）一直被瑜伽行者用於「淨鼻水療法」（Jala Neti）或鼻腔清潔。你可能比較熟悉洗鼻壺的現代版替代品——鼻腔沖洗法。無論是當年或現在，做法都很類似，需要讓鹽水溶液流經鼻腔通道。儘管方法簡單，但卻需要某種勇氣才有辦法嘗試。不管怎樣，此方法的種種好處非常值得你盡力嘗試，何況據信好處包括減低過敏和竇性症狀、清除鼻屎、改善嗅覺和味覺。爲自己看看這個古老方法如何幫助你保持整個頭腦清晰，即使頭部不覺得塞脹，但總是個機會可以使頭腦更加敞開，覺察到以前沒有覺察到的事物。

分解步驟：

1. 在洗鼻壺中，將不超過四分之一茶匙的鹽與溫水混合。使用最純淨的鹽，可將刺激性減至最小（例如，非精製海鹽）。
2. 俯身靠近水槽，將腦袋轉向一側。
3. 輕輕地將鼻壺的壺嘴插入上側鼻孔，讓鼻嘴舒適地封住鼻孔。
4. 透過張開的嘴巴呼吸。
5. 緩緩舉起洗鼻壺，讓鹽水流經上側鼻孔，從下側鼻孔流出，然後流入水槽。要用掉半壺鹽水。
6. 當你用掉半壺鹽水時，要輕輕地吹、重複地吹，將鼻中的鹽水吹進水槽，以此清除鼻腔通道。不要捏住鼻孔。
7. 用剩下的半壺鹽水重複上述步驟，清洗另一側鼻孔。
8. 將鹽水吹進水槽後，用面紙或毛巾擦乾鼻子。

附註：可預期到新手要實驗這個技術幾次，才能找到最佳位置。實驗的過程中，鹽水可能會向下滴入喉嚨，感覺類似於水嗆到鼻子。若要將此情況發生的機會減至最小，在使用洗鼻壺期間不要說話或大笑。不過你八成會經驗到某些不適，因爲那是一種不熟悉的全新感官體驗。假使眞的很不舒服，可立即中斷。

練習5 燕麥去角質面膜：展現你的真我

皮膚細胞大約每二十七天再生一次，意指你其實每個月會呈現一張全新的面孔給世人。如此自我更新的價值自古以來已被理解到，而且以面膜的形式實踐了。舉例來說，埃及豔后克麗奧佩特拉聲稱用死海泥當作深層潔膚泥，而中國歷代皇室據說會將珍珠和玉石之類的寶石磨碎，用作臉部滋補藥。假使你無法取得磨碎的寶石，可不要絕望。簡單如燕麥和蜂蜜之類的材料，也能發揮絕佳功效。這類燕麥面膜將會輕輕地除去肌膚的角質，促進肌膚原本該有的更新。利用這個方法反映全新的自我感，或是當你想要祈請全新的自我感時，就好好使用一下。

分解步驟：

1. 購買鋼切燕麥片。
2. 按照包裝指示烹調一份燕麥粥。
3. 將燕麥粥放至微溫。
4. 像平時一樣清潔和擦乾臉部。塗抹一層燕麥粥到整張臉上，敷十至十五分鐘。
5. 用冷水和毛巾輕輕地將面膜沖洗掉。

進階版：在步驟2和3之間加入約兩湯匙蜂蜜，可增強保濕效果。

練習6 「我是」練習：建立「你是誰」的自信

牡羊座的座右銘是「我是」。有時候，你必須把這一類話說出來，你才會相信。利用描述核心的你的三個形容詞（揀選自第48頁五項提問的前兩個），或是挑選你希望祈請的其他三個形容詞，以此提醒自己你的眞實本性。譬如說：「我是強而有力的」、「我是英俊瀟灑的」、「我是聰明機智的」。無論你選擇哪一句，都要對自己說出來——大聲地說出來，邊照鏡子邊說。你需要重複幾次才能相信，就重複幾次。然後進入那個世界，成爲那樣的人！

♈

一個與「我是」類似的說法是由牡羊座法國數學家兼哲學家勒內・笛卡兒創造的：「我思，故我在。」鑑於笛卡兒的星座，這個心智發電機利用思考驗證存在，實在是再恰當不過了。當然，有許多替換詞，例如：「我感覺，故我在」、「我呼吸，故我在」等等。

小結

頭部是與牡羊座相關聯的部位，五官（以及處理五官的腦部）是其特色，頭部支配著你對世界的看法，以及你在人世間的地位。

★牡羊座是黃道週期的第一個星座，其能量涉及你是誰、你在這裡是要完成什麼事，以及讓這一切發生的意志。

★假使你堅定自信的牡羊本質被扼殺，或是從另一個方面看，不受（你）管束，你的頭部可能會體驗到不同的症狀，例如，悶脹、流鼻水、頭痛。

★透過聚焦於頭部的提問、練習和活動，校正你內在的牡羊座。運用這些技巧進行自我更新，是公羊和他的出生季節（春天）不可或缺的內容。

原註：

①亞伯拉罕·馬斯洛（Abraham H. Maslow），《動機與人格》（*Motivation and Personality*），第二版（New York: Harper & Row, 1970），46頁。

3

公牛的頸部

♉ 金牛座

★出生日期：四月二十日～五月二十日

★身體部位：頸部

★主　　題：擢升感官享受，超越物質

金牛座是第二個星座，建立在牡羊座知道的事物之上。她長大了一點兒，脫離了牡羊座的新生兒時光，現在是蹣跚學步的幼兒。她有能力識別「自我」，能夠將那份自我感投射到人世間，同時藉由抓取、觸碰、品嚐看得見的一切。牡羊座帶著「我是」的座右銘進入人世間，金牛座帶著「我有」緊隨在後——她看見大地必會提供的事物，而且想要那一切成爲她的。的確，身爲土象星座，金牛座天生酷愛物質領域和物質界的所有寶藏，例如，大量的金錢、永恆的藝術、美食、超棒的性愛。大地是感官的遊樂場，而在最崇高的層次讚賞感官體驗是金牛座在這裡所要表達的。

金牛座司掌：頸部

公牛是模樣特殊的牛，因包含粗大頸部在內的大骨架（體重平均超過九百公斤）而聞名。公牛的頸部十分突出，因此在醫學用語中，「公牛頸」（bull neck）是專業術語，意指頸部腫大的人（通常是由於肌肉肥大或淋巴結腫脹）。鑑於公牛與其頸部之間的關聯，頸部是與黃道的公牛（金牛座）相關聯的身體部位，就沒什麼好大驚小怪了。

頸部是位於頭部和背部之間的窄狹結構，由七節椎骨（頸椎）組成。這些骨頭算是脊柱的一部分，而脊柱跨越整個背部和頸部，通常被稱作脊椎。脊椎有不同類型的椎骨，以頸部的那幾節最爲細緻。每一節頸椎都有一片利於活動的細薄結構，更有一個個椎間孔允許來回連結頭部的血管和神經通行。但頸部儘管細緻，卻不虛弱：你的頸部支撐著保齡球般大小的頭部，同時可移動頭部。事實上，頸部區擁有整條脊椎最大的活動範圍，每一個方向都可以旋轉高達九十度。這樣的活動範圍使頭部能夠活動，也讓頭部（以及頭部所包含的眼、耳、鼻和口）得以充分感應周遭環境。

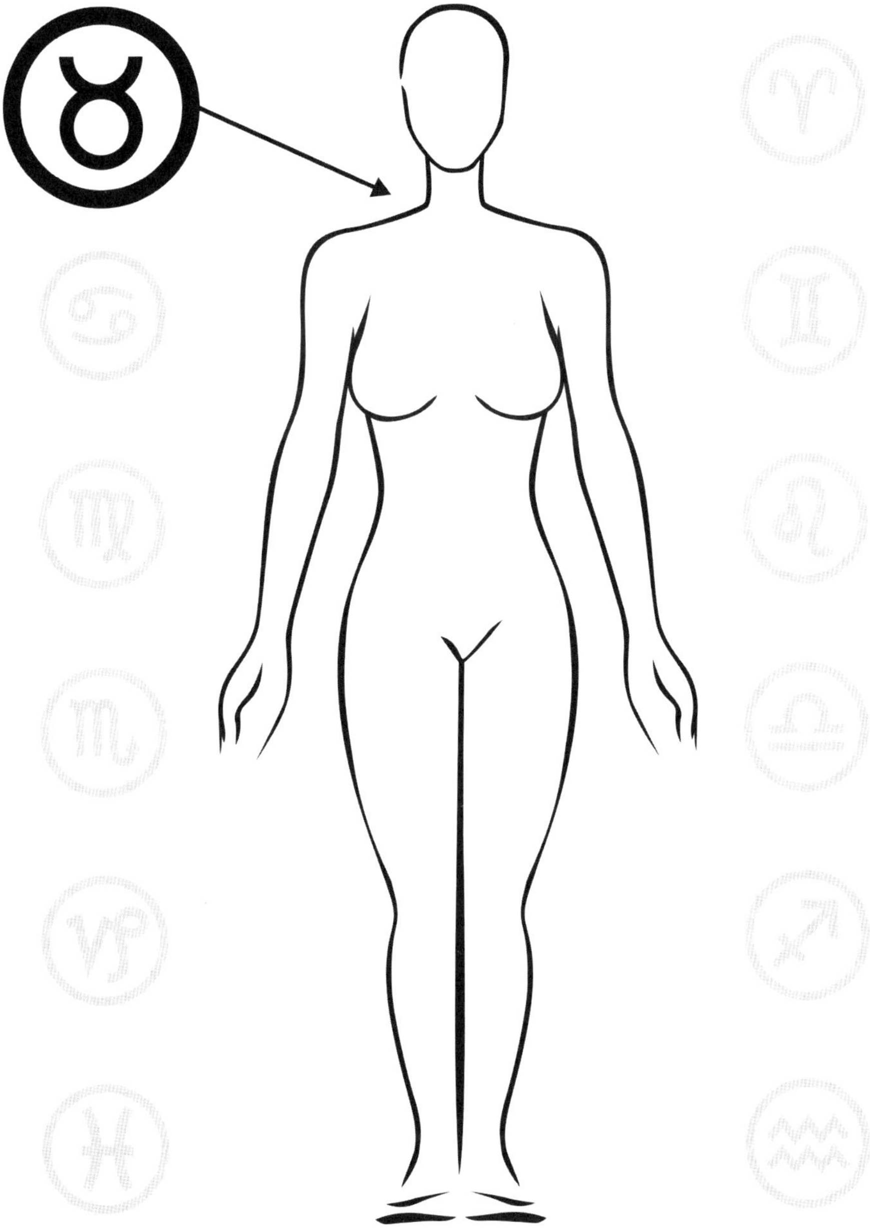

頸部的骨骼結構，參見附錄C。

♉ 幾乎所有哺乳動物（包括人類、公牛、甚至長頸鹿）的頸部都有七塊椎骨。

然而，幫助頸部接收感官的輸入信息只是這場戰役的一半，頸部還負責將你用輸入信息打造的創作傳達到世界其他地方。頸部經由聲帶完成這件事，而聲帶是在氣管中發現的兩瓣膜狀皺褶組織，也是演化贈送給饒舌多嘴的禮物。就機械原理而言，皺褶是用來將空氣的振動形成聲音，再將聲音化爲言語。

言語是你的主要表達方式之一。言語將內在的思想、感覺和情緒傳達到外在世界。你選擇的用詞，以及你選擇如何說出那些話，不僅反映出你對自己的看法，更形塑了你對這件事的概念。因此，金牛座所說的話一定要充分表達出她的本質——從實際面到熱情面，從肉體物質到文化修養。那不是頻譜的一端，而是兩端全包。公牛需要盡職地查詢貸款利率，同時在住家的美麗裝潢中昇華。假使內在的公牛只表達你的一部分情感，那麼你將只表達出一部分的自己，而你其餘的思想和情緒並不會神奇地消失；相反地，它們將會逗留在頸部裡面，以壓力或緊張的形式屯駐。

不幸的是，頸部扭傷太容易發生，而且原因五花八門。就身體層面而言，頸部的關節、肌肉和韌帶招致壓力，是由於頭部和頸部的位置不當，例如，當你坐著、站立、行走或閱讀時，頸部不經意地向前突出或歪向一側。因爲最佳的聲音表達需要聲帶正確定位（那發生在當頸部正確定位在頭部和軀幹之間），假使你打擾了頸部（以及其內的聲帶）的校正，就等同於中斷了自己的表達能力。花些時間確定自己頸部的狀態，爲自己檢查看看，頸部是否端正地介於頭部和軀幹之間。

分解步驟：

1. 站在鏡子前，轉向一側，檢查側身輪廓。像平時一樣站立，看看你是否沒注意到自己的姿勢。（不要作弊！）
2. 盡可能地少轉頭，看向鏡子，觀察頭部和頸部是否向前突出。
3. 如果向前突出，將頭部和頸部調整回來，與軀幹對齊，使頭部、頸部和背部均停在一直線上，兩個耳垂的位置就在肩膀上方。假使肩膀向前彎，同樣將肩膀挺直起來。
4. 與之前相較，注意覺察這次重新校正有何不同。這次校正應更接近你的理想狀態。

現代社會中，許多人都帶著固定前屈的頭顱站立。以此姿勢站立，頭部和頸部突出於軀幹前方，彷彿在前頭領路。當你走在街上或坐在電腦螢幕前，很可能呈現的是這個姿勢。然而，頭部雖然是個要角，本意卻不是要永遠突出。頭部本該直接位在心臟上方，由頸部搭橋銜接兩者，如此，頭部將最能充分地表達出兩個世界，包括內心的情感和頭部的知覺。

金牛座健康課題：擢升感官享受，最終超越物質

超越，意指超過某種限制。在數學中，例如，Π或e之類的超越數超過代數的極限；在超覺靜坐（transcendental meditation）中，修習者進入超越日常意識的覺知狀態；在超驗哲學〔transcendental philosophy，創始人伊曼努爾・康德（Immanuel Kant），太陽和上昇星座都在金牛座〕裡，只要知識超出了你對客體的認知模式，知識就是超越的。無論你以何種方式切割，超驗主義（transcendalism）都允許心靈去

感知你的物質實相，然後說：「嘿，還有許許多多。」對我們的金牛座本質來說，如此心態尤其切中要害。金牛座品味物質世界，但她對物質界的享受是受到召喚的，爲的是好好延伸，以超越眼前的物質。

每一個人內在的金牛座都欣喜於她可以擁有和掌握的物質事物，她爲此而努力工作。每一個金牛就像與她相關聯的公牛星群一樣，具有堅韌而實際的本質。所以，難怪金牛熱愛金錢可以買到的所有好東西，這些代表酬謝她的忍耐，酬謝她堅持貫徹，確保工作好好完成。但全然實現的金牛能量將會超越物質實相，領會到物質實相的更高本質，於是超越身體形相，進入情緒、心智和靈魂的界域。

舉食物爲例。食物就像物質世界的其餘部分，是由物質組成，而且就因爲是食物，所以可以被消耗。或者，它可以提供一種超越的經驗，最佳實例莫過於「瑪德蓮」（la madeleine），那是作家馬塞爾・普魯斯特（Marcel Proust，月亮星座在金牛）在他的經典作品《追憶似水年華》當中廣爲人知的小蛋糕。有一天，普魯斯特邊吃瑪德蓮蛋糕邊喝茶，他描述了他與這塊蛋糕的經驗不只是攝入麵糊和奶油，更是某種使他穿越時空的東西。一口美味，將他帶回到童年週日早餐的味道、教堂尖塔的聲音、對已故阿姨的情感。換言之，那塊瑪德蓮蛋糕爲普魯斯特提供了一場感官盛宴。這是經驗的界域，遠遠超出了碳水化合物的平凡性能。

當然，有時候，套用金牛座精神分析學家佛洛伊德的說法，瑪德蓮蛋糕就是瑪德蓮蛋糕。客體當然可以因其自身的因素而被享受，不必喚起更多的東西。的確，如果每一口午餐都帶你進入被升高的覺知狀態，那麼日常生活勢必充滿挑戰。但這個狀態是我們內在的金牛受到召喚要好好體現的。因爲她的稟性與大地密切相關，所以，公牛必須學會不要卡在她的世俗本質裡。反之，她在這裡是要運用身體的形相作爲基礎，追求更崇高偉大的經驗，而那些經驗存在於超乎雙手所能持有、雙眼所能看見的事物中。

從你手中的書本到握著書本的雙手，物質世界不但構成你，並且包圍著你。這個物質世界的建構要素是原子，數十億顆又數十億顆的原子交疊，創造出你可以看到、嚐到、摸到、聽到、嗅聞到的世界。雖然原子不是固態的實體，但原子的電磁力的相互作用卻呈現出堅實的幻覺，讓你感知到一個充滿事物的世界。

> 原子是幾乎完全空無的空間。然而，如果你將世上的所有原子取走，同時移除掉其間的空間，那麼單單一茶匙如此產生的質量就重約五十億噸。

在事物（尤其是奢侈品）的領域中，金牛座自在悠遊。從精美的珠寶到皮手套，從美食到異國香氣，她喜愛擁有奢華。她從耐久的品質和看似堅實的特性中得到莫大的安慰。彷彿是，擁有許多事物可幫助她與世上最大的東西——地球——保持連結。

連結大地可帶來美好的事物。但「買者當心」！（貨物售出，概不退換！）我們的公牛本質可能會執著於個人的財物。我們可能會忘記，擁有的樂趣其實不在於物品本身，而在於物品所帶來的經驗或學習。我們比我們的任一項財產（甚至是財產的總和）更宏大。財產可能有助於促進我們感到快樂的經驗，但那份快樂最終是由內在升起。

所以，不要成爲你自己的米達斯國王（King Midas）。這位神話中的國王將周遭的一切全都變成黃金（包括自己的女兒），然後什麼也無法享受。你應該要完全享受辛苦勞動掙來的成果。但如果取得這些是你的最終目標，那麼不論擁有多少，你將永不滿足。譬如說，你將爲了購買一輛豪華名車而努力工作，爲了負擔名車的維修費而待在同一份工作，爲了購買第二輛車而在同一份工作待上更長的長間，於是在十年後意識到，你從不曾將車子開到戶外旅遊或開心兜風。你將十分專注於取得這些物質事物，甚至專注到錯失了它們所帶來的更大歡愉。

♉

長久以來，佛陀一直與金牛座相關聯。事實上，人們相信，佛陀出生、開悟和死亡的時間都在金牛座月分（四月和五月）。倘若這是真的，那麼藉由創造一門以不執著為中心的哲學，佛陀已學習並教導了金牛功課中最為高深的一課。

物質層面提供許多更大的歡愉。誠如牡羊座那一章討論過的，你的感官透過感覺器官（眼睛、耳朵、舌頭、皮膚、鼻子）將資料帶到腦部處理。譬如說，在你閱讀一首詩的時候，光線反射出詩的字句，穿過眼睛的角膜、虹膜和晶體，與視網膜交會，神經細胞（視桿細胞和視錐細胞）在此將光線轉換成電脈衝。視神經接著將這些脈衝傳送至產生圖像的腦部，從而允許你閱讀。這一連串複雜的事件本身相當了不起，但如果你曾經讀過一首詩（或是任何文字），你就會知道你的閱讀經驗甚至比閱讀本身更爲堅實。因爲除了實際上看見文字，你很可能想到或感覺到什麼。或許你因某篇短文而形成了某個見解、好好欣賞了某一本書、或是被閱讀到的文章所啓發，進而深入研究。無限多的印象伴隨著你的眼睛所看見的字句。

如此，詩不只是寫在紙張上的文字，就像圖畫不只是圖像。詩歌和圖畫，以及被歸類爲藝術的任何東西，其更大的美在於它們所表達的故事以及啓發的情感。這意味著，你的知覺感受不只是生理上的反應，因爲你的身體感受同樣引出心智、情緒和靈性的覺受。在這方面，你的知覺感受以一種被擢升的形式存在，超越眼睛所能見、鼻子所能嗅、耳朵所能聞等等。一種被擢升的知覺感受因此被佈達了，且不但佈達在物質層面上，更佈達在高層，存在於思想、感覺、靈感的界域中。

看見、嗅聞、品嚐、觸碰……當我們內在的金牛擅長地在基本層次經驗她的知覺感受時，她在這裡是要喚起這一切的崇高形式。她不見得需要親自寫詩或畫圖，但她受惠於被地球的美（所有宏偉的色彩、質地和聲音）所包圍。感官的靈敏度爲她持久、勤奮、物質導向的本質提供完美的補充。耗費幾個月時間照顧花園，然後她的某一部分可以停下來，嗅聞一下玫瑰。而在現代社會裡（先甭提我們每一個人內在鼻子貼地的公牛），停下來嗅聞一下並不容易，那需要意圖加上練習。但就連眞正的牛也會從地上抬起頭來，凝視著天空。因此，金牛座的目標是要將我們的物質欲望提升到一種感官享受的「廟旺」（exaltation）狀態。

♉

在占星術中，「廟旺」這個術語意指一顆行星與某一黃道星座的關係，在此，行星的能量和潛力被放大了。舉例而言，月亮的廟旺星座是金牛座，因此當月亮行經金牛座時，月亮就被擢升了（廟旺），它與五種感官相關聯的品質亦被提高了。

不健康的身體警訊（兩種極端）

品味你的感官接收到的禮物，並不需要數百萬美元或過著退休人員的生活。這是透過物質找到樂趣，而不是被世俗所壓垮的功課。雖然世俗很重要，但人生還有比那更重要的事物。你的感官看見的每一個客體都具有超過其實體存在的價值，它蘊含某段經驗、某個思想、某種情緒、某則教訓、或是某種更宏大的感官體驗，使你可以從中衍生。如此，一切均是物質兼具靈性，使你在此人間的每一個物體中均能找到一丁點的天堂。

這種被提升的感官享受如同第六感，那是一種更宏大的美感，天生存在於我們每一個人內在的金牛本質裡。不要被你平時認定的公牛給愚弄了，因爲牛通常並不被視爲精煉雅緻。金牛座的公牛遠遠超乎鼻子貼地，它是黃道最溫柔、最浪漫、最感性的星座之一。雖然公牛以她持續而耐久的努力聞名，但最大的禮物卻在於：她能夠抬頭仰望，同時享受周遭的一切。

因此，對你內在的公牛來說，至關重要的是：擁抱她企求更高理想的傾向，且在留意物質兼顧尋求感性的所有榮光之中，表達她的本性。她需要討論某一個體的有形優點，同時欣喜於該物體的更大魅力。她應該要按照實際情況提議，也要推動玩樂。假使你本質的這個部分無法讚賞每一種感官必須給出的經驗廣度，那麼你的自我表達將會感到備受約束，因爲你的部分公牛被擱置了。在此，爲了徜徉於欣喜而存在的那個部分將無處可尋，或是因害怕失去地盤而遭到人爲打壓。當然，公牛是一種天生踏實接地的動物，但就連這樣的牛，也可能過度踏實接地。

固定不變的金牛能量，其身體表現可能包括：

- ★頸部緊繃
- ★僵硬或疼痛
- ★活動範圍受限
- ★活動時發出劈啪聲或嘎吱響的感官體驗
- ★其他：咳嗽、咽喉痛感染、甲狀腺失衡、聲音不穩定

對公牛的安全需求來說，她的深厚根基是必不可少的，那是一種根深柢固的需求。然而，如果她將安全

保障誤認為感官享受所帶來的歡愉，她將會發現自己踏上一場永無止境的徒勞追逐。在你的公牛試圖拼湊穩定的過程中，財產將會與日俱增。無論是擁有大量的鞋子，還是買下一支又一支的手錶，你的公牛可能會仰賴不斷湧入的實體商品，才能連結到她的接地感。但若沒有如此適當的基地，潛在的焦慮和恐懼（與缺乏安全感相關聯）終將勝出。

充滿欲望的金牛能量，其身體表現可能包括：

- ★頸部肌肉虛弱
- ★活動過度
- ★不穩定
- ★不斷發出砰砰聲或急著想將頸部動得劈啪響
- ★其他：甲狀腺失衡、喉嚨刺痛、聲音不穩定

你的頸部善於表達到什麼程度？無論是感覺固定不變、充滿欲望，還是介於兩者之間的某處，關鍵都在於：好好聆聽你的身體，給予身體所需要的。要伸展緊繃的脖子，或強化虛弱的頸部，並且運用下述提問和練習，喚醒你內在的金牛座。

找回平衡的六項提問

下述提問和練習將充當你體現金牛座特質的個人指南，不妨運用它們擢升感官享受，從而超越物質。

★你一天花多少比例的時間取得物品（例如，工作、購物）？你一天花多少比例的時間享受這些物品？

★你是否比較依賴某種感官勝過其他？你有沒有忽略哪一種感官？你如何在一整天當中投入更多的感官？

★在日常事務中，你有多容易找到更大的美？描述一下你每天停下來嗅聞玫瑰的典型情景？

★你覺得什麼時候可以最自由地表達自己？當時你和誰在一起？當時你在哪裡？

★什麼人、地方和事物妨礙了你表達自由？試著注意看看，當你感到表達受阻時，是否很容易觸摸脖子？

★當你說話時，你的話語通常表達些什麼？某種規劃、準備或回憶？還是讚賞、享受和感覺？

金牛座養生操

練習1 等長收縮，強化頸部：強健身體的基礎

請照顧身體的需求，培養強健的根基，如此，其餘的你才能安心成長。就連高挺的向日葵，也將基礎深深地扎在土地裡。下述等長收縮鍛鍊將透過最大的活動範圍強化頸部，並且進一步地支撐頭部的基本感官，以及你表達基本感覺的能力。

分解步驟：

1. 一開始，擺出輕鬆站姿。

2. 雙手手掌平放在前額上。保持下巴與地面平行，將前額向前推入雙手之中，撐住，慢慢數到十。

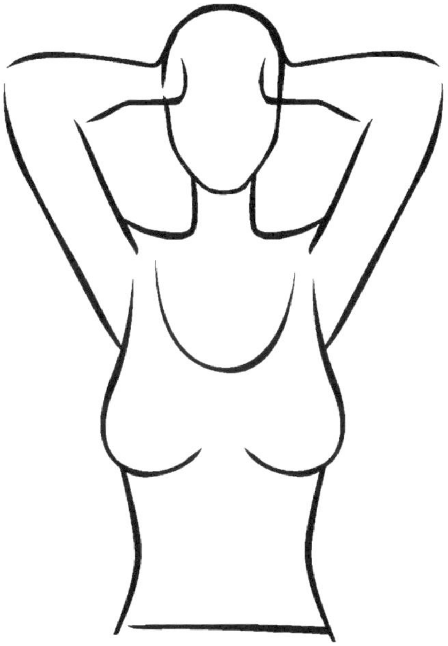

3. 雙手放在頭部後面，將頭部壓在雙手中。保持下巴與地面平行。同樣撐住，慢慢數到十。

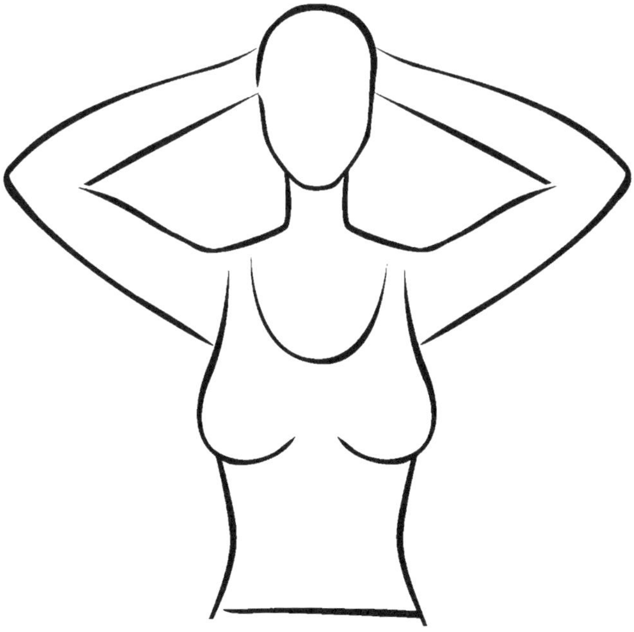

4. 右手放在頭部右側，右耳上方。用頭去推手，彷彿將右耳帶向右肩。撐住，數到十。輪到左側重複此動作。

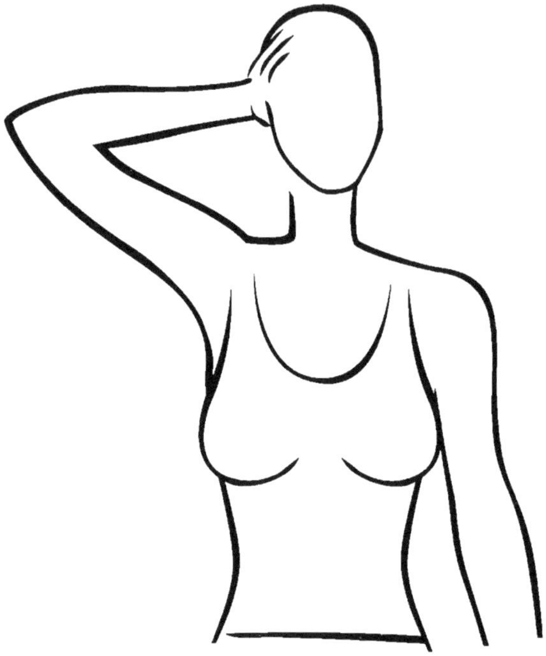

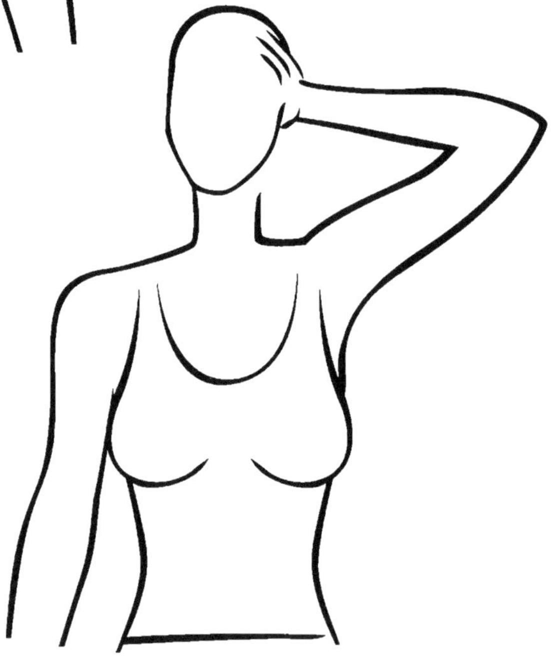

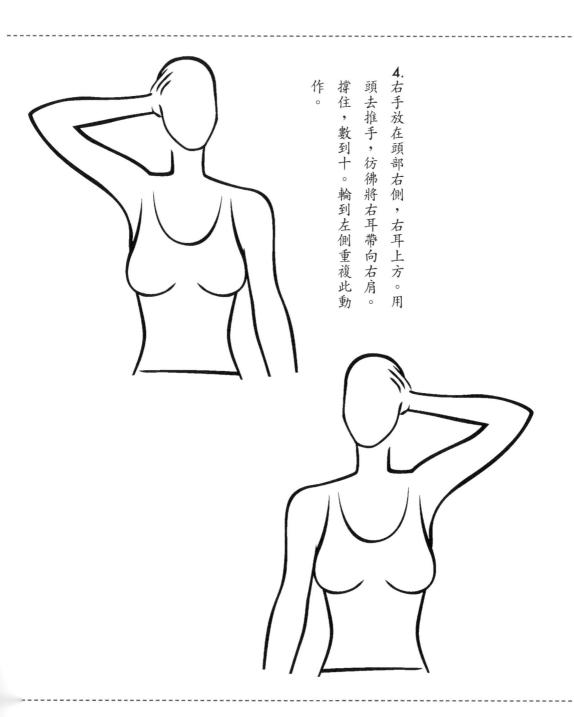

5. 右手放在頭部右側，太陽穴附近。保持下巴與地面平行，將頭轉向右側，將右側太陽穴朝右手推擠，右手朝太陽穴推擠。撐住，數到十。輪到左側重複此動作。

6. 雙手放輕鬆，置於身體兩側，「輕輕地」甩甩頭部和頸部。

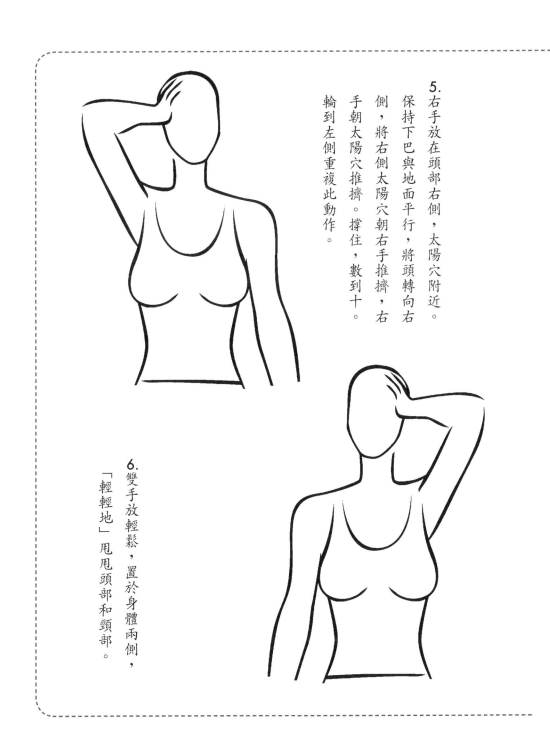

這一系列運動是透過雙手的抵制來強化頸部，使你因此有能力隨心所欲地施加盡可能多或盡可能少的阻力。你愈是用來自雙手的壓力抵制頭部的運動，頭部和頸部的運動就愈小。不論你創造什麼等級的阻力，都一定要保持雙肩放鬆，使肩膀遠離雙耳。

練習 2

頭部、頸部畫圓圈：敞開進入更大的感官體驗

外面有一整個的世界，而柔軟的頸部將會幫助你感應外界，同時讚賞你所感應到的一切。透過最大的活動範圍活動你的頸部，如此，你的頭部將比以前更能看見、品味、觸碰、聞嗅、聽見。請準備好傳達你所吸納到的一切！此外，敞開的頸部會更有能力隨時表達。

分解步驟：

1. 站立，雙腳分開，與臀部同寬，雙膝微彎。雙臂垂放在身體兩側。頭部呈中立位置，下巴與地板平行。
2. 保持頸部和肩膀放鬆，朝下巴方向點頭，然後將頭「慢慢地」向右轉，設法確保頭部行經所有方向，包括前方、側面、後方、側面、前方。執行畫圓圈的動作，彷彿頭部和頸部之間有一顆拳頭大小的球一樣（這將防止頭部的轉動範圍過大）。重複五次。當頭部

在中立位置時結束此動作。

3. 逆轉方向，將頭轉向左。重複五次。當頭部在中立位置時結束此動作。

一旦你覺得能夠舒服地畫圓圈，就可以閉上眼睛，更進一步深入這個練習。如需額外益處，可在練習中加入呼吸：每次頭部轉向後方時，做一次緩慢、深入的吸氣；當頭部轉向前方時，享受一次緩慢、深入的呼氣。

練習 3
梵唱：追求更完整的表達

學習使用梵唱，以此新方式表達你的聲音。梵唱是一種使用原始聲音傳達神聖意涵的古老技術。譬如說，梵唱HAM祈請與頸部（喉輪）相連的能量中心的特質。藉由重複這個聲音，你接收頸部的能量和功課。梵唱雖然以其印度根源聞名，但也遍及佛教、錫克教、耆那教。聖詩與頌歌的概念被發現存在於甚至更廣大的圈子中，包括猶太教與基督教文化，並出現在「太初有道」和「阿門」之類的措辭裡。在古埃及，金牛座甚至被譽爲「神聖聲音的轉譯者」。利用下述梵唱練習表現你自己的聲音。

分解步驟：

1. 選擇一個不會被打斷的空間和時間。關掉手機鈴聲，同時設定鬧鐘，在這段兩分鐘的靜心結束時提醒你。
2. 在地板上找到一個舒服的座位。需要的話，盤腿坐在軟墊、枕頭或瑜伽磚上（如果不能盤腿，就找一個舒適的姿勢在地板上坐正；如果這個坐姿對你而言仍有困難，就坐在椅子上）。最好的坐姿是能夠在接下來的兩分鐘支撐你。
3. 雙手放在大腿上，手掌朝上。輕輕地閉上眼睛。
4. 感覺振動源自於胸部，產生聲音HAM（a的發音像father一字中的a）。讓這個聲音綿長而寬廣，從胸部升起，向上穿過喉嚨。聲音離開雙唇時，感覺mmm的振動，如同發humming一字。重複此一梵唱，允許一個發音接著另一個發音流出。
5. 鬧鐘響後，保持坐著，閉上眼睛，暫停一會兒才起身。感覺殘餘的振動遍佈全身。

爲了達致最大效果，要每天練習上述梵唱，持續至少四十天。當你對這個聲音及其節奏有所感，你的靜心就可能有所進展，如此，你會將此梵唱唱得更加柔和。最終，一旦你熟悉了這個聲音及其振動，便可以私下無聲地唱誦。

練習4 在大自然裡漫步：企求超越物質

公牛的誕生是要讚賞地球的豐盛。在野外散步，無論是公園、小山、或是最爲啓發你的溪流，都要好好享受你的俗世本質。走路時，投入你的所有感官，融入你的環境：嗅聞空氣，聆聽鳥兒，看見太陽的光線，感受陽光晒在肌膚上的溫暖。現在更進一步，好好應用金牛座對更大之美的第六感。譬如說，除了溫暖，太陽還喚起了哪些其他的感官體驗？童年記憶？幸福快樂？寬心放鬆？漫步時，請留意是否升起了哪些在開始漫步之前不曾存在的感官體驗。多加練習，這種接收你的感官的能力就可以成爲你自己的。經過幾次專注地在大自然中漫步，你將會發現，你不僅愈來愈了解自己的基本感官，而且更明白感官所通向的宏大境界。

進階版：走路時，吹吹口哨或哼哼歌，運用頸部好好地表達。金牛座歌手艾拉．費茲潔拉（Ella Fitzgerald，被公認是二十世紀最重要的爵士樂歌手之一）曾說：「我不想說錯話，而我總是說錯……我想，唱歌的時候，我表現得比較好。」①

練習5 裝飾頸部：強化表達能力

低胸露肩裝呈現出女性軀幹的上半身，包含女性的頸部、肩膀、上背部和胸部。儘管這只是女性身體的一部分，但透過裝飾這部分所表達的信息卻是如此之多。無論是巴洛克時代的袒露乳溝，還是維多利亞時代的高領，女人如何對待自己的低胸露肩裝，可以充當某種時尚美學兼社會規範的陳述。男性也是如此。在某個場合繫上領帶可能是恰當的，在另一個場合卻可能不適合，而無論何種情況，表達的都是穿戴者自己，而非這人心中的猜疑。你的低胸露肩裝透露了哪些與你相關的信息呢：

★你目前如何裝飾領口（高領、項鍊、領結、V領毛衣、圍巾）？

★領口的裝飾（或缺乏裝飾）表達了什麼信息？你該如何裝飾、暴露或隱藏領口，才能更精準地表達你自己？

★當你穿著低胸襯衫、鬆掉領帶、或是披上絲巾時，升起什麼樣的感官覺受呢？即使不必穿上它們，它們會喚起什麼樣的言外之意呢？

持續一個星期，每天特別注意你如何打扮自己的頸部。玩玩這樣的遊戲，看看穿戴（或不穿戴）不同的東西，如何微妙地改變你的風格和表現層次。當然，小人物一定有他們自己的意見。注意觀察他們，但最終仍由你自己決定你的領口最適合如何表現。

練習6 停下來聞聞玫瑰香：擢升感官享受

透過練習，才能懂得讚賞生活中更美好的事物，而最好的開始時間莫過於現在。以下是其中一種方法。

分解步驟：

1. 不需特別的原因，為自己買一束玫瑰。
2. 將玫瑰插進花瓶，擺在某張你經常會經過的桌子上。
3. 經過時，暫停一下，欣喜於玫瑰的和諧交融——它們的豐富色彩、花瓣的柔軟光滑，以及芬芳的氣味。
4. 閉上眼睛，專注於玫瑰的香氣。傾身靠近某個玫瑰花蕾，深深吸氣，吸進花蕾的香氣，去感覺它將帶你去到何方。
5. 再重複做一次。
6. 沒有天長地久，終有一天，你的玫瑰會凋謝。趁你擁有的時候，好好讚賞吧！
7. 玫瑰凋謝之後，用乾燥的玫瑰花瓣裝飾住家（撒在床罩上，作為某精心佈置的晚餐餐桌的一部分，或是撒在泡泡浴中），藉此延長你對玫瑰的享受。

此法不適合對花卉過敏的人。

小結

★頸部是與金牛座相關聯的部位。內有聲帶的頸部，可表達出你對自己的看法，同時形塑出你對此一看法的概念。

★金牛座是黃道週期的第二個星座，其能量涉及活出並慶祝你是誰的最大範疇，包括從物質到感官享受。

★如果你那有美感的金牛本質過度關心安全保障，或是過度渴望感官歡愉，你的頸部可能會體驗到不同的症狀，例如，緊繃、虛弱、咳嗽。

★透過聚焦於頸部的提問、練習和活動，校正你內在的金牛座，運用這些幫助你內在的公牛不畏艱難地掌握人生，同時好好享受！

原註：

①吉姆．莫瑞（Jim Moret），〈艾拉．費茲潔拉過世，享壽七十八歲〉（Ella Fitzgerald Dies at 78），CNN網站檔案，一九九六年六月十五日，http://web.archive.org/web/20061129231320/http://www.cnn.com/SHOWBIZ/9606/15/fitzgerald.obit/index.html。

4

孿生子的雙手

Ⅱ 雙子座

★**出生日期**：五月二十一日～六月二十日

★**身體部位**：胳膊、前臂、雙手

★**主　　題**：提供服務，成為內在明心的信使牡羊和金牛（黃道的前兩個星座）將你勾勒成一個個人，描述成一滴水，並與其餘的大海分隔開來。這個個人的基礎很重要，因爲來到雙子座，你如今堅實的「我」開始體認到，它屬於一個更大的「我們」。它體認到，你其實居住在一片更大的水域中，即便是分離的，但你仍同時屬於一個更大的整體。雙子座因此是黃道第一個不是以自我（相較於他人）運作的星座，而且開始搭橋銜接自我與他人兩者。雙子座有幸享有聰明的頭腦，以及分享聰明頭腦的機伶，他在這裡是要將個人的理念傳遞給更廣大的世界。

雙子座司掌：胳膊、前臂、雙手

在本章標題「孿生子的雙手」當中，「手」其實是整個上肢的「簡寫」（short hand，也有「短手」之意）；你有兩個上肢，分別由胳膊、前臂和手構成。雙子座是唯一與一個以上的肌肉骨骼身體部位相關聯的黃道星座。

> ♊
>
> 牡羊座和金牛座的自我中心式焦點，可以被表示成遍及此兩個星座的單一狀態——定義「一個」自己，用「一個」星群（例如，公羊或公牛）表示，加上「一個」相關聯的身體部位（例如，頭部或頸部）。相較之下，雙子座生出「兩個」的概念，它引進「兩個」個體（除了自己之外，還有對方），用「兩個」生命構成的一個星宿表示，加上由「兩個」上肢構成的身體部位（包含兩隻胳膊、兩隻前臂、兩隻手）。

然而，這些不同的部位共同合作，達成一個統一的目標——讓雙手得以連結到空間中的物體。你的胳膊和前臂雖然自有其用途，但它們的存在讓你可以打招呼、握手、開門、劃火柴，以及執行讓人類且只有人類

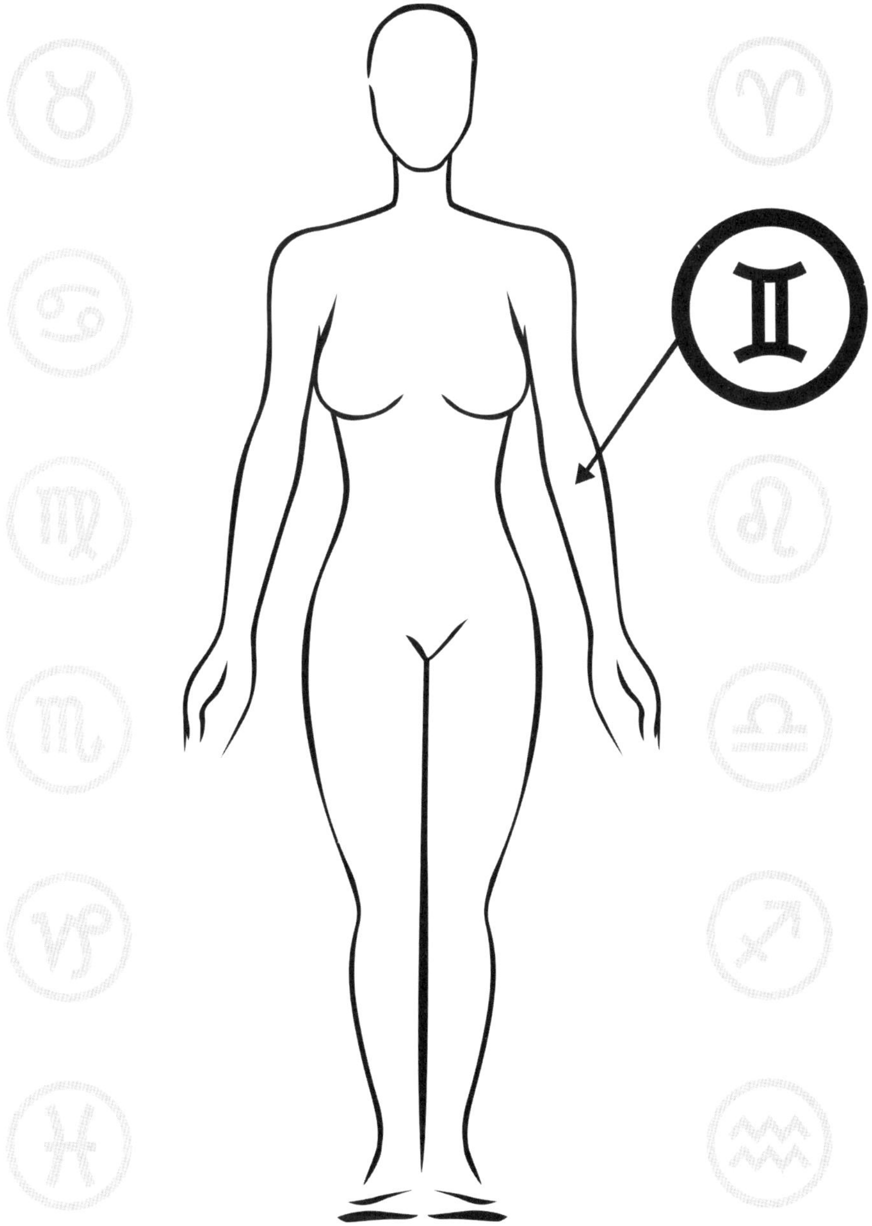

胳膊、前臂和手的骨骼結構，參見附錄C。

能與周圍事物溝通的大量手勢。

我們從胳膊開始吧！這個上肢部位不但連接你身體的其餘部分，也將你連結至更大的周遭環境。很久很久以前，我們的靈長類祖先即利用此一能力連接廣闊的叢林區，擺盪在蔓藤之間。如今，你的胳膊使你能夠以其他方式連結——從上方的架上抓取雜貨，或是採摘鮮花。胳膊的廣泛接觸起源於肩膀，兩個球窩關節是人體中活動度最大的關節（肱骨形成球，肩胛骨形成窩槽）。

兩個胳膊各生出一個前臂，這個部位通常沒得到太多的關注，但卻好好地完成其份內的工作。前臂延伸在肘關節和腕關節之間，它的兩根骨頭——橈骨和尺骨，容許兩個關節區的活動（儘管活動範圍比肩膀區小許多），但兩根骨頭的角色同等重要，都是將手臂的力道轉移至手中。如此的過渡以及力道的緩和，有助於控制和改善雙手的活動。

與兩隻胳膊的總體活動相較，雙手的活動是細微的。想想看，你的雙手可以十分精細地改變握法，使你能夠握住鉛筆、將鑰匙插入鎖孔中、或是縫好一顆鈕釦。這番靈巧是由大約三十根骨頭、十一組內附肌、以及在每隻手中發現的四處關節部位所啓動。這個複雜的結構是人類特有的，而且人類還有可以反向操作的拇指（因爲拇指不受與其他手指相關的韌帶束縛，更以不同的角度附著在手上）。

Ⅱ

英文的「拇指」（thumb）來自拉丁文的pollex。因此，移動拇指的肌肉，名稱上往往有pollicis，例如，「屈拇長肌」叫做flexor pollicis longus。不要將Pollex與Pollux混為一談，波勒克斯（Pollux）是雙子星宿中有橙色色調的巨星，也是希臘神話中卡斯托爾（Castor）的兄弟。

總而言之，由於雙手數不盡的活動和操縱，才能擔任身體的終極信使。哎呀，用雙手溝通實在太方便，也因此有幾百萬人得以透過手語，用雙手說出所有語言。

不過，值得一再重複的是，雙手（當雙子座的星辰出現時）並不是單獨工作的。它們與胳膊和前臂一起合作，將你內在的構思連結到外在世界。舉例來說，假使你有個成立某家新興互聯網公司的好點子，你的第一個步驟之一是：將點子寫下來。在這個動作之前，你的胳膊、前臂和雙手會率先讓你能夠取得紙和筆。你的五根手指頭握住筆，將無形的念頭帶到有形的現實中，草草地寫下經營計畫書。有了計畫書在手，你準備妥當，要向某位投資人提出你的構思。

II

「手」的拉丁字根*manus*，也是manifest（顯化）這個英文字的字根，這一點也不奇怪。當雙手取得某個想法（例如，成立某家公司的點子），同時使想法顯而易見（例如，撰寫一份經營計畫書），這時，雙手做的事正是「顯化」。

想像這次簡報完美地呈現出來，過程中，你的雙唇積極支持你的構思，你很可能用到胳膊、前臂和雙手，熱切地比著手勢，賦予這個目標更偉大的生命。現在想像一下，你做著同一份簡報，雙臂牢牢地交疊於胸前。即使你說著同樣的話，但你的身體卻散播著全然不同的信息，這一切全都是因為你的肩膀、肘部和腕部關節的某些屈曲和伸展。

以此例而言，你的上肢有助於發展你的點子，同時以兩種不同的方式將點子傳送到世界上，這將我們帶回到雙子座擔任信使的角色。你的信息是什麼？你如何傳達信息？你如何運用（或不用）胳膊、前臂和雙手將信息的概念傳達給需要這些信息的人們？許多人庸庸碌碌地度日，而沒有覺察到四肢的效用，結果雙臂胡亂擺動，關門時被夾到手指頭。你與上肢活動的連結達到什麼程度？可用下述這個簡單的練習爲自己檢視一番。

分解步驟：

1. 選擇一個姿勢，或坐或站皆可。雙臂交疊於胸前。
2. 你先交疊哪一隻手臂？右還是左？你需要一點時間思考答案嗎？還是憑直覺知道答案？
3. 慢動作重複這個手勢，注意看看哪一隻手臂先交疊。
4. 放鬆雙臂，置於身體兩側。
5. 現在，雙臂交疊於胸前，且先從另一隻手臂開始。

很可能你與先交疊的那隻手臂的連結較佳，它是你的主導手臂（根據統計，應該是你的右手臂）；若想先交疊非主導手臂，可能需要先暫停一下才能開始。會發生這種情況是因爲你的兩肢不勻稱，你某一側的發展勝過另一側，因爲你用主導的那隻手進食、書寫、刷牙。但這並不意味著你無法培養另一隻手的財富。這是雙子座的雜耍表演，具有雙重本質（以及偏手性）。你如何存取你的本質的兩個方面，以便可以從甲和乙同時獲益，而不是只得利於某一方？何況假使你擁有兩方面的才能，那麼仰賴一方而排斥另一方，究竟有什麼好處呢？

眾所周知，右手是由左腦所支配，左手是由右腦所支配。然而，偏手性的實相卻複雜許多，而且似乎由種種因素（神經的、遺傳的、行為的、生理的、社會的）匯聚，需要進一步的研究證明，才可以明確地陳述任何結論。

雙子座健康課題：啓迪世人，成為內在明心的信使

有許多方法可以提供服務，讓自己的用途更大些，而不只限於爲自己效勞。這個效用的發生可以透過許多不同的方法（例如，幫朋友搬家、駕駛公車、成爲政治人物），以及根據許多不同的規模（例如，一對一、群組、全球）。「服務」是一個超出個人效用或個人晉升的行爲，是一個從自我延伸到他人的行爲。

雙子座引進「他人」，將服務的概念帶入黃道帶。「他人」代表世界上不同於你的所有那些人，對方有自己的想法、感覺、希望和夢想。通常在兩歲左右，小朋友會體認到他不是沙坑中唯一的孩子。最終，孩子學習到，他可以更好地服務自己以及他人，不是透過尖叫，而是用「想要」或「不要」之類的言辭傳達他想分享某樣玩具的渴望。就成人而言，學習也是同樣的：你可以要麼開口說話，聽到自己的聲音；要麼用一種認可交談對象的方式，分享你的想法。通常若想被聽見，後一種方法會有效許多，無論是被雞尾酒會上的朋友聽見，還是被行銷會議上的客戶聽見。

的確，雙子座在這裡是要透過溝通來服務他人。雙子能量在此是要透過想法點子來創造並連結社群。但值得一再重複的是，他對服務做出的最重要貢獻包括引進「他人」。雙子座並不是黃道帶的公共廣播電臺，他的能量也不是在此代表某個更大的良善來改變眾人的信仰——諸如此類的努力涉及黃道帶輪後續該學習的

功課。雙子座只是在此與周遭世界分享他腦袋裡的東西，即使他的理由是服務自己，那也無妨。每一個人都可以受惠，不只是嘉惠他人，而我們內在的雙子座就是在此提醒我們這個雙重現實。

在遊戲的這個階段，不再是你對抗他人，而是你「以及」他人，一個由互補的一對所構成的連結。因此，雖然有些個人可能將世界看作黑色或白色、天堂或人間、男性或女性、好或壞、較高或較低等等，但雙子座看見的是任何等式的兩邊。這種二元性形成了雙子本質的基礎，而且身為黃道帶的一部分，這個本質同樣存在你之內。祈請你內在的雙子座，將會幫助你「同時」活在好與壞、天堂與人間的世界中。

體認到二元性的美在於：你不必在自己或他人之間做選擇，而是可以擁抱這兩者。你可以培養並享受自己的天賦，同時以嘉惠他人的方式分享。舉個例子，華特．惠特曼（Walt Whitman）是雙子座詩人，他的詩，就像節錄自他的著名詩集《草葉集》的詩作一樣，引進自由詩體，改變了詩歌的領域。假使惠特曼一直將自己的詩作侷限成個人的愛好，只是全神貫注地終生擔任當地報紙的排版員，那麼詩作的領域恐怕早已陷入節奏和韻律的困境。

當然，你不需要是惠特曼，也能成功地提供服務。你可能在地鐵上談笑風生，服務某個陌生人；或是講些驚奇怪誕的床邊故事，服務你的家人；再不然寫張鼓舞人心的便箋，服務同事。服務就是服務，不管觀眾多寡。當服務涉及溝通時，我們的雙子本質尤其能夠好好發揮。

♊

推崇華特．惠特曼為師的當代詩人之一艾倫．金斯堡（Allen Ginsberg）也是雙子座。他跟惠特曼一樣，不墨守成規，也同樣以文學為媒介，用他的敏銳智性引進新的意識形態，最終成為「垮掉的一代」(Beat Generation)及後續由該世代激起的反文化運動的偶像。

信使經由媒介傳達某個想法或點子。無論媒介是電報、信件、文字或拳頭，信使從一開始就已經傳送出各類消息。天使是人世間最古老的信使群。事實上，天使（angel）的英文來自於古希臘字angelos，意思是「信使」。即使你不相信天使，可能也知道，傳說中天使的角色是將天堂的信息傳送給人類，這與雙子座孿生子的角色相去不遠。

孿生子代表雙子座，他們不是天使，而是既屬塵世又屬神界。他們就是透過這份雙重本質，才能有效地提供服務，成為兩個界域之間的信使。的確，他們在此是要讓天堂的最高理想在地球上鮮活起來；他們在此是要啓發人類用嶄新的想法和清新的觀點成為更好、做得更好。有一則希臘神話充分闡明了雙子角色的源起，而這則神話就像雙子座多才多藝的本質一樣，有著許多版本。最典型的版本從那對雙子座孿生子的誕生開始，說他們出自同一位母親萊達（Leda），卻各有不同的父親。斯巴達國王所生的卡斯托爾是會死的凡人，而希臘天神宙斯所生的波勒克斯則是不死的神。

這對孿生兄弟相親相愛，一起共享了許多探險，包括牡羊座的尋找金羊毛（見第一章）。然而，在一次異地他鄉的探險途中，卡斯托爾被殺。有些神話說，他的死是起於一場因牛而引發的爭端；其他神話則說，爭端是因女人而起。無論是哪一種說法，波勒克斯都悲痛欲絕，一心求死。天神宙斯完成了他的心願，但附帶條件是，波勒克斯將一半時間活在地底下（冥界），另一半時間活在天堂。在某一個神話版本中，這對雙胞胎始終團聚，同在天堂和人間；另一個版本則說他們絕不會在一起，因為一個在天堂，另一個就在人間，然後兩人再易地而居。不論故事以哪一種說法講述，這對雙子孿生兒均舞動於天地之間、凡間與神界之域。在天堂的時候，他們轉述人間的故事；在人間時，則傳達天堂的靈性。

因此，雙子座是同時無所不在的。雙子本質的適應力極強，可以幫助我們周旋於所處的任何環境，既能獲取資訊，又能給出資訊。在守護星水星（Mercury，羅馬通信之神墨丘利的名字）主宰的所有努力之中，雙子能量是得到加持的。由於水星的機智能量增強，雙子座可立即看見並綜合情況。

Ⅱ

水星（Mercury）是四處飛奔的羅馬神墨丘利的名字，它是mercurial（敏捷的、善變的）這個英文字的起源，意指易變的、反覆無常的或飄忽不定的行為。

此外，他有幸擁有饒舌多嘴的天賦禮物，可以扣人心弦地傳達他的觀點。提醒你，對他的聽眾來說，他的觀點可能聽起來反覆無常，今天說一回事，明天又說另外一回事。但這只是因爲對任何既定的情況來說，他都同時看見所有面向。這不是外在看似的悖論，而是屬於孿生子的多面實相。而我們每一個人內在的這個本質都可以幫助我們完成同樣的事。

良好的溝通是將他人的觀點納入考量。不可避免地，你的言辭將會影響你的談話對象，而你應該刻意投資言辭的實際效用。換言之，一個好的溝通者覺察到的不只是此時被傳達的內容，還包括此刻內容如何被接收。你的信息來自何方？你如何傳送信息？你要將信息傳送給誰？最終目的何在？儘管擁有連結點子、大眾、以及將點子連結至大眾的天賦能力，但最重要的是，我們投入自己的雙子本質，使他在我們的生命中完整地實現這個角色。一則信息若要完整地被傳達，需要其媒介、群眾、源起連成一氣。舉個例子，假使信息是「愛你的鄰居」，那麼很可能會發現，最大效用出現在牧師在講壇上佈道，面對教會會眾，以此作爲耶穌基督的教誨。話說回來，同樣的信息印刷在九十五號州際公路沿線的廣告牌上，作爲房地產行銷活動的一部分，可能會被視爲毫無誠意，於是收不到預期的效果。

有效的信息具有改變世界的力量。舉例而言，雙子座美國總統約翰．甘迺迪一九六一年就職演說的措辭，實在令人難忘：「不要問國家能爲你做些什麼，要問你能爲國家做些什麼。」（Ask not what your country can do for you, ask what you can do for your country.）[1]甘迺迪用這十七個簡單的英文字，召喚了他的國家採取行動。他的信息是一份希望，因爲他要求國人起身迎向眼前的挑戰。他喚起了勇氣、社群以及和平，喚起了永垂不朽的概念，而且的確，那則信息的力量比這位信使更長壽。

有實際效用的信息（尤其是永恆的信息），通常是由「明心」（illumined mind）構成的。你可能會問，什麼是「明心」？你熟悉自己樸實的「本心」（old mind），這個本心聞名的是它有能力思考、合理化、劃分，以及用其他方法理解你的世界。是你的這個部分正在閱讀本書，同時對本書形成洞見；是你的這個部分正在感知。現在想像一下，你的心有能力用更好的方法取得資訊。這種更高層的操作模式就是「明心」的境界。你的這個部分就是知道，不必搞清楚到底怎麼一回事，你的這個部分能以更浩瀚、更廣闊、更綜合（而且神祕）的方法理解你的現實，勝過你慣用的低階心智的陰謀詭計。你的這個部分被連結到……其實，誰知道它連結到哪裡？反正是一個似乎比你自己更大的智慧源頭。你的這個部分不需要你去思考，它將允許本章的資訊去點擊，如此，幾天或幾週後，你目前正在閱讀的內容將會呈現另一層嶄新的意義。

你不但需要高層被照亮的明心，也需要低階的慣用心智，因爲它們共同合作。理想情況下，明心的高階連結會過濾掉你的慣用心智，於是你知道的一切來自於可能最宏偉的地方，然後你能夠以他人可理解的方式傳達那則資訊。然而，時至今日，與其說如此高層和低階心智的合夥關係是基準，倒不如說是例外。在西方化的世界中，許多人在辦公室的小隔間內一待好幾個小時，往往仰賴低階心智作爲思考、提問、答覆、以及如何執行的源頭。這是許多人在一日將盡時何以如此疲累的原因之一，他們只運用自己一半的心智資源啊！所以，現在正是時候，要培養高層心靈，重新平衡這個等式。

幸好，雙子座的孿生子挺身承擔這份任務。畢竟，明心是雙子座的超級力量。這是雙子座創造力和靈感的源頭，你的信息必須由此湧現。這是雙子座幫助我們服務更大良善的方式——連結到你的自我的更大部分，將它傳達出來。不過要做到這點，你必須祈請你內在的雙子座前來體認你的雙重本質。正如雙子能量是平靜兼焦慮的、強健兼軟弱的、忙碌兼懶散的，同理，它既出自高層心靈，也來自低階心智，而你必須有意識地選擇培養高層心靈。

當然，說來容易做來難，但多加練習，那是可能辦到的。練習接收閃現的靈感，然後好好信任它；興起某個聰明、大膽的點子，然後分享它，即使這個點子太過新穎或不合規範。起初，同時操作兩個心智可能感覺如同拋球雜耍，不確知誰來誰去，空中和地面之間隨時出現好幾顆球。但最終，雜耍是一場遊戲。還好，你內在的雙子座有幸擁有如此天生敏捷的手法！

不健康的身體警訊（兩種極端）

雜耍玩家運用雙手將球保持在空中。他八成不是天生便善於左右開弓，而是久而久之養成了平均使用左右兩側的能力。這是我們從自己的雙子座習得的功課：體認到我們的雙重本質，同時將所有面向帶入平衡。我們通常需要平衡的面向是高階層面，最顯著的是我們的高層心靈以及我們與彼端的連結，兩者都在那裡等著被開發。我們的其他面向，例如，與自己的連結以及操作低階心智的才能，很可能早已流暢自如。

假使我們的雙子座無法完成這項任務，那麼他可能會感到受限，無法呈現自己的本性以及能夠完成的事，彷彿他有絕妙的點子要呈獻給世界，然而一旦這些點子離開頭腦，似乎就無法發揮效用。舉個例子，假使你的雙子本質過度仰賴低階心智作爲點子的源頭，那麼這些點子可能會招致失敗，因爲它們不是你在這裡眞正要傳達的信息，或是它們可能沒有與社群的更高理想產生共鳴。再不然，你的點子可能被接受了，甚至在財務上收益頗豐，但你的雙子座卻徒留壯志未酬之感，因爲那些點子太過迎合現狀，而非呈現新的要素。然後，你可能覺得扎根接地、頹喪沉重、壓縮受限，而這違背了如此神采飛揚的星座的眞正本質。

受到侷限的雙子本質，其身體表現可能包括：

- ★肩膀緊繃
- ★肩膀、肘部、前臂、手腕或手部疼痛
- ★上肢關節發出劈啪聲或嘎吱響的感官體驗
- ★肩胛骨緊繃
- ★肩膀、肘部、手腕或手部活動受限或僵硬
- ★靈活度差

你的雙子面向將會同樣感到壯志未酬——只要是他與人們連結的能力被削弱了，只要是他忽略了等式的另一半。舉個例子，如果你的點子想像力非凡，但被採納只是基於自身興趣或自我利益，在此情況下，你可能會淪落到疏遠他人、心思渙散，沒有任何穩固的人際連結。或者，你的點子可能單純地欠缺實際應用面，這情節發生在雙子座被包圍在點子的全然光彩或才能中，而不去質疑點子是否眞能服務更廣大的群眾。毫無

疑問地，許多點子，不論源自何方，都是出色的，但假使點子沒有實現某個更大的宗旨，它們還是會令你的雙子面向徒留不滿之感。

心神渙散的雙子本質，其身體表現可能包括：

★關節活動度過大，尤其是肩膀、肘部或手指
★上肢虛弱或不穩
★肩胛骨突出或呈「翼狀肩」
★指關節過度咔咔響
★靈活性差
★握桿或握手無力

你的上肢溝通和連結到什麼程度？無論是感覺受到侷限、心神渙散，還是介於兩者之間的某處，關鍵都在於：好好聆聽你的身體，給予身體所需要的。要伸展緊繃的上肢，或是強化虛弱的上肢，運用下述提問和練習，喚醒你內在的雙子座。

找回平衡的五項提問

下述提問和練習將充當你體現雙子座的個人指南，不妨運用它們提供服務，成爲內在明心的信使。

★你在這裡要分享什麼樣的高層信息？分享的對象是誰（個人、社群）？
★你如何分享你的信息（透過詩歌、陶器、PowerPoint簡報）？你想要如何分享？
★當你在溝通時，會運用雙手一起說話嗎？當你與他人握手時，你傳送出什麼信息（自信、被動）？
★你用何種方式使用胳膊、前臂和雙手，將你的點子栩栩如生地呈現出來？
★你最新的靈感或點子是什麼？你多久一次分享你的點子？你多久一次將點子付諸行動？

雙子座養生操

練習1 以手部和手腕畫八字形：自在、流暢地傳達信息

這個練習是基本手部和腕部畫圓圈的變型。做法是用你的手創造一個八字形的流暢動作，藉此提供一個簡單的伸展，以透過手腕每天未必能體驗到（但應該要體驗到）的一系列動作來移動手腕。這些動作快速簡易，且能在各種場合中完成，甚至可以在辦公室裡當作電腦族短暫休息時的運動。

分解步驟：

1. 坐在椅子上，雙腳著地，背部挺直，下巴與地面平行。

2. 將右手肘屈成九十度，用右手畫一個八字形。在此空間畫八字形時，要允許手指引導這個動作。
3. 慢慢地畫十個八字形。接著反向畫十個。
4. 換到左手重複上述動作。正反雙向重複。
5. 畫完之後，甩甩雙手。

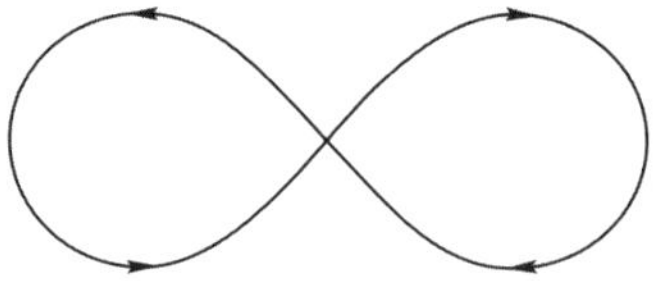

等你運作自如後，可多方嘗試一下這個動作的品質。運用你想要傳達的不同品質來畫八字形，例如，優雅（手指優美地張開）或憤怒（手指形成爪子狀）。留心觀照，如何只用手指、雙手和手腕發送出許許多多不同的信息！

練習 2 棒式伏地挺身：連結力氣，並與氣力溝通

威力強大的棒式伏地挺身（或稱「平板式伏地挺身」），可以大大強化你的整個上肢，尤其是肩關節周圍的肌肉。強健的胳膊將會幫助你信念堅定地把腦中的點子連結至周遭事物（當你從明心出發，提出構想時，尤其需要如此堅定的信念）。假使無法在正確定位的情況下完成這個練習，可採用下述變型，以減少肩膀、肘部和手腕所承受的重量。

分解步驟：

1. 從雙手、雙膝貼地的「桌面姿勢」開始。手腕應該要落在雙肩的正下方，使手腕、手肘和肩膀三者呈一直線。每隻手的手指都要牢牢貼地並張開。軀幹、頭部和頸部應與地板平行，兩眼向下凝視，稍微看向前方。

2. 將身體的重心放在上肢和下肢之間。緊縮核心，下方腳趾踮起，然後伸展雙腿。你現在呈現的即是棒式。要撐住至少一回合呼吸時間。

3.呼氣時，屈曲手肘，最多九十度。只需彎曲到能夠保持棒式的完整性即可（上背部或下背部切勿塌陷）。要撐住至少一回合呼吸時間。

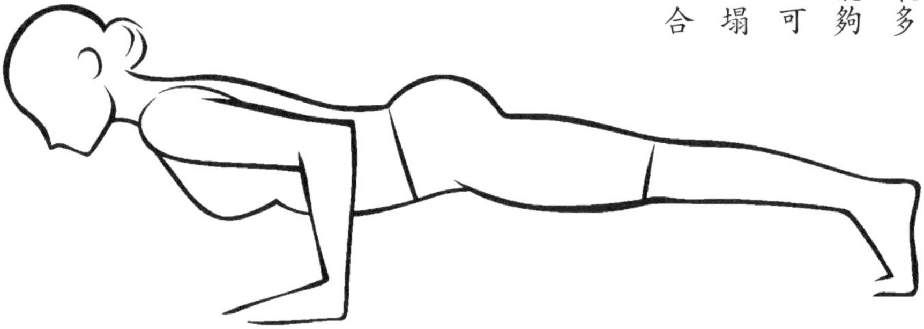

4.呼氣時，伸直手肘，回復成最初的棒式。

5.繼續維持棒式，多撐住一回合呼吸時間，保持正確定位（關鍵在於緊縮核心，可參見第七章「處女的腹部」154～157頁說明）。

6.將整個身體像木板一樣緩緩地放到地板上，退出這個姿勢。

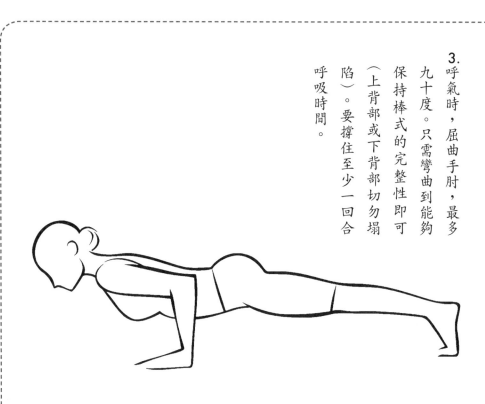

變型：最初呈現棒式時，可放低雙膝，貼到地板上，在後續整個鍛鍊期間，保持雙腿和雙腳抬高。如果想要更放鬆自在，伏地挺身可以貼著牆壁做，而不貼在地板上。

練習 3 最高階開悟手印：祈請明心，並與最大的智慧連結

手印法是象徵性的指法，可以祈請並喚起不同的意識狀態。雖然手印的源起仍是不解之謎，但大家都知道，手勢被許多文化視爲是神聖的。你可以看見手勢被描繪在印度諸神的繪畫上，在基督教的禮拜儀式期間被當作祝福來執行。在昆達里尼（Kundalini）瑜伽傳統裡，手部的每一區都與更宏大的身體和心智相互關聯，使你得以利用雙手存取自己的其他部分。若渴望能觸及你的明心，在演說之前或寫書之際，可執行「最高階開悟手印」。你將會發現，執行這些動作除了可擴展意識，也會擴展手指和雙手的技能。

分解步驟：

1. 呈站姿或坐姿，將雙手置於心臟前方的祈禱位置。
2. 保持食指碰食指，拇指碰拇指，其他手指交錯。
3. 拇指向下指（應該可以觸碰到你的胸骨），同時食指指向天空。
4. 閉上雙眼，與你企圖引出的更大智慧連結。放鬆並呼吸。

只要你喜歡，隨時可以執行這個手印。

練習 4 按摩：實踐服務精神，擴大非語言溝通

幫你在意的人按摩，是傳達情感的絕佳方式。你可以選擇以下類型的按摩——足部、頸部和肩膀、背部、手部、或是某種組合，前提是，按摩必須在兩造雙方均同意下進行，而且請尊重接受者的界限。不論你選擇與哪一個部位連結，過程中要有意識地投入你的胳膊、前臂和雙手。如同任何的二元性，給予是伴隨接受而來的，在你給出優質按摩的同時，你的上肢也同時得到優質的強化。

若想為你和對方的按摩體驗增添更進一步的平衡，可選用適合雙子座的精油，例如，薰衣草、檸檬草或佛手柑。

練習 5 保定球：打通經絡，連結身、心、靈

這種健身球被認為是起源於中國河北省保定市，時間大約在明朝。今天，在網路上經常可以找到保定球。許多不同的鍛鍊均可利用這種保定球來執行，不僅可以增強手指和前臂的氣力，還能提升靈敏度。而且人們相信，保定球可以接通連結到全身器官系統的能量經絡。因此，使用保定球可以幫助你連結身、心、

靈。

舉一個鍛鍊實例：將兩顆保定球置於一手手掌之中，以順時針方向旋轉幾圈，接著以逆時針方向旋轉。能自在地旋轉幾圈，就轉幾圈。

進階鍛鍊：可以在轉圈的同時，讓兩球之間保持距離，使其不發出碰撞聲。

然而，不管旋轉多少回，都應該(1)雙手分開練習；(2)操縱保定球時，要注意肩膀和手肘的姿勢。理想情況下，你應該要坐著，肩膀和手肘放輕鬆，雙手放在大腿上，手掌朝上；或是坐著，兩個手肘彎曲約九十度，將前臂放在桌子或枕頭上。轉球時，雙手可以自然傾斜，借重力之助來旋轉。

練習 6 自由自在的書寫：顯化你的點子

身為黃道的信使，雙子座是一座點子工廠。他可產生成打的構想，只不過並非總是善於執行。許多出色的著作、新創公司、裝置儀器，都源自於雙子的頭腦，但並沒有進一步製成成品。然而，只有當點子從內在被帶到外界的現實時，構思才能被分享，也才能服務發想者以外的人們。

寫下你的點子是賦予構想更大生命的第一步。所以，要讓你的意識流流動，同時用雙手書寫（或打字）五分鐘。設定鬧鐘，指示你何時完工（當然也可以選擇書寫更久的時間）。凡是湧現的，都是可以利用的對象。

在這個練習中，風格和文法無關緊要，高層心靈對抗低階心智也不重要，重要的是讓點子湧現出來！保留寫下的內容，有一天可以作爲參考。你的沉思冥想很可能會帶來莫大的欣喜。

小結

★上肢是與雙子座相關聯的部位，複合的胳膊、前臂和雙手使你得以與周遭事物連結，將你已得到的最佳內容傳達給他人。

★雙子座是黃道週期的第三個星座，其能量涉及接通你內在的明光和想像力，傳送以某種方法、形狀或形式啓發的信息。

★如果你出色的雙子本質在其自然擴展的範圍內變得太過受到侷限，或是相反地，太過四處渙散，那麼你的上肢可能會體驗到不同的症狀，例如，肌肉緊繃、關節不穩定。

★透過聚焦於上肢的提問、練習和活動，平衡你內在的雙子座，運用這些技巧來存取每一個二元性的兩面，無論是自我／他人，還是低階／高層，然後快樂地把玩一個由無限可能性所構成的世界。

原註：

①白宮通信局，〈一九六一年一月二十日就職演說〉（Inaugural Address, 20 January 1961），甘迺迪總統圖書館暨博物館，二〇一五年六月十二日存取，網址：http://www.jfklibrary.org/Asset-Viewer/BqXIEM9F4024ntFl7SVAjA.aspx。

5

蟹兒的胸部

♋ 巨蟹座

★出生日期：六月二十一日～七月二十二日

★身體部位：胸部

★主　　題：啓動施與受的循環

黃道週期的第一季——牡羊、金牛、雙子，談的都是你誕生到這個人世間的課題：你是誰、你如何表達本性，以及領悟到你並不孤單。第二季——巨蟹、獅子、處女，隨著夏季綻放開花。春天自我探索的動力已經有點成熟，從牡羊開始的種子，如今是一株植物。

巨蟹座開始這個新階段。在此階段，帶著在雙子座期間引進的自我與他人之舞，進而設定成一個循環。這個循環是施與受，是形成人世間多數關係基礎的互補概念，從自己開始，在人際間擴大，演繹成家庭和社群。巨蟹不僅啓動這個施與受的循環，並且設法確保各個方面在循環的過程中得到良好的支持、平衡與滋養。

巨蟹座司掌：胸部

對螃蟹來說，她的外殼就是她的家。對人類的螃蟹以及聚焦在我們的螃蟹本質的每一個人來說，家是心臟所在之處，位在胸部裡面。胸部這個與巨蟹座相關聯的身體部位，是身體上滋養和撫育的代表，在這裡，我們敏感的巨蟹能量可以轉變成感覺得到支持和受到保護。甚至從嬰兒時期開始，胸部就被認爲是家，那是我們吸吮母親乳房的地方。

透過餵食母乳的行爲，孩子從母親那裡接收到有營養的母乳，同時鍛造出與母親之間的滋養聯繫。如此具代表性的母子聯繫將持續一生，而且十之八九會支配那一生的行爲。許多人複製或尋求被給予或沒有被給予他們的滋養，並在後續的關係中將如此的滋養演繹出來。舉個例子，如果這個巨蟹跟著無法提供某種滋養影響力的母親長大，那麼這個巨蟹很可能會在關係中重複此一動力，其伴侶不是實質上、就是情緒上缺席，而且無法滋養她。比起黃道帶的其他星座，巨蟹的本質是更努力地尋求一個可以返回且具支持性質和保護作

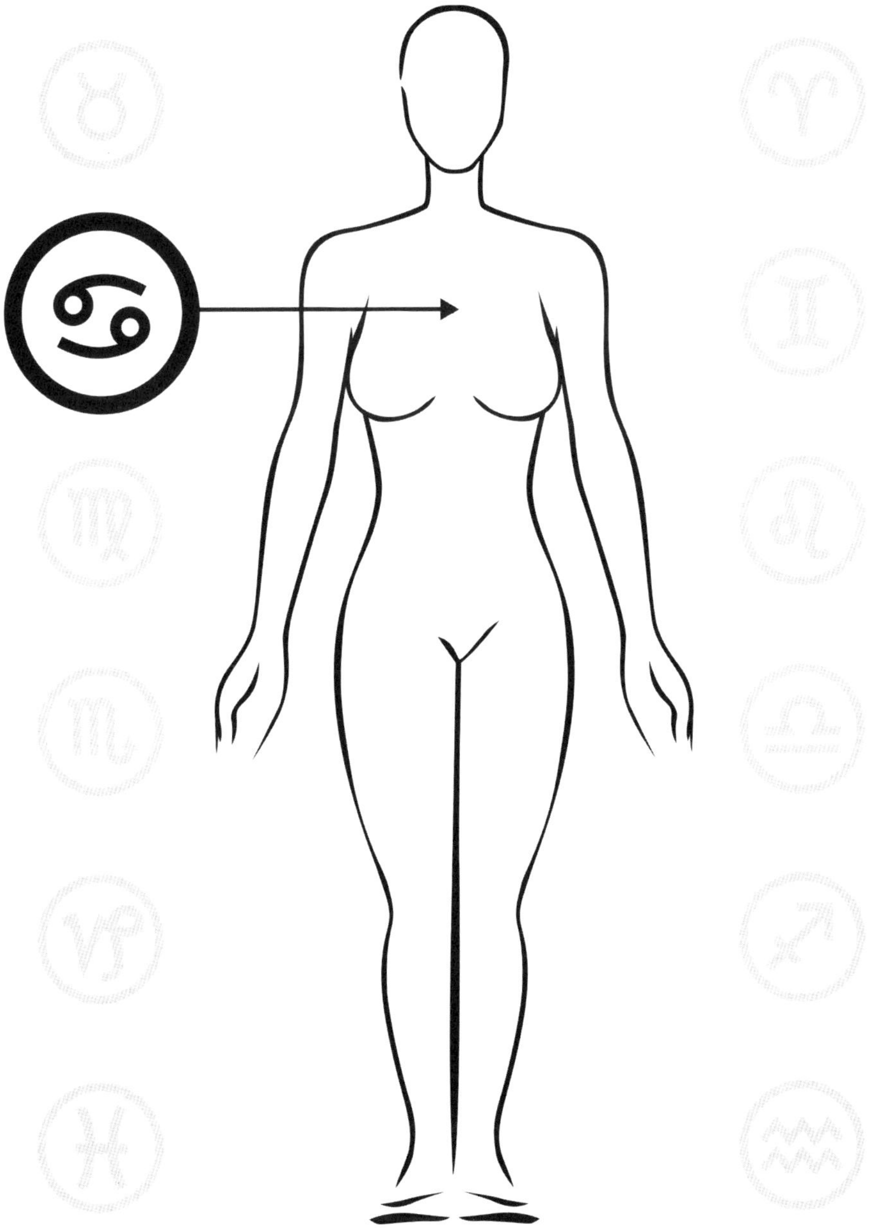

胸部的骨骼結構，參見附錄C。

用的家。

從肌肉骨骼的觀點，胸部就是那個家。胸部的特色在於一座給予保護的籠子（一具肋骨架），保衛其中珍貴的內容。胸部的盔甲是由十二對肋骨構成，開始於身體前方的護胸（胸骨），包覆著軀幹的每一面，然後繞過整個背部，與脊椎（脊柱）接合。雖然有些許的移動性（肋骨隨著你的吸氣、呼氣而升高、降低），但肋骨架專門負責穩定。它不得不如此，爲的是維護內容物（肺臟、氣管、食道和心臟）的安全和保障。

這些呼吸和消化結構的存在指出了發生在這裡的兩大生物過程——呼吸和消化。

> ♋ 請注意，儘管心臟的位置在肋骨架裡面，卻位在有別於肺臟的獨立隔間之中。而且心臟與上背部，均與獅子座相關聯（見第六章「獅子的心臟」）。

這兩者跟乳房一樣，都與巨蟹的滋養主題有關。消化是滋養的，因爲它給予營養。在身體層面，你正在給予你的細胞所需要的食物，好讓它們支持你、使你成長。然後有圍繞著許多食物大作文章的情境，那些也可以起到支持的作用——好比一場有好友相伴的美好盛宴。「心靈食糧」（comfort food）一詞的存在是有原因的！

呼吸道也被認爲是滋養的，因爲就跟消化道一樣，呼吸道爲你的細胞帶來燃料。不過，呼吸道的燃料是以氧氣的形式呈現，氧氣經由嘴巴、氣管、支氣管和肺臟，擴散到你的血液中，以便被運送到身體的每一個細胞。如此寶貴的氧氣，是你在環境中經由樹木和植物接收到的，被用來產生一種名爲三磷酸腺苷

（adenosine tri-phosphate，簡稱ATP）的能量。三磷酸腺苷是你身體的能量貨幣，它爲每一個細胞添加燃料，使你得以行走、呼吸，並以其他方式活著。它是你名副其實的生命力。

♋

雖然食道內並沒有發生真正的消化，但食道在消化過程中卻扮演不可或缺的角色——在咽喉與胃部之間傳遞食物。此後發生在胃部和腸道內的消化，則與處女座相關聯。

因此，難怪呼吸被許多傳統視爲生命力的載體。譬如說，呼吸被阿育吠陀和瑜伽傳統稱爲「普拉納」（prana），被傳統中醫稱爲「氣」。在基督教中，透過十三世紀的詞源學，呼吸跟一股有生氣的力量（或稱爲「靈」（spirit））相關聯。「spirit」（靈）這個英文字源自於拉丁文spiritus，意思是「靈魂、活力、呼吸」，它也與spirare（「去呼吸」）相關聯。同樣地，「inspiration」（靈感，一個將空氣吸入肺部的技術名詞）的詞語起源意指上帝或某位神祇的影響力。《阿拉伯文辭典》同樣指出，「spirit / soul」（靈/靈魂）的字根，與「breath」（呼吸）的字根相同，而這些也是希伯來文、德文和希臘文字根共享的連結。

所以，呼吸滋養著身體與靈魂，但這只在你進行滋養的呼吸時才會發生。你是否以深長而充分的吸氣和呼氣接收你所需要的？抑或你處於永久焦慮的狀態中，以頻繁而淺短的方式呼吸？如果是後者，雖然你可以持續用次佳的方式呼吸，但你卻正在剝奪自己各個層面的生命力。就此而言，呼吸的良好程度可以測試出你滋養自己的程度。可使用下述方法評估你的呼吸品質。

1.速率：記錄你在一分鐘內的正常呼吸次數（一次呼吸包括一次吸氣和一次呼氣）。平均呼吸速率大約是每分鐘十二至十六次。

2.深度：完整的呼吸應該不僅包含胸部，還會擴張腹部。你的正常呼吸是否全然進入你的肺部，還是只停在鎖骨附近？你的腹部是否隨著每次吸氣而擴大，還是始終保持平坦？

3.品質：閉上眼睛，放輕鬆，注意呼吸的自然流動，整個過程中不改變呼吸方式。呼吸應該是平順而連續的。你是這樣嗎？抑或你的呼吸並不規則？經常中斷？變動頻繁？

你上一次花時間注意自己的呼吸，是什麼時候？對多數人來說，答案是從沒留意過，因爲呼吸是一個經常被認爲理所當然的過程。所以，難怪呼吸品質差是我們現代社會的常態，而非例外。在這個社會中，許多人放棄存在，長期選擇在「戰或逃」的狀態中呼吸，結果導致更短暫、更快速、更表面的呼吸循環，類似受到「加油！加油！加油！」和「快做！快做！快做！」之類影響所促成的呼吸。好消息是，你有能力改變自己的呼吸方式。你可以決定移除呼吸的自動駕駛裝置，因爲呼吸是少數由非自主和自主雙方一起控制操作的生物系統之一。這意指你可以重新發現並重塑你的自然呼吸模式，找到一種更綿長、更深入、整體上更具撫育作用的呼吸。你只需要有此意願爲自己帶來這個呼吸，同時爲了自己而好好領受它。

巨蟹座健康課題：啓動施與受的循環

「啓動」（initiate）是運用某種催化的本領或儀式性的創舉，著手一宗新的專案或商業冒險。想想看，例如「啓動發射」（initiate launch）這個詞就出現在太空梭發射升空之前，或是想想狩獵採集社會中，「啓動」青少年進入成年期的成年禮，或是「剛入會的新成員」爲自己的神祕學派從火上走過，如此才能得知神聖的教誨。就巨蟹座而言，「啓動」以黃道週期某個新階段的形式出現。雖然第一階段談的全都是「自我」，但下一階段則用「我們」開啓一份更有意義的關係，藉此呈現出那種對每一個人的需求敏感的關係。這個階段幫助你建立一個可以滿足這些需求的堅實架構，譬如成立某個保健相關事業、投身社會工作、或是成爲在家照顧孩子的父親或母親。

對敏感的巨蟹本質來說，「啓動」的驅動力意味著，有時候她必須從殼中探出來，有時候她必須暴露柔軟的下腹部以面對嚴峻的世界，儘管所有理由都恰恰相反（通常結合了童年記憶、「原本可以、原本應該、原本想要」、父母的責咎）。掙脫過去的依附，走出個人的舒適圈，對誰都不是一件易事。何況當我們走出熟悉、踏入恐懼之際，負責情緒和直覺的巨蟹能量可能使事情變得更具挑戰性。無論是好是壞，穿越恐懼的唯一途徑就是，嗯，穿越過去……隧道盡頭的光則預示著下一個成長階段。因此，雖然堅硬的蟹殼提供美妙的安全港，但如果一個人絕不冒險踏出去，那麼蟹殼就成了藏身處，而不是具支持作用的家。

在內在與外界之間的巨蟹掙扎，是人生必不可少的要素。每一個人都需要時間待在自己的殼裡，以擴充資源、舔舐傷口、積聚成長的能量，然後用其他方式孵化而不受世界影響。同樣地，你也需要與他人連結、體驗更巨大的社會環境，並將你積攢的資源回饋給社會……直到該是再次返回殼中的時候。這隻螃蟹的關鍵在於，不要卡在要麼殼內（依賴、自憐、脆弱的狀態），要麼殼外（給予、滋養、犧牲）。相反地，她在這裡是要教導每一個人，我們必須在自我照護與關懷他人之間找到平衡。以此方式，巨蟹啓動了這兩者之間的循環。

「循環」或「週期」是一系列事件或行爲，一次又一次地以同樣的順序發生，就像季節的循環或經濟的循環。然而，不要被愚弄了，以爲「同樣的順序」意味著「同樣的事」。舉個例子，四個季節構成一個循環，從春天開始，結束於冬天，然後又從春天開始。然而，儘管季節在概念上是相同的，但實際上並不一樣。當然，每一個春天需要類似的元素，如同樹上萌芽的樹葉。但每年實際發芽的樹葉跟前一年是完全不同的，沒有一根草是相同的，而你也是不一樣的。從一個春天到下一個春天，你是不一樣的人，從你的思想和情緒，下達你體內的許多細胞，全都迥然不同。

無需動手指頭數算，你的生化循環比比皆是！當然，你可以屏住氣息，暫時停止呼吸的循環，但你的晝夜節律週期總是在運轉，支配著你一天二十四小時的生理過程，同樣的還有你的心搏週期（產生心跳）、尿素循環（協助肝臟爲你的血液解毒）等等。

♋

除了影響你身體的許多內部循環外，還有外在循環。譬如在你閱讀本文時，世界正依著它創造日夜循環的軸線旋轉，並以年度週期環繞太陽運行，同時（與我們的太陽系一起）以每隔兩億兩千五百萬年的週期繞著銀河系的中心旋轉。是的，就連我們的星系循環週期也不例外。

循環讓我們有機會從過去中學習，包括過往的思想、情緒、行爲和情境。想一想，一年前你在什麼地方。你有能力體認到你生命中類似的境遇、模式或教訓嗎？如果有能力，你現在可以從不同的視角觀看它們嗎？無論你是否覺知到，都沒有任何循環可以讓你保持不變。你不可避免地從以前的你，轉變成此刻的你，而且你有機會再轉變一次。事實上，每一個循環都是一種死亡與重生，一場施與受的潮起潮落，符合巨蟹所在黃道星座的慈悲本質，而這個慈悲本質同時也是你的，使你體認到這一生的一切並為其負起責任。

♋ 在巨蟹座藝術家古斯塔夫．克林姆（Gustav Klimt，奧地利知名象徵主義畫家）的作品中，生命的週期是一個反覆出現的主題。舉個例子，在《女人的三個階段》（*The Three Ages of Woman*，一九〇五年）畫作當中，三位女性人物代表生命週期的三個階段，分別透過孩童、母親、老婦人加以表達。

循環從一個地方開始，然後帶你到另外一個地方，包括物質層面和形上層面。舉英雄的循環（又稱「英雄的歸鄉之旅」）為例，循環發生在當英雄（例如，荷馬所作史詩中的國王奧德修斯）從家鄉啓程冒險並進入另一片領土的時候。一路上，他遭遇各種類型的試煉和磨難，從獨眼巨人到海妖，那需要施展莫大的力量和強大的意志力。英雄因此得到蛻變，從探險中帶著可以分享的新力量和新知識回歸故里。在比較日常的層面上，就連最平凡的練習也提供顯著的例子：繞著一條跑道上慢跑一圈或多圈後，你的身體在跑完時所呈現的物理狀態（可能疲憊但更強健）不同於起跑前，而你的思想和情緒同樣得到蛻變。於是，逃開事件成了克服某種身體或心靈壓力的口語指南——剛開始逃離的時候，你處在某種身體和心靈狀態中；返家時，你呈現的是另一種狀態。

循環的力量（無論是帶你到獨眼巨人的島嶼，還是當地中學的跑道）來自一個包羅萬象的過程，內含看似分歧的元素。如果你閱讀第四章，就會想起雙子座的超級力量在於，他看見的不是「或者」，而是「以及」——好與壞、對與錯、天堂與人間。我們的巨蟹本質則幫助我們進一步理解到，這些雙重元素不僅存在，而且一前一後串聯在一起操作。事實上，一個通向另一個。好與壞，對與錯，這些特性未必是相對立的，它們甚至不是同一枚硬幣的兩面；它們是在同一循環上的兩點。

♋

「潮起潮落」是一個通常被歸屬於海洋潮汐的術語，這個循環介於低（潮落）與高（潮漲）之間。潮汐由月球的循環週期支配，螃蟹換殼也一樣，發生在與滿月相關聯的高潮期。月球也統御黃道的巨蟹座，是這個水象星座的守護星。不用說，月球的循環週期提供無數機會，可以蛻棄老舊，揭露新鮮。

以與巨蟹座相關聯的施與受循環爲例。在我們的社會中，我們積極強調施捨，好的施予者總被認爲是好人；另一方面，領受者可能被視爲自私。然而，如果人人只是給予，那麼有誰可以領受呢?動詞「領受」（receive）的一個同義詞是「歡迎」（welcome），意指以謙恭而怡人的態度接受。當發自內心領受時，領受者將莫大的滿足送給施予者，於是施予者發現自己乃是透過贈予的禮物來領受這份滿足。就這樣，給予轉變成領受，領受轉變成給予，突然間，兩者之間並不是一分爲二。再也沒有離散點，有的只是循環本身。

這種施受循環的好處之一是，內在的巨蟹得到關懷。這是一種動態交換，不僅滋養自己，也滋養他人。這是讓你感到完整，同時得到全面支持的方式，也是促使他人如法炮製的手段——只要背後的意圖以及如此交換執行的行爲是合法正當的。由於施予在社會中的地位，以致很容易將施予（甚至是非刻意地）作爲確認自我價值、建立操控、或是避免親密的手段。在這些情況下，這個舉動於是乎變成了虛假的自我支持循環，因爲你透過給予、給予再給予，以企求某樣更大的東西，卻似乎絕不領受。當這事發生時，你其實是將自己的支持感顯現於外，這表示你需要轉而向內，在自己的軀殼裡找到滋養。

施與受的自然循環應該是均勻平衡的。「出乎爾者，反乎爾者」的概念遍佈在時間、空間和經文中，從談論業力的佛教教義，到《新約聖經》的「施予別人，上帝就會施予你們」（路加福音第六章三十八節）。就連十九世紀的強盜男爵兼慈善家約翰．戴維森．洛克菲勒（John D. Rockefeller Sr.）也寫道：「我相信，誠實地盡其所能取得，盡其所能給出，是每一個人的神聖職責。」①的確，這個巨蟹均等地活出了兩個面向——儘管他「盡其所能」取得的方式依舊備受爭議，但他驚人的領受卻精采地給出平衡了。在他去世時，洛克菲勒已經捐出了十幾億美元財產的幾近一半，用於成立至今仍舊服務社會的醫療中心、大學、教會和藝術基金會。

當然，金錢絕不是一個人可以給出和領受的唯一商品。幾乎任何東西都能與鈔票相提並論，因為給出什麼並不像如何給出那麼重要。這就是為什麼給出一個充滿愛的微笑，可以是一份等同於（甚至是勝過）新瓷器的大禮，因為重點在於隨著禮物被給出的那顆心（甚至是將那顆心給予你自己！），而且是被領受了。所以，無論禮物是一個微笑還是一組盤子或是什麼都行，真正被給出和領受的是某種愛。最終，愛正是促使這個循環得以滋養每一個人的要素。

不健康的身體警訊（兩種極端）

真實地給出並不容易，而領受往往更難。願意敞開地接受別人的捐助，是以脆弱易感為前提；這創造出一個空間，在此，你允許另外一個人真正地影響你。如果對方使你升起某種感受，該怎麼辦？如果你哭了，該怎麼辦？這些問題本身可能就夠嚇人了，更甭提那趟找到答案的旅程。但假如你不是走在生命週期的旅程中，那你就是站著不動。如果你站著不動，持續過久，就等於冒著輪子被卡住的風險——卡在給出和領受之間的某處陰曹地府，那是一帖使你絕對感受不到被充分滋養的處方。

所以，巨蟹座教導我們學習去善於領受，以便更善於給出——針對自己，這是首要之務。整個巨蟹氛圍是一種滋養培育，而且最重要的是，你裡面的螃蟹感受到內心被關懷了，從而幫助你於外在將她的同理能量導向家人、朋友和社群。但領受幫助或關懷所隱含的脆弱易感是巨蟹的弱點，使這隻螃蟹多次縮回殼中，以免敏感的本質被利用或暴露出來。

即使當巨蟹就是給予自己禮物的那個人時，上述情況仍舊適用。我們的巨蟹能量之所以抗拒從他人那裡領受，不過是反映出我們無法從自己這裡謙恭地領受。自我犒賞的最高形式是疼愛自己、照顧自己，而巨蟹座在這裡就是要創造那個空間。這是錦上添花嗎？你愈能滿足自己的需求，就愈能滿足他人的需求。倘若你無法滿足自己的需求，那麼你的巨蟹本質可能會永久卡住，退縮在殼內，用「爲什麼是我？」之類的擔心埋葬自己的感覺，指責外在環境害你動彈不得。

埋藏心底的巨蟹能量，其身體表現可能包括：

★感覺胸悶
★胸部凹下或塌陷
★駝背
★呼吸短促
★肋骨刺痛或發炎
★其他：呼吸不適、食道不適、乳房腫塊（例如，囊腫、纖維瘤）

與埋藏心底深處相對照的是，在試圖用愛和滋養來塡滿外殼時，巨蟹可能反而轉向其他一切人、事、物。情緒滿滿的她，可能聚焦在「他、她、或他們」，以他人作爲自己問題和解答的源頭。一旦你在給出和領受循環中交出自己的力量，你的巨蟹能量就會成爲不知情的受害者，你的情緒可能會無邊無際地流動，因爲你沒有意識到這個循環是你的循環轉生的，而不是別人的。

顯現於外的巨蟹能量，其身體表現可能包括：

- ★肋骨損傷（例如，錯位或分離）
- ★胸部疼痛
- ★胸部凹下或塌陷
- ★其他：呼吸不適、痰液過多、情緒性進食、心口灼熱、乳房腫塊（例如，囊腫、纖維瘤）

你的胸部可以滋養到什麼程度？無論是感覺埋藏心底深處、顯現於外，還是介於兩者之間的某處，關鍵都在於：好好聆聽你的身體，給予身體所需要的。要伸展緊繃的胸部或強化虛弱的胸部，運用下述提問和練習，喚醒你內在的巨蟹座。

找回平衡的五項提問

下述提問和練習將充當你體現巨蟹座故事的個人指南，不妨運用它們啓動一個全新的施與受循環。

★你認爲什麼是你個人的外殼，是你認爲最滋養的地方（臥室、海灘、靜心冥想）？什麼動機促使你進入自己的殼中？什麼動機促使你從殼中探出來？

★你需要什麼才能讓自己感到安全、滿意、得到支持？你需要從別人那裡領受到什麼，才能感到安全、滿意、得到支持？

★你給予自己多少？給予他人多少？你從自己這裡領受多少？從他人那裡領受多少？

★什麼感知和行爲可能使你無法謙恭地給出，謙恭地領受？

★你在呼吸之間注意到什麼連結？你感覺（或是沒感覺）得到多少滋養？你因一次放鬆的呼吸而感到平靜，還是因爲一次快速的呼吸而感覺亢奮？

巨蟹座養生操

練習1 全球呼吸法：透過呼吸來給予和領受

吸氣時，你從環境中接收氧氣，爲你的細胞帶來它們所需要的；呼氣時，你將不再需要的東西（二氧化碳）帶回環境中，讓環境接收它所需要的。以此方式，呼吸的循環模仿了施與受的循環，因此，讓每一回呼吸變得美好吧！用「全球呼吸法」重新建構適當的呼吸模式，此法可提醒你的胸部如何促進一回具滋養作用的呼吸。

分解步驟：

1. 找到一個平靜舒適的位置，平躺在地板上，雙腿伸直。
2. 雙手交疊，放在胸前（居中線，鎖骨下方）。深入而緩慢地呼吸，隨著每一次吸氣，前胸隆起，貼近雙手，感覺胸部的「前區」擴展。重複五遍。
3. 伸長雙臂，置於身體兩側，雙手手掌平貼於地板。深入而緩慢地呼吸，隨著每一次吸氣，上背部貼地下壓，感覺胸部的「後區」擴展。重複五遍。
4. 雙手各放在肋骨架兩側（通常是舒服地將雙手放在胸部下方的位置，手指指向內側）。深入而緩慢地呼吸，感覺肋骨架兩側如何「側向」（向外側）移動，各自貼近你的左右手，擴展，使得雙手在每次吸氣時彼此分得更開一些。重複五遍。
5. 全球呼吸法：該是組合上述四個步驟的時候了！將雙手放在身體兩側，手掌平貼於地板。深入而緩慢地呼吸，每次吸氣時，感覺肋骨架如何同時向前、向後、向兩側擴展（像氣球一樣）。重複五遍。

如上述步驟所示，肋骨架隨著每一次呼吸而朝許多方向擴展：前區、後區、側面。那是爲什麼你的肋骨上和肋骨之間有那麼多肌肉的原因——可方便移動肋骨！有些方向對你來說比其他方向容易些，那是自然的。無需評斷，觀察即可。做這個練習，將會幫助你以更均衡的方式擴展肋骨架。何況除了重新建構呼吸模式，你也可以運用全球呼吸法的平靜效果，作爲放鬆、改善心智焦點、增強能量的工具。請注意，學習這些指令時，第一次將花費最多時間。一旦經過練習，就可以在大約五分鐘內完成這個順序，因此強烈建議不要太過著急。

練習 2 上犬式：從殼中探出來

雖然巨蟹酷愛家中的溫暖和舒適，但有時候她仍必須探出頭來。她能教導他人的不外乎就是均衡照護的重要性。儘管如此，要螃蟹待在家裡，遠比要她出來容易許多（外面的掠食者四處橫行啊！）。利用這個姿勢，用強健而開闊的胸部幫助你脫殼而出，留在殼外。當你能夠展現自己時，就無需害怕他人暴你之短。

分解步驟：

1. 肚子貼地俯臥，雙腿完全伸直，腳尖貼地。手肘彎曲，置於身體兩側。手掌平貼於地板上，分別位於兩側肩膀正下方。

2. 伸直雙臂時，雙手平均地按壓地板。抬起軀幹，讓身體向上呈弧形。頭部和頸部應該要跟著屈起，讓視線向上、向外（但頸部不被壓縮）。同時，腳尖貼地下壓，幫助你將雙腿上抬幾英寸。此時，只有手掌和雙腳著地。

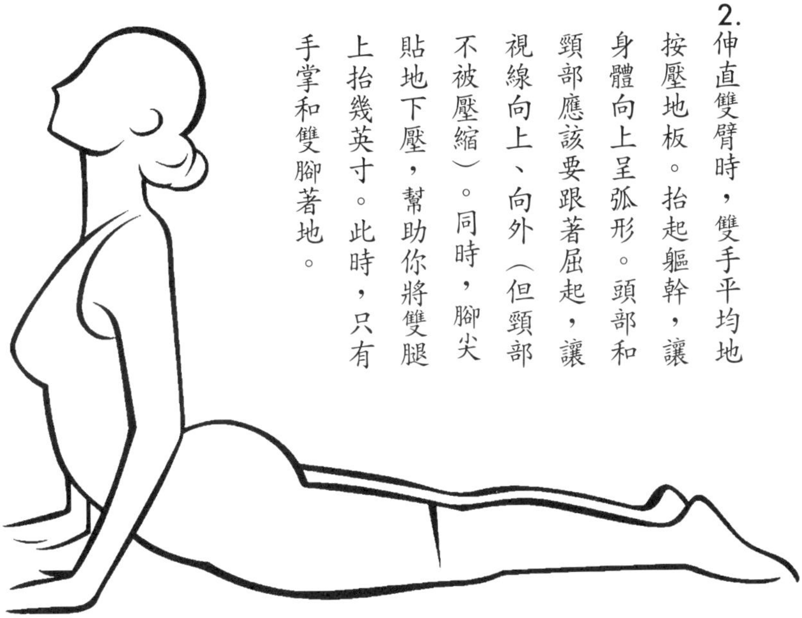

3. 維持這個姿勢時，要保持大腿微向內轉，雙臂微轉向外，使肘部的折痕朝前。維持雙肩低垂、向後。放鬆下背部。鬆開臀部。

4. 以此姿勢進行十回合的吸氣和呼氣，然後緩緩放低身體，回到地上。

假使想要降低這個姿勢的強度，可保持肘部微彎，藉此榮耀巨蟹的慈悲，同時增加舒適度。

練習 3

昆達里尼開胸法：啓動你自己的循環

當帝王蟹蛻殼時，牠蛻掉舊殼，化成新殼。這個過程開始於實際蛻殼的前一天（這時帝王蟹會吸收可幫助舊殼膨脹的海水），然後在實際蛻殼時，開始在接縫處分開。隨後是大約十五分鐘的拖拉推動、踢踹猛扯，帝王蟹便從舊家出來，安頓在新家中。這是一種再生的循環，一生中發生大約二十次。而這也可以發生在你身上。這個昆達里尼修練法名爲「上半脊椎屈伸簡易坐」，是一套絕佳妙法，可以刻意進入這個循環，同時保持其流動，如此，你就不會卡住。

分解步驟：

1. 舒服地坐在地板上，雙腿盤起，腳踝交叉。將交叉的腳踝盡量往前伸到你可以坐直坐正爲止。如果需要進入或維持某個適當的坐姿，可將軟墊置於坐骨底下。
2. 雙手緊握兩個腳踝，保持手肘打直。
3. 保持手肘打直，將胸部向前挺，挺到胳膊前方，然後再將胸部後屈至胳膊後方。這樣算一回合。練習這個動作五回合，保持下巴與地面平行，使頭部維持水平，不像脊椎那樣移動。
4. 接下來幾回合，每當胸部向前移動時就吸氣，每當胸部向後移動時就呼氣。專注在胸部，以胸部作爲啓動這個運動的身體部位。這些運動應該要快速而有活力，但卻是流動的。

5. 一旦你感覺自己找到了那份流動，就進行三十回合，搭配協調一致的呼吸。

一旦你找到了這個運動的節奏，可以不費力地前後來回循環，就搭配呼吸試試看。不要將呼吸加入每一次的運動中，而是看看能否透過呼吸來啓動這個運動。這個做法可能更具挑戰性，但同樣值回票價。

練習4 平躺側邊扭轉法：自我照護與滋養

如前所述，現代人根深柢固地習慣於神經系統的交感反應，也就是俗稱的「戰或逃」。當你從家裡飛奔去上班、上健身房、上超市，然後再次返回家中，檢查著手中的待辦清單，你的交感神經系統不斷被啓動。不過，你的這部分生理機能最適合逃離獅子，卻不適合保持長期的警戒狀態（這是由副交感神經系統的「休息和消化」功能加以平衡的）。副交感神經使你可以深度呼吸、吃得津津有味、徹底消化。換言之，你的這個部分談的全都是「存在」（being），以相對於「作爲」（doing）。這個部分的你是「滋養者」，以相對於「成就者」。當你放鬆地做著這個開啓胸部的扭曲動作時，要允許自己滋養自己。

分解步驟：

1. 背朝下仰躺，雙膝彎曲，雙腳平貼於地板上。雙臂向身體兩側伸展，使身體呈T字形。雙手手掌朝上。允許這樣的伸展透過手指頭一路流動。
2. 呼氣時，雙膝轉向右側，保持左肩、左手臂和左手緊緊貼在地板上。只要轉到能夠讓左肩、左手臂、左手維持緊貼地板。試著讓雙膝與軀幹保持垂直。如果膝蓋碰不到地板，可在下方放一塊瑜伽磚作爲支撐。
3. 將頭輕輕地轉向左側，與膝蓋呈反方向。維持這個姿勢，深呼吸十下。
4. 換邊，先將雙膝轉回到中央，然後轉向左側。軀幹仍舊平躺在地上。雙膝轉向左側時，要設法確保右肩、右手臂和右手緊貼在地板上。一旦雙膝來到最終位置（必要的話，使用瑜伽磚），再將頭輕輕地轉向右側。維持這個姿勢，深呼吸十下。
5. 若要退出這個姿勢，就讓頭部和雙膝返回到中央。暫停一下，享受放鬆而開放的狀態，然後再起身。

練習5 創造屬於你的時間：優先照顧自己

前一個練習（平躺側邊扭轉法）將你打開，進入滋養。來到這個練習則是時候到了，該要更深入地讚賞自我照顧，並在日常生活中優先照顧自己。「自我照顧」可以是你認為屬於滋養的任何活動——閱讀一本好書、編織、烹飪、運動等等。重點在於好好作出承諾，不論是什麼活動，都要運用良好的計畫來建立模式，將某些健康的新習慣納入日常生活中。

分解步驟：

1. 覺察：製作三份清單，以確認(1)在你的「理想」生活型態中，滋養你的是什麼？(2)具滋養作用的習慣，如何存在於你的「實際」健康生活型態中？(3)存在於這兩者之間的「障礙」是什麼？舉個例子，假使睡前閱讀對你而言很滋養，請注意，即使你想要每晚閱讀（理想上），但每個月只能做到一次（實際情況），因為深夜時分你還在發電子郵件（障礙）。

2. 承諾：從你想要且能夠做到的「理想」清單中，選出一項。要踏出第一步，追求你所渴求的生活型態的改變，將它寫下來、錄影下來、告訴某位同事、或是用其他方法讓自己負起責任。

3. **計畫**：若要堅持承諾，可創作一份符合你目前所在位置的計畫。你的計畫指定你每週撥出時間致力於某事，無論是一週一次或五次，都無關緊要；重要的是，這事很容易做到。從小處開始，結果會不言自明，你的健康修練將會自然增長。

4. **支持**：要求摯親幫你落實你的計畫。他們在哪一個面向最能支持你？要盡可能具體明確。你可能會驚訝地發現，一旦你清楚地要求摯親的支持，你就會領受到。

練習 6

讚美：帶著感激和恩典領受

這個練習不言自明，不過可能比你想的難。要從實踐中找出原因！

分解步驟：

★**第一部分**：想一件事，那可能是你的本性，或是你做得很好的事，譬如說，你可能生性慷慨或是善於編織。那應該是你早已感覺良好的某樣東西。看著鏡子，與自己保持目光接觸，然後用諸如此類的話讚美自己：「我是【插入選擇的字詞】！而且那個特點超讚！事實上，我真的很棒，令人讚歎！」邊說邊微笑，說完後再微微一笑。暫停一會兒，讓自己感覺良好。

★**第二部分**：下次有人讚美你時（姑且不論讚美的強度或你是否信以爲眞），就像第一部分一樣，全心全意地領受。帶著眞誠的笑容回應，用言語表達感激。不要否認、解釋、緩和、或加上「但是」之類的話。

★**第三部分**：讚美某人。對方是朋友、同事或陌生人，都不打緊——要讓那個片刻啓發你。無需事先規劃。一旦你看到某人，認爲她整個打扮好看極了，或是在工作上表現出色，或是做了一頓美味佳餚，就照實告訴她。直接說出來，簡單地說，帶著微笑。留意對方如何反應，而且要注意不管對方怎麼回應，這麼做，你有何感覺。

小結

★胸部是與巨蟹座相關聯的部位，內含的結構使你得以在實質上和象徵意義上均深吸一口氣，你個人的寶貝胸部代表著撫育和滋養。

★巨蟹座是黃道週期的第四個星座，其能量涉及施與受的天賦禮物，這些被納入一個爲自己和他人添加燃料的循環中。

★如果你敏感的巨蟹本質太容易退縮在殼內，或是太常暴露自己，那麼你的胸部可能會體驗到不同的症狀，例如，呼吸淺弱、胸悶。

★透過聚焦於胸部的提問、練習和活動，平衡你內在的巨蟹座。運用這些更深入地探究施與受的循環，同時記住，若要好好滋養他人，自我滋養是必要的。

原註：

①洛克菲勒家族辦公室，「約翰·洛克菲勒，一八三九～一九三七年」，洛克菲勒檔案中心，一九九七年九月，http://www.rockarch.org/bio/jdrsr.php。

6

獅子的心臟

♌ 獅子座

★出生日期：七月二十三日～八月二十二日

★身體部位：心臟，上背部

★主　　題：綻放心的光芒，帶給人力量

前一個星座巨蟹座帶我們進入身體的軀幹，獅子座則繼續這趟旅程，深入探究心臟。這顆「心」代表勇氣、奉獻、慷慨，以及最深刻強烈的愛。而獅子在這裡所要給出、領受和照亮的，也就是「愛」——主要以「愛自己」的形式呈現。獅子座星群擁有夜空中最明亮的星辰之一「軒轅十四」（Regulus），這顆星精確地反映出獅子座在人世間所要完成的事：綻放心的光芒，照亮周遭的一切人、事、物。

♌

約有兩千一百六十年的時間，「軒轅十四」一直是獅子座不可或缺的一部分。儘管如此，二〇一一年底，軒轅十四進入了處女座，它將在此停留另一個兩千一百六十年，然後進入天秤座。不過，請注意，軒轅十四仍舊屬於獅子座星群。這些變化與星群和星辰穿越黃道星座的明顯運動有關。

獅子座司掌：心臟和上背部

心臟和上背部是與獅子相關聯的身體部位。從解剖學來說，你的心臟是一個攸關生死的器官，它抽送血液，使血液流經血管。這血液提供氧氣和營養素給身體的所有細胞，同時移除體內的廢物（例如，二氧化碳）。沒有如此的血液循環，你的腦便會在四到六分鐘內死去；骨骼、皮膚、肌腱會撐久一點，但也只能達十二小時。總而言之，對只有約兩百八十公克的肌肉來說，這是一項艱鉅的任務。

心肌位於肋骨架的中心區附近，介於肺臟之間。心臟雖然位居肺臟的中間，卻有心包將其分隔開來。心包是極薄的囊，包住、錨定、同時保護心臟。實體上，心臟與肺臟是分開的，在能量上，兩者也是分開的，就像占星學中將心臟與獅子座的上背部聯想在一起，而不是巨蟹座的胸部。然而，請注意，胸部和上背部其

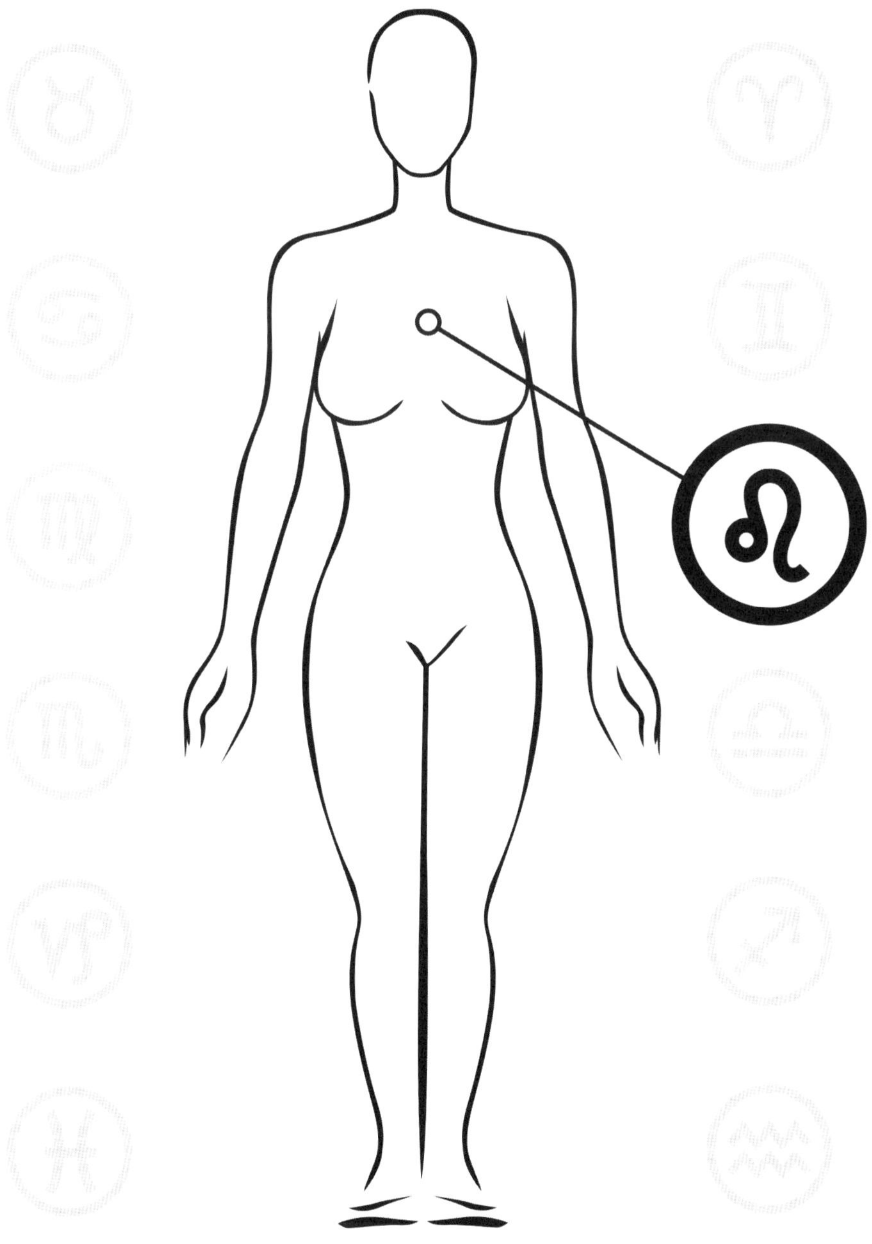

上背部的骨骼結構，參見附錄C。

實就是同一枚硬幣的兩面，胸部與肋骨架的前區相關聯，上背部與肋骨架的後區相關聯，它們一起爲心臟提供一只三百六十度的容器，但再次強調，占星學將上背部與心臟聯想在一起。

上背部是由胸椎組成，這些是屬於肋骨的脊椎骨。這十二節椎骨位於頸部（頸椎）與下背部（腰椎）之間。背部通常被認爲由上、中、下三個部分構成，或是由上和下兩個部分構成。無論是哪一種情況，「上和中」或「上」都是指胸椎描述的部位。下背部是由腰椎定義（見第八章「天平的背部」）。鑑於頸部和下背部的設計是爲了提供移動性，上背部的優勢在於氣力和穩定度，就是這部分維持住軀幹的直立。此外，因爲胸椎連接肋骨，所以，上背部協助保護胸腔內的器官，例如，心臟。

在我們的社會中，當上背部由於分佈在遺傳素質上層的不當姿勢而造成過度彎曲時，可能會被立即注意到。胸椎如此過度彎曲，被稱作「駝背」（或是「脊柱後凸」），視覺上顯示成兩個佝僂的肩膀加上一個圓起的上背部。你現在可能就用這樣的姿勢坐著閱讀一本書，或是弓著背坐在電腦前。這個姿勢顯示你的上背部不正，心輪是隱藏的。駝背使你的心臟部位離開中心區，縮到身體後側，彷彿獅子退回牠的洞穴。如此退縮或胸椎過度俯屈，是一種奠基於恐懼的姿勢；這是一種演化的機制，在面對獅子攻擊之類的威脅時，此一設計是爲了保護你的重要器官。但你的建構並不是要全天候維持如此基於恐懼的姿勢。你本該筆直挺立，雙肩向後，「心」歸於中心。

對許多人來說，隱藏你的心已形成多年來的模式，因此要把心挺出來，感覺上滿嚇人的——即使將心挺出來，不過是讓胸腔返回到自然的校正和穩定度。這個姿勢可能比你習慣的姿勢更開闊、更無遮蔽。這意味著，敞開心扉站著，可能會讓你覺得脆弱易感，亦即容易因他人的評斷而受傷。但沒有人有力量使你升起某種感受，除非你將力量給予對方。所以，如果你感到受傷、憤怒，或是遭到另一個人的批評和指控，那可能是因爲對方觸碰到某個你自己尚未完全接受的部分，而你也正在評斷那裡面的陰影（或許是不經意地）。這些陰影正是你的獅子座可能不想向內看的原因，反之，他可能認爲比較容易的做法是，將心完全隱藏起來，或是用虛假的自信和驕傲掩蓋住。於是，他可能會反常地挺起胸膛，讓胸部顯得更大，以此補償感覺到自己的渺小。對於這個站姿，或許最具代表性的描繪莫過於獅子座皇帝拿破崙一世（Napoleon Bonaparte，法國軍事家、政治家、法學家，在法國大革命末期和法國大革命戰爭中達到權力巔峰）的肖像，以及因拿破崙而得名的「拿破崙情節」（Napoleon complex）。

「拿破崙情節」是個流行用詞，認為身材矮小的男性可能會用極端的幹勁、自戀和妄自尊大作為補償。然而，儘管拿破崙皇帝的身高不是最高的，有些歷史學家卻相信，他在當時的法國其實算是中等身材，但在畫像中顯得矮小是因為畫中的他，旁邊圍著身材高大的衛兵。

你如何攜帶自己的心輪呢？要正視你的上背部，把答案找出來。

分解步驟：

1. 站在鏡子前，轉成側身，審視側身映像。如果你從來沒注意過自己的站姿，就依平時的站姿站立（不要作弊！）。盡可能不轉頭，看向鏡子，觀察上背部的曲線是否突出。
2. 誇大上背部的自然C形曲線，讓雙肩向前靠攏。呈現這個姿勢時，你的頭部和頸部將同樣向前、向下。現在，重複獅子座的座右銘：「我在這裡！」仔細留意，這話感覺起來如何，聽起來怎樣。

3. 用你認爲理想的校正對齊方式站好。頭部應該要疊在心臟上方，心臟在臀部上方，臀部在雙膝之上，雙膝在雙腳之上。應該要感覺整個身體彷彿用一根細繩串成一直線，並且懸盪著。現在，重複獅子座的座右銘：「我在這裡！」仔細留意，這話感覺起來如何，聽起來怎樣。

很可能你的自然站姿（步驟1）落在駝背站姿（步驟2）與理想站姿（步驟3）之間的某處。假使情況如此，那麼你便是全天候隱藏著心在移動。你將隨後放棄上背部的整體氣力和穩定度，而那些是原本該要傳達給你的部分，這是在步驟2可能較難發聲的原因。好消息是，你始終有能力愈來愈懂得存取這個部位。你每天都有機會挺直脊椎，擴展進入你的心，然後自信地說：「我是獅子，聽我吼吧！」

獅子座健康課題：綻放心的光芒，帶給人力量

太陽是我們太陽系的中心，它的引力牽動著周圍的八顆行星、至少五顆矮行星、數萬顆小行星、數百萬顆彗星。無論我們考慮的是繞著太陽旋轉的星球、朝著太陽生長的植物、崇拜太陽的古人，還是做日光浴的海灘遊客，太陽都受到關注。人們被陽光所吸引。就我們的太陽系而言，那是最明亮的光。你感覺到它的威力是因爲你肌膚上的熱度，眼睛則看到它的亮光。從行星到人類，太陽照亮一切人、事、物。

太陽發光的特質正是獅子座的完美典範，而獅子座的守護星也正是太陽；太陽和獅子的關係長期存在，證據遍佈於波斯、閃族（起源於阿拉伯半島和敘利亞沙漠的游牧民族）、以及古埃及的傳說。因此，獅子能量代表太陽所擁有的光彩，那存在我們之內，且在每一個人裡面發光發亮。「綻放」（shine）意指發送亮光。針對這點，獅子的做法是，昂首站立，對自己深具信心，確信他渴望向這世界充分展現自己的榮光。彷

佛在前五個黃道星座期間，他一直在幕後排練，而現在已準備好要統領中央舞臺。獅子能量知道自己是誰、擅長什麼，而且怡然自得，想對身旁的任何人炫耀這份怡然。而且就像太陽一樣，獅子座綻放的能量巨大無限，甚至到當他綻放光芒時，不僅點亮自己，也照耀他人。如此的陽光本質將會討好他們、鼓舞他們，也幫助他們培養自己的光彩——只要我們內在的獅子座像古時候的太陽一樣，得到備受尊崇的回報。

倘若我們內在的獅子座沒有接收到他認爲應得的回報，那就要特別留意太陽耀斑（solar flare）了。正如太陽可能突然發出高強度射線一樣，獅子如果沒有得到他想要的，同樣可能會爆發。他想要——不，是覺得有資格要——伴隨中央舞臺而來的讚美、裝飾與奉承。這位反覆無常的國王（他可不僅是叢林之王）用一聲自負的咆哮，照自己的意思強烈要求，否則就以其他方式要求。想想昔日的世界統治者，例如，拿破崙、墨索里尼（Benito Mussolini，義大利政治家、記者、思想家，法西斯主義的創始人）、卡斯楚（Fidel Castro，古巴革命領袖，古巴共產黨、社會主義古巴和古巴革命武裝力量的主要締造者），他們都是獅子座，在世界舞臺上非常戲劇性地展現其狂妄自大，並且強烈要求要尊重和欽佩軍隊及國家。雖然支持者被授予最高官階作爲獎勵，但如果領導人渴望的從屬標準不被接受，或是如果領導者的信念被反對，那麼報復是迅速而果斷的。這是獅子座的危害性狂妄，他被自己的光芒蒙蔽了，以致看不見自己的陰影。

♌

除了太陽之外，獅子在傳統上與王權相關聯，被視為萬獸之王。因此，可以看見獅子出現在從英國到斯里蘭卡、伊朗、澳洲等國家的許多旗幟、頂飾、盾形紋章上。即使獅子星群與王權關係密切，但就像獅子座最明亮的星星軒轅十四的英文名Regulus一樣，意思是「小王」。這顆星星位於天空中獅子鬃毛的底部，綻放的光芒亮度是我們的太陽的一百四十倍。

你的內在之光，其作用與太陽相同——它幫助你看見。它是一把內在的火焰，在你最健康、最幸福、最高階的自我上綻放你本性的光輝。它散發的不只是你的個人眞相，更包括宇宙之光所蘊含的更大眞理。它是你感覺到神聖、特殊、神奇的那個部分，正如它需要呈現的一切人、事、物也是妥當的、完美的。它足以存在這一區，而在這個空間裡，時間不復存在，擔憂、恐懼、掛念也不復存在。假使你相信它，你可以稱這光是你的「靈性」或「靈魂」。當你安頓於其內，你可能會說你是「成爲光的狀態」（即「開悟」）。

是的，你的內在之光是緞帶、彩虹、以及一切美好的東西。不過，它也是你最深處、最黑暗的陰影的源頭。光線由於障礙物而無法到達的區域，那裡便是陰影。當你在戶外，下午時分沿街而下，這時，那個障礙物是你，在途中阻擋了從太陽到水泥路面的陽光，這是你投下陰影的原因。於內在，那個障礙物被稱作你的陰暗面，這部分的你比純淨之光渺小。你個人在路上的顚簸碰撞，代表你尚未接受、拒絕看見、或是壓根就不喜歡的特點，即使你並不確切知道它們是什麼，或它們是如何到達那裡的。

接受自己不太完美的部分，通常是一種挑戰。讓自己沿路而行，面向太陽，假裝陰影不存在，會容易許多。常言道，無知是福。但獅子座的任務之一是用他的光明確認他的黑暗，否則，我們的獅子本質會出毛病，如同上述的統治者那樣。針對這個主題，最恰當的實例莫過於獅子座精神治療醫師卡爾·榮格（Caml Jung），他用自己的影子理論作爲闡明。「那個影子，」榮格寫道：「是那麼地隱祕、潛抑，絕大部分是自卑和滿載罪疚的人格，而人格的最終分枝回歸到我們動物祖先的範疇，如此構成了無意識的整個歷史面向。」①那是你原始自我的一部分，是一種黑暗，就像光明同樣深植在你之內。否認你的陰影，便是否認你自己的一個面向。不管你相不相信，就連你不喜歡的部分，你認爲黑暗的那個部分，也發揮過它們的作用，幫助你精確地到達你今天的位置（回想一下雙子座的功課，其中沒有光明「或」黑暗，而是光明「與」黑暗）。這些陰影面向都有自己的角色要扮演，而獅子座在這裡是要幫助你積極地將一切囊括在遊戲中。

> 宇宙主要透過光，告訴我們它的故事。光是由地球上以及環繞的星星、行星和銀河的所有生物與非生物所發出或吸收的。此外，光還讓我們看見，絕大部分的宇宙（百分之九十六）是由黑暗的物質和黑暗的能量構成，那是沒有光，我們就無法看見的。

投入自己這些更深層、更黑暗的面向，需要許多的光（再次強調，沒有光，便不可能看到陰影），外加可觀的勇氣。因爲在看見自己的陰影後，獅子座的精湛技藝將會幫助你不迴避，而是直截了當地面對。在你面對過一次之後，你的獅子座將會幫助你在陰影持續重現時，一遍又一遍地面對。陰影就像形成影子的光一般，可能有種種形式；對那些獅子座在星盤中相當突出的人來說，這些形式往往以過度自豪、傲慢、自戀爲特色，不然就是你可能會體驗到那些，只要你在那方面有所阻塞。不管顯化什麼，獅子座都會幫你作出抉擇——要麼負起個人的責任，開發你本性中這些次要的面向，要麼避開它們。假使你選擇前者，那麼你的獅子本質可能因內外均得到進化而有勝利之感。如果選擇後者，那麼他可能會將自己不想要的特質投射到他人身上，不然就是任由那些特質主宰，自己卻完全沒有意識到。換言之，不是你殺死內在的野獸，就是野獸殺死你。

古希臘英雄海克力斯（Hercules）的十二項艱鉅任務（那是因殺死家人而自我加諸的懲罰）當中，第一項任務是殺死尼米亞（Nemea）的獅子，一頭沒有武器能傷得了牠的野獸。所以，海克力斯必須正面直視獅子，徒手與其交戰。最終，海克力斯殺死了代表他內在陰影的野獸，揚揚得意地披著獅子皮，勝利而歸。

要用心啊！因爲你的這種獅子本質在這裡是爲了幫助你克服內在的障礙。古往今來的所有文化中，「心」一直代表我們最高尚的品質。埃及的《亡靈書》（*Book of the Dead*）認爲，我們的心等同於我們的性格。在生命結束時，人會受到審判，根據的便是這人的心與一根羽毛孰輕孰重。如果心比較輕，你便取得進入來世的權利；如果心比較重，就會被宣判爲不復存在。當然，古埃及人既不是第一個、也不是最後一個以心臟象徵通往神性門戶的民族。在傳統中醫裡，心藏神（spirit，精神，即「靈」、「靈性」）賦予你的生命崇高的目的、存在和意義。出自印度《奧義書》（*Upanishads*）的一段經文，同樣裁定靈性寓居在心臟之中：「靈性光芒四射，無形地存於心臟這個最爲祕密的地方，那是至高無上的住所，居住著移動和呼吸以及看見的所有一切。」就連身心分離的典型代表笛卡兒都相信，心臟是人體熱度的源頭，亦是展現「身體是上帝之手創造的機器」的一個實例②。

在傳統中醫裡，器官代表使身體的結構和功能更加完善的形上網絡。譬如說，心臟在促成血液循環的同時，還儲存「神」（精神、智能），腎臟調節體液水平與身體的「精」（核心本質），肺臟統御呼吸以及「氣」（生命力）的分佈。

不消說，縱觀無數的文化，心都連結到「許許多多」。喜悅、勇氣、氣力，心的光芒就像光本身一樣，可以採納無數的形式。然而，它最有名的形式，或許是愛，那本身便以多不勝數的形狀和大小出現。獅子能量與「自愛」的連結最爲密切，那是一種全然自我覺知和自我接受的狀態，是讚賞你的光明「與」黑暗，此外也是一種實踐，透過結盟思想與行動、意圖與執行，榮耀你全然融爲一體的存在。這每天顯化成抉擇，那是與你在生物、心理、靈性方面的成長一致的抉擇，也是無恐無懼做出的抉擇。於是，自愛正是促使每一個獅子有勇氣以自己的作風綻放光芒的因素。當你對光亮的自己感覺美好時，你也希望他人爲他們自己感受到同樣的愛和滿足。

但自愛需發自內在，才有可能散發出來。這個概念反映在《新約聖經》〈馬太福音〉最著名的其中一句經文：「愛鄰如愛己。」那是自愛的美被正確完成的表徵，整個重點在於你的一切「以及」他人的一切。在參與過你內在的雙子座之後，你明白那不再是一方或另一方，然後你的巨蟹座將幫助你強化施與受的交換。所以，現在，獅子座可以幫助你擁抱那份最純淨的自愛，那既不是自戀，也不是應得的權益。確切地說，那是一種讚賞，讚賞你的本性以及你必須給出的事物，外加負起使其發生的責任。你知道你需要什麼、你配得什麼，舉凡小於此的都行不通，而且不應該行得通。

不健康的身體警訊（兩種極端）

從最基本到最高階的修習者，每一個人都可以用「心」生活。即使你感覺到自己已經從以「心」爲中心的地方活著，你的工作也尚未完成。這是因爲透過身體器官綻放的形上之光是永恆的，它提供足以成長和發光的無盡燃料。光的範疇無限，它屹立著，與頭腦的有限燃料及其不斷的過濾、合理化和量化形成對比。頭腦提供感知自己和周遭事物的重要方法，但頭腦的方法只是眾多方法之一。「心」的光芒提供另一套確定生命的可貴方法，附帶心的所有感應、迴響、闡述、探索、慶祝。在心的支持下，你的獅子能量勢必恢弘壯麗。當你愛自己時，你感覺有自信，可以大聲地、大膽地、滔滔不絕地說出你的意見；換言之，你可以怒吼咆哮。你的獅子座在這裡是要傳達心的廣袤，同時透過你（獅子座的人類形相）明亮地綻放心的光芒。

然後當獅子座這麼做的時候，他重新點燃心的火焰，從而平衡了頭與心的方程式。在如此實踐的過程中，他默默地允許身旁的每一個人做同樣的事。獅子座率先踏上空蕩蕩的舞池，這位勇敢的靈魂以他的熱情啓發他人站起來盡情享受。

不過，請注意，獅子座綻放的光芒愈是明亮，出現的陰影就愈多。因此，當你眞正與你的獅子交手時，一定要準備好對自己揭露內在的陰影，然後才踏上舞臺，讓所有其他人看見。否則，可能出現兩種結果。其一，如果你的獅子要你只專注於良善，忽略惡劣和醜陋，那麼你所炫耀的一切將是虛假的——虛假的驕傲、虛假的勇氣、虛假的自信、虛假的自愛。「虛假」創造出一個門面，那是外圍的反射，內在的實力並不支持。當如此的虛張聲勢發生時，獅子座可能會彰顯成以自我爲中心、自戀、利己主義、苛求強索，將不可能達到的標準強加在他人身上，爲的是使自己感覺好些或優越些。

華而不實的獅子本質，其身體表現可能包括：

★挺凸的胸部
★屏住氣息

★上背部緊繃或緊張

★上背部和肩胛骨的活動受限

★其他：心臟不適

或者，如果你的獅子努力覺知並接受自己的陰影，那麼他可能會放棄虛假，選擇全面撤退，躲回自己的洞穴，於是你最終將活得比本來的你更渺小。畢竟，獅子有力量遮蔽自己的光，就像太陽可以被月亮遮蔽一樣。而且正如日蝕終將結束，獅子也一定會再次綻放光芒，但前提是：黑暗得到理解，同時被整合到光之中。

膽小怯懦的獅子本質，其身體表現可能包括：

★胸部凹陷

★駝背姿勢

★上背部疼痛、虛弱或疲累

★呼吸淺弱

★其他：心臟不適

♌

由於肋骨架的存在，胸椎本就穩定，因此它所引發的損傷和退化性過程也比附近的頸椎和腰椎少。

你的心輪擴展到什麼程度？無論是感覺華而不實、膽小怯懦，還是介於兩者之間的某處，關鍵都在於：好好聆聽你的身體，給予身體所需要的。要伸展緊繃的上背部或強化虛弱的上背部，運用下述提問和練習，喚醒你內在的獅子座。

找回平衡的五項提問

下述提問和練習將充當你體現獅子座的個人指南，不妨運用它們綻放心的光芒。

★什麼時候你覺得自己最聰明（誰在場，你在哪裡，你穿什麼，你正在做什麼）？什麼因素使你無法綻放光芒？

★你如何接觸自己內在的光？

★你要如何描述你的陰暗面？這些特性在哪些方面幫助你？阻礙你？

★你如何鼓勵你的朋友、家人和同事綻放光芒？

★站立時，你的背部挺直、心扉敞開嗎？什麼情況促成如此的校正對齊？在何種處境下，你發現自己有個圓起的上背部和隱藏的心臟？

獅子座養生操

練習 1 人面獅身式：增強你的力量

在古埃及，人面獅身是獅子身體加人類頭部的神話生物。人們相信，人面獅身象徵法老王和法老王的統治——集權力和理性於一身。獅子的身體代表莫大的氣力，人的面容則象徵智慧和掌控。探觸你內在的法老（你的貴族獅子），藉此重建你的統治。當你敞開並校正環繞心臟的一整片廣闊區域，包括胸部、上背部、甚至是肩胛骨，人面獅身式將會提振這些部位，將它們展現出來。

分解步驟：

1. 俯臥，腹部貼在地板上，雙腿並排伸直。腳尖應該要平貼於地板。
2. 雙肘置於雙肩下方，使前臂靠在面前的地板上，彼此平行。
3. 伸直雙腳，使腳趾幾乎觸及身後的牆壁。
4. 吸氣時，抬起身軀，使身軀離地，讓背部微微伸展。

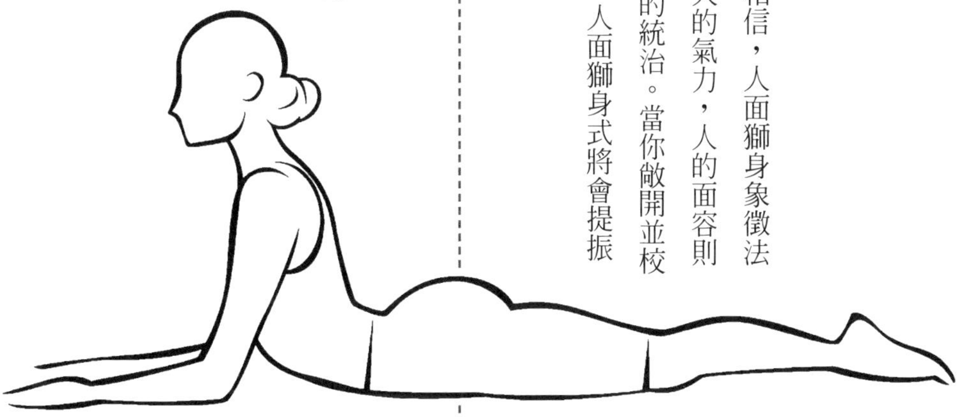

5. 你現在正呈現人面獅身式。若要微調此一姿勢，可垂下雙肩，使其遠離雙耳。始終透過十根手指頭來保持前臂活躍而警覺。感覺你的恥骨（骨盆前區）輕輕地推入地板，同時下背部放鬆。如果感覺臀部緊繃的話，鬆開臀部。頸部的位置應該是脊椎的自然延伸，不過度伸展。撐住，持續五次深呼吸。

6. 若要退出這個姿勢，可緩緩地將身軀放到地板上。

7. 再重複一遍或兩遍。

儘管這個姿勢是靜止的，卻可以爲它注入與人面獅身的帝王歷史和奧祕相稱的一股動態能量。譬如說，即使雙臂和雙腿並沒有移動，也可以使它們不斷地參與和擴展。

練習 2

駱駝式：敞開進入心的光芒之中

駱駝以能載運大量重物而聞名，牠們背上駝著一袋袋物品穿越沙漠，忍受著沒水的生活長達六個月。雖然如此重擔是肉體上的，但多少世紀以來，駱駝同樣象徵著穿越形上重擔所需要的忍耐力。哲學家尼采對精神生活的描述包含三種變形，駱駝是第一個象徵，第二階段便是獅子。身爲獅子，你不再承受世界的重擔；反之，你領悟到「你的」意志可以影響世界。以此方式，你踏入自己的光芒中，且在如此實踐的過程裡，更有能力與黑暗（以龍爲象徵）作戰。好好運用駱駝式穿越你的重擔，進入心的光芒之中。

分解步驟：

1. 跪在地板上，雙膝分開，與臀部同寬，小腿和腳尖貼地下壓。鬆開臀部。找到骨盆的中立位置，使骨盆既不收攏也不擴展。
2. 雙手手掌放在骨盆後方，脊椎兩側各一，十指同時朝下。保持雙肩下垂，遠離雙耳。
3. 吸氣，同時擴展上背部，提振並敞開你的心。頭部和頸部應該要成爲脊椎的延續，同時形成支撐的拱形；你的目光是向上向外的。（如果這個姿勢會使頸部承受太大的壓力，可將下巴收進來，收向頸部，尋求較大的支撐。）上半身擴展時，要設法確保下背部不動，同時將骨盆保持在開始時的中立位置。維持這個姿勢，持續十次呼吸。
4. 若要退出這個姿勢，可將雙手繼續放在骨盆上，緊縮核心，然後慢慢地讓軀幹返回到直立位置。這麼做的時候，用「心」來帶領，不靠頭部和頸部帶領，以尋求最大的穩定度。
5. 重複上述動作兩遍。

爲了更大的開啓，進階修習者可以增加背部的擴展，使雙手手掌最終停靠在腳底，從而進入正式的駱駝式。對所有人來說，嬰兒式的屈曲是駱駝式深度擴展的絕佳反向姿勢，此時，你的臀部向後，可能的話，貼在腳後跟上，同時將身軀置於兩側大腿之間，使前額貼地，伸直兩側雙臂。順道一提，這個嬰兒，正是尼采三種變形的最後階段。

練習 3 獅子式：帶著自信咆哮

你最後一次扮有趣的鬼臉，是什麼時候？很可能從你不再是孩子以後，就不曾再扮過鬼臉了。小孩總是愛伸著舌頭，一部分是因爲孩子不在意他人的想法。他們扮著有趣的鬼臉，因爲這麼做讓他們覺得開心。這麼做，是在那個片刻及時表達自己的本性，對此，孩子不假思索，因爲他們很少依「頭」而活，而是更常依「心」而活，那是一個不知道恐懼的地方。遺憾的是，多數成年人失去了這份與生俱來的自信，退縮到自己的巢穴中。畢竟，有趣的鬼臉只是臉部肌肉的屈曲和擴展。在身體層面，就是這樣。但在形上層面，成年人扮個有趣的鬼臉，經常涉及他人的想法。或者更確切地說：你對他人的想法，正是你對自己的看法。所以，用獅子式跳脫頭部，從而進入你的心。仔細聆聽來自童年的眞誠自信，然後盡情咆哮！

分解步驟：

1. 跪在地板上，下方腳趾屈起，臀部靠在腳後跟上。雙手放在大腿上，手掌朝下，手指張開。
2. 透過鼻子深深吸氣，用空氣塡滿胸部和上背部。
3. 用力而徹底地呼氣，發出「哈」聲，同時：
★嘴巴張大，舌頭伸出來，盡可能朝下伸向下巴。
★眼睛睜大，向上凝視第三眼（兩眉中間）的位置。
★雙手手掌壓在兩側大腿上，雙臂打直。
4. 重複上述動作三遍，每一次都要更誇張、更有力。

練習4 海豚式：提升心臟的強度

這個姿勢對於增強和穩定心臟周圍的肌肉骨骼結構非常有效。關鍵在於保持背部平直（不凹陷）、胸部寬闊、肩胛骨平坦下垂。氣力引發氣力，因此，多加練習海豚式，無論是不是在瑜伽墊上練習，你都愈來愈能夠輕易地維持心輪的適度校正。遲早你將會注意到，不僅帶著一顆強壯的心臟站立變得更加容易，而且發自強壯心臟的行動也變得易如反掌。

分解步驟：

1. 從雙手、雙膝貼地的桌面姿勢開始。

2. 前臂放低，貼在地板上，使雙肩位於雙肘正上方。從這個姿勢開始，將雙手手掌併攏（兩個前臂朝中線形成某個角度），然後左右手手指交錯。設法確保小指頭外側邊緣穩穩地貼靠著地板。

3. 兩個前臂貼靠著地板下壓，下方腳趾踮起，吐氣，同時擴展雙腿，讓坐骨升起，朝向天花板，使現在的你呈現倒V字型。雙腳分開，與臀部同寬。頭部和頸部應該是脊柱的延伸，在一直線上；你的目光應落在大腿中段之間。

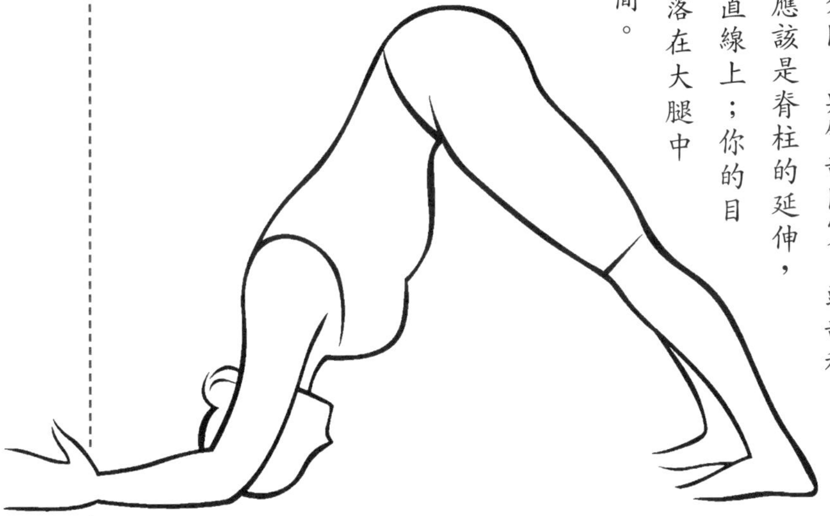

4. 肩胛骨平貼背部，使雙肩不出現弧度（如果雙肩仍舊出現弧度，那就微彎雙膝）。肩胛骨向下，遠離雙耳。你的整個軀幹（從骨盆到肘部），應該要形成一條平直線。

5. 緩慢而有所控制地至少呼吸五回合。

6. 若要退出這個姿勢，可趁呼氣時將雙膝放到地板上。

先是駱駝，然後是獅子，現在是海豚。動物有力量可以成爲偉大的老師，只要我們收到牠們帶來的更大信息。無論這些動物圖騰出現在美洲原住民或薩滿的傳說中，散播的信息都是類似的。譬如說，在諸多特質中，海豚代表最純淨的愛。記得本章前面提過的《亡靈書》嗎？並非都是由亡靈接引神阿努比斯（Anubis）將值得接引的靈魂傳送到來世（在靈魂的心臟被秤過之後），在某些古羅馬神話中，是一隻海豚將靈魂帶到「福人島」（Islands of the Blessed）。根據希臘人的說法，海豚是太陽神阿波羅的夥伴，而太陽神也是與獅子座相關聯的天神。因此，海豚式其實擁有一切，而此方法可讓你在所有層面強化你與心臟的連結。

練習 5 製作清單：面對你的陰影

許多時候，我們不喜歡自己的那些部分被隱藏得極好，好到自己看不見，但卻直接投射到他人身上。舉個例子，「應享權益」可能是你的一個敏感問題，你無法忍受在另一個人身上看到這個特性。當你看見它時，你甚至可能對自己說：「她是如此地享盡權益啊！我永遠不會那麼做。」然而，他人身上那些我們最不喜歡的特性，經常代表我們最不喜歡自己的部分。這就是爲什麼你看見它時會有那麼多的指控，因爲它正在反射你自己尙待接納的某個面向。假使情況如此，那麼應享權益（或是你的任何敏感問題）可能正在支配你的人生，而你卻沒有意識到。也就是說，一直要到你照亮它並同時主動覺知到這個特性爲止。一旦你看見，就可以對它採取行動，同時決定是要讓這個特性繼續支配你的行爲，還是扭轉局勢，讓自己成爲支配者。要照亮你的陰影，從而看見你一直不願意看見的部分。

分解步驟：

1. 列出他人身上你無法忍受的特性。不要審查自己。凡是浮現在你腦海的，都是可以利用的對象。
2. 選擇使你瘋狂的三大特性。想幾個具體的實例，你如何、何時、與誰在一起時邂逅了這些特性？
3. 針對這些特性，一一加以檢視，看看它們是否是你曾在過去或現在顯露過的特質。想幾個具體的實例。要誠實客觀。這個練習不是要怪罪或自我苛責，只是要觀察自己身上以前可能沒有覺察到的部分。
4. 就是這樣！覺知是克服自我陰影的第一步，單是這點，就有助於必要的轉化發生。你甚至可以更加覺察到這些特性如何出現在你的日常互動之中。

接下來的步驟包括接受你的陰影特性，以及對它們的內在責任，然後透過一份行動計畫，允許這些特性進化。

練習 6 擁抱自己：簡單的自愛

愛你自己。獅子座的重點在於豐盛，而且總是有綽綽有餘的愛環繞身旁。要敞開自己，迎向更多的愛，給出愛，領受愛，然後再給出愛。記得嗎？你從黃道帶的巨蟹階段開始進入這個施與受的循環。現在是你擁抱它的時候了。要如實、全然地擁抱。

分解步驟：

1. 在椅子上坐直坐正，雙腳平放在地板上。閉上眼睛。
2. 深吸一口氣，提起心臟、頸部和頭部，張開雙臂，大大地伸向兩側。這應該是一個盡你所能擴張的姿勢。
3. 深深呼氣時，讓軀幹返回到中立位置，用雙臂環抱自己，呈現自我擁抱的姿勢。你的頭部和頸部很可能會放低，但應設法確保不要癱在胸前。
4. 重複並持續一分鐘，在吸氣和呼氣之間創造一個連續的流動。當你移動時，感覺你正敞開進入、領受、給出的那份愛。將你自己的才能賦予那份愛。這個運動應該是愉悅的、好玩的，甚至可能使你微笑。

一個擁抱，可透露出所有層面的愛。譬如說，一般人相信，好的擁抱益處多多，包括：釋放促進連結感和信任感的催產素；活化皮膚上的受體，從而降低血壓；降低皮質醇濃度，傳達平靜。

小結

- ★心臟和上背部是與獅子座相關聯的部位，它們代表你的勇氣、愛，以及熱愛你是誰和你已然得到的一切。
- ★獅子座是黃道週期的第五個星座，其能量涉及你的內在之光，以及有能力直接從心綻放光芒（儘管那會帶來陰影！）。
- ★如果你的獅子本質變得過於自我中心，或是害怕聚光燈、退縮，你的心臟和上背部可能會體驗到不同的症狀，例如，肌肉緊繃或虛弱。
- ★透過聚焦於心臟和上背部的提問、練習和活動，平衡你內在的獅子座，運用這些來放大你自己的光芒，同時點燃他人的火焰。

原註：

① 史蒂芬．戴蒙德（Stephen A. Diamond），〈影子〉（Shadow），見《心理學與宗教百科全書》（*Encyclopedia of Psychology and Religion*）L-Z篇，大衛．李明（David A. Leeming）等人編纂（New York: Springer Science + Business Media, 2010），836頁。

② 勒內．笛卡兒（René Descartes），《方法導論．沉思錄》（*Discourse on Method and Meditations*，New York: Macmillan, 1960），41頁。

7

處女的腹部

♍ 處女座

★出生日期：八月二十三日～九月二十二日

★身體部位：腹部

★主　　題：存心至誠，服務事奉

由於獅子座對光明與黑暗本質的覺知，處女座渴望能夠精煉它，移除任何一丁點的雜質，亦即馴服獅子座的獸性。人生不再是關於她，而是關於她能夠給出什麼。畢竟，這是收穫的時節！在獅子座時期成熟結果的作物，於時值夏末的現在，已經準備好要收割了——準備好讓穀粒成爲麵包，將葡萄變成葡萄酒。但首先，處女座必須將小麥與穀殼分開，因爲她在這裡是要以最純淨的形式供應大地的豐盛。

處女座司掌：腹部

你熟悉「你是你吃的東西」這樣的說法嗎？哦，這話是眞的。你吃的食物最終會轉變成你。那是經由吸收發生的實際魔法，而吸收是小腸的流程，小腸則是與處女座相關聯的腹部器官之一。在此，一開始似乎與你分開的核桃，最終被消化成分子，成爲蛋白質、脂肪等等，然後這些分子經由血液的流動，被運送到身體的其餘部分，成爲諸如毛髮或荷爾蒙的一部分。

♍

處女座是黃道帶最大的星群，也是天空中第二大星座（次於「長蛇座」（Hydra））。它包含秋分，就是在這個點上，太陽的黃道與天球赤道（celestial equator）相交。不過在占星學上，是天秤座在北半球慶祝秋季的開始。

你的小腸（這個實用魔法的促進者）只是你的腹腔的一個元件。事實上，除了小腸以外，身體的大部分器官都在那裡，包括大腸、肝臟、胃。英文字 abdomen（腹部）的拉丁字根之一 abdere，意思是「隱藏」，而且，的確，許多器官都被隱藏在腹部。腹部是延伸在橫隔膜與骨盆之間的身體部位，雖然多數人都知道腹

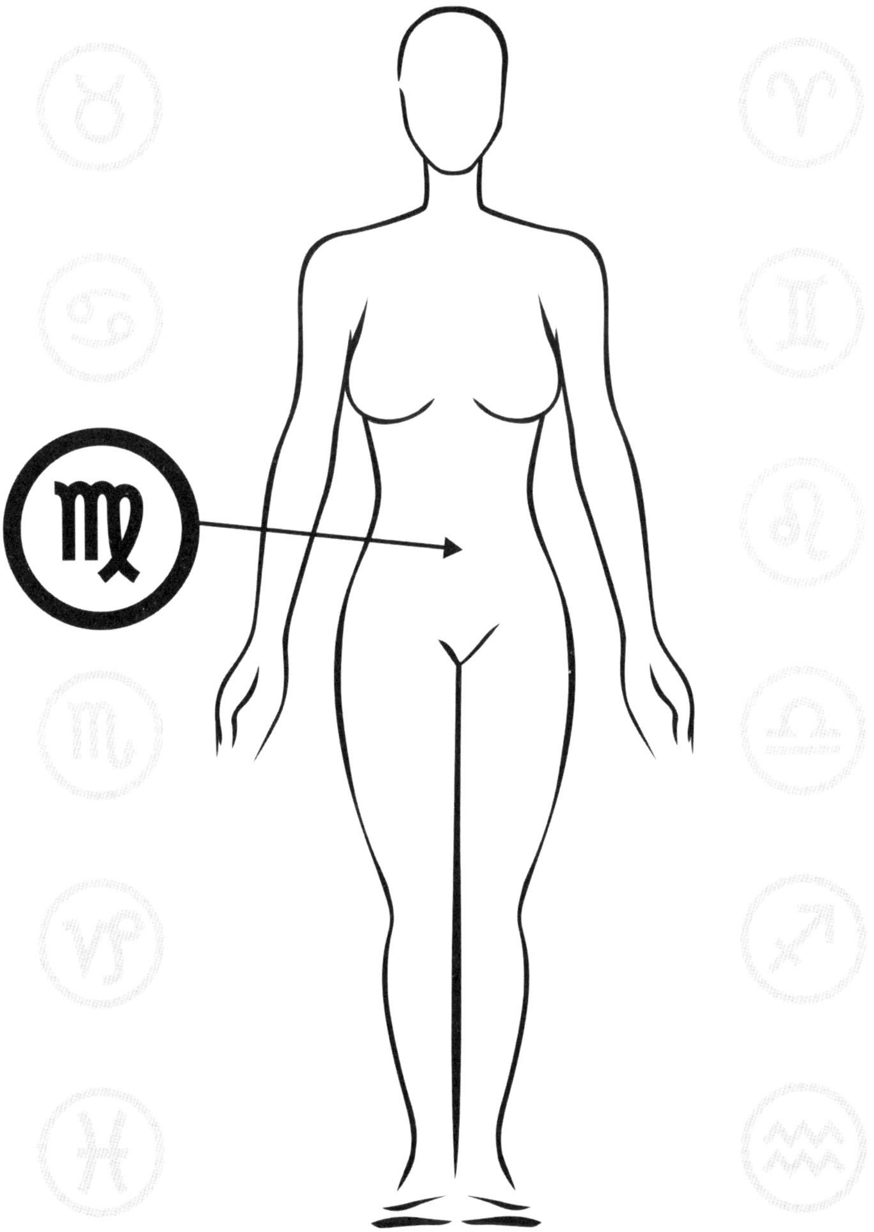

腹部的結構，參見附錄C。

部的內容，但你可能更熟悉其外部組成，亦即：構成腹壁的四塊肌肉。最有名的腹直肌是最外層的肌肉，負責你的六塊肌。無論你看不看得見，你都有六塊肌。那是你的DNA的一部分，由肌腱插入形成，將腹直肌劃分成六份，甚至八份。腹橫肌是最內層的肌肉，是一層薄薄的護套，整體目的是要壓縮腹部的內容物。這塊肌肉對穩定肚子發揮了絕佳的作用，形成你核心的前區；另外兩塊腹肌：腹內斜肌和腹外斜肌，則形成肚子的兩側邊。

♍

你的腸道❶有它自己的想法。事實上，它有一整套神經系統，包含龐大的一億個神經元。雖然已知這個「第二大腦」監視著腸道的實際過程（消化、吸收、排泄），不需要頭部的腦輸入資訊，但目前愈來愈清楚的是，腸道也協助調節情緒。

在占星學上，「核心」是裝盛處女能量的容器。在身體上，「核心」是一個古老的概念，也是一個當代的術語，意指在解剖學上和功能上相互連結的下背部、腹部和骨盆的肌肉。這些肌肉協同穩定你的脊柱，囊括橫隔膜、骨盆橫隔膜、腹壁肌肉、背部的深處肌肉。在面對不穩定的力道時，例如，移動的列車、足球鏟球、或是舞蹈課上舞動的四肢，它們一起幫助你的軀幹維持保護的姿勢。

核心肌群與身體內其他穩定型肌肉的區別在於所在位置，那就像束腹，圍住身體的質心❷。我們的質心很重要，因爲人體其餘部分的表現，就好像身體的所有質量都集中在那裡。因此，質心是你整個身體可以得到平衡的點位（想像一下懸掛的活動雕塑）。舉個例子，單腳站立時，一旦你找到自己的中心位置，那麼如何擺放可自由移動的另一條腿便無關緊要。無論你將可自由移動的那一隻腳停靠在腳踝、小腿上，或是懸掛在半空中，你的整體平衡都不會被打亂。如果你將雙手插在腰上，或是伸展到頭頂上方，整體平衡同樣不會被打亂。反之亦然：假使你無法找出自己的中心，就無法單腳站立，讓另一條腿和雙臂任意擺放。

在瑜伽課堂上找到你的中心並非易事，更遑論生活中不穩定力道猖獗的其他面向，那是更加困難的。無論這些力道來自工作、家庭壓力、或是你自己意識到需要去完成什麼，都可以很容易就感覺到彷彿你已然失去中心，立即被四面八方的力道拉扯著。好消息是，你的中心絕不會眞正丟失。即使你似乎找不到，但它總是在那裡。因爲它是你的核心！它是你內在的權威，也可以說，它是你的直覺本能，這地方明確地知道你是誰、爲什麼在這裡。

當你居於此間，浸淫在你的人生使命當中，這時，你也將力量交付給你的其餘部分。在身體層面，用核心作爲運動的起源，讓你的雙臂和雙腿得以發揮最大效用，也就是說，最有效地發揮它們的用途。何況你內在的處女座如果沒有效率，那就一文不值了！打個比方，當調整頻率、收聽你的核心時，你挖掘某一深邃的燃料，那燃料猶如在腹部燃燒的火焰。那是深度感應到你的身分、價值和力量可以超越心智的能力，是一個分析的層次兼自我的精確性，對處女這個黃道星座而言是不可或缺的。你有多擅長存取自己的核心呢？嘗試這個修改過的棒式，好好測試一下。

分解步驟：

1. 從雙手、雙膝貼地的桌面姿勢開始，手腕在雙肩下方，雙膝在臀部下方。頸部居中立位置，目光向下，稍微落在眼前的地板上。

2. 兩隻前臂放在地上，彼此平行。緊縮核心，兩隻前臂向下壓，下方腳趾踮起，然後伸展雙膝。你現在呈現的是肘撐棒式。撐住六十秒。

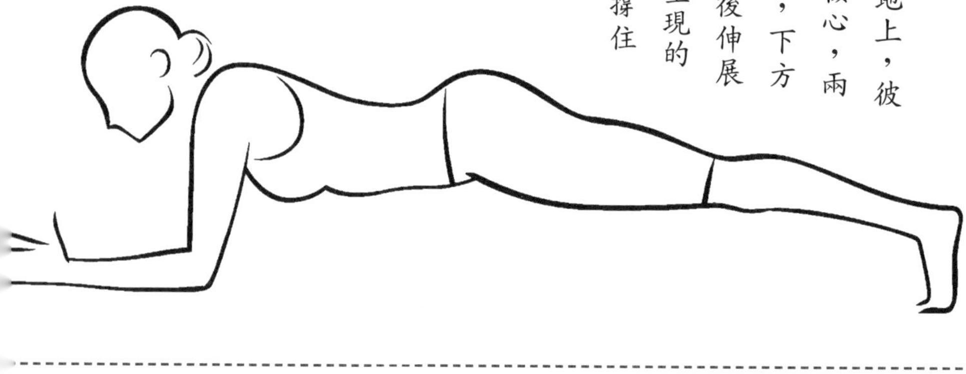

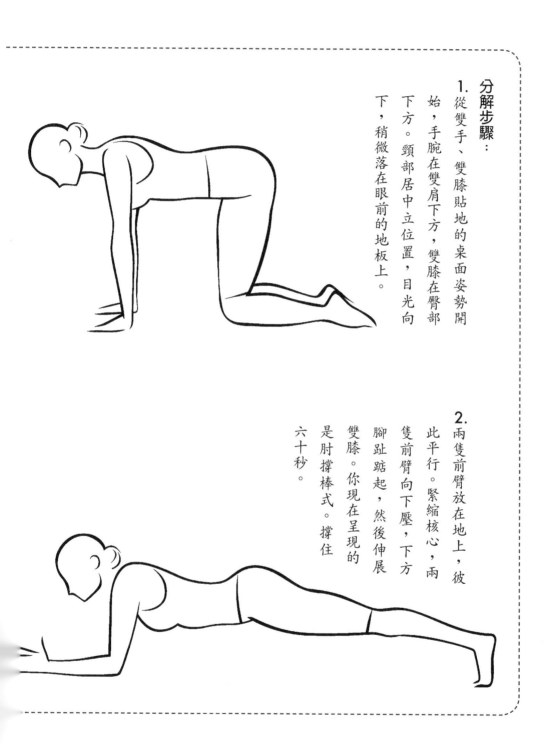

3. 如果你可以完成這個測試（撐住這個姿勢，雙肩或骨盆帶不下沉，或是雙膝不彎曲），你就有很好的核心肌力。假使不然，你的核心肌力便有待改進。

從一個人的萎靡站姿，經常可以觀察到此人缺乏人生目標。假使身體缺乏能量和堅定的信念，這樣的站姿就會出現。沒有明確的中心，沒有合她意的人生目標，沒有關注的焦點驅使她的活動，就連她的目光也是飄忽不定的。如果你親自嘗試萎靡的站姿，就會看見，如此度日，不容易啊！當這個模樣不經意地遍佈全身時，要利用身體的能量就很難了。然而，你只有一個身體。何況若要給予身體（以及你）最好的照護，運動不應該是偶然發生的，而應該要有所目的。無論何時，要覺察到你的骨架如何（以及爲什麼）在空間中定位，從這一步開始找到你的中心、你的核心。

處女座健康課題：存心至誠，服務事奉

服務是提供協助，以有用的方式行動，而且你可以決定做法，因爲沒有規格或限制限定你提供的服務是由什麼構成。只要你有能力構想和給予服務，服務就存在——從一個微笑，到一份三明治，到一席冗長的談話。它的魔法在於做法，那是區分服務的要素，或者姑且說它是一宗交易。那個做法是微笑或三明治被給予的方式，包括服務背後的意圖、正直、誠實和心（或無心）。在整個黃道週期中，服務的主題多次出現，而在處女階段，沒有這些成分，服務就不是服務。

這些成分不僅定義你所給予的內容，還定義你所給予的方式，使得服務者的本質和她所提供的服務形影

不離。舉在當地市場賣玉米的農民爲例，她栽培作物的專注和勤奮，同樣顯現於她在攤位上銷售作物的方式。她可能會給你一個免費試吃品，品嚐看看她的作物有多甘甜美味，並建議你如何處理剩下的玉米穗軸，或者只是看著你的眼睛微笑。她吸引的不是顧客的頭腦，而是顧客的心。這就是爲什麼如此的採買經驗，可能截然不同於在超市購買類似玉米的交易。

服務的概念，現在可以在更深的層次被理解。記得吧，服務在雙子座的監看下被引進（見第四章）。雙子座的服務（以創新的點子和信息的形式呈現），需要觸及更廣大的群眾。只打動雙子座的心智的信息是不夠的；信息還必須嘉惠他人。現在來到處女座，服務發現，其根源不在於服務者或被服務的對象，而在於服務本身。這就是爲什麼當地市場的交易，可能比超市的交易更令人充實滿意——小農市場的存在不只是基於賣方或買方，更是基於玉米的緣故。因爲玉米不只是玉米，而且是土地、大自然、食糧、社群和辛勤工作的代表。因此，農民的處女面向播種、栽培、收穫玉米，並以其他方式供應玉米，因爲她將自己視爲玉米的管道，以及玉米所代表的一切。她只是爲這項農產品提供一個成就其最高至善的方法，這讓她也得以成就「她的」最高至善。無論是食物、珠寶或療法，對服務的奉獻可能有許多形式，所有這些形式全被具體呈現在處女座的星群中。

古往今來，貞潔處女的原型一直被佈達——莎拉（Shala）是蘇美人的處女化身，伊西絲（Isis）成形於古埃及，狄蜜特（Demeter）出現在古希臘，羅馬則有維斯塔貞女（Vestal Virgin），然後是中世紀的聖母瑪利亞。晚近則有處女座的德蕾莎修女，她透過仁愛傳教會宣誓，要「爲窮人中的窮人提供全心全意的免費服務」。當然，綽號「貞潔處女」並不是字面上的意思；這些女性代表那些未婚的少女，端上大地的果實，獻給大地的人民。而且如同貞潔處女，她們的服務被認爲是謙虛的、未被褻瀆的、純淨的。

維斯塔貞女是負責維護古城聖火的女祭司。只要聖火燃燒，該城就會延續。巧的是，同樣叫作「維斯塔」(Vesta) 的有：羅馬的火之女神，以及晚近從地球上可以看見的最亮小行星。

根據古希臘哲學家柏拉圖的說法，這個世界是由本身純淨的形相（或屬性）所構成。舉「圓凸」的屬性爲例，它存在於棒球、彈珠、柳橙、輪子、地球的大致形狀等等之中。但是，儘管這些東西樣樣以圓凸性爲特徵，卻仍有其各自存在的本質。大小、形狀、重量、顏色，也是同一道理。即使所有的球和彈珠都被毀壞了，圓凸性的概念仍舊存在。它代表它自己的品質。當然，爲了創造柳橙或球之類更複雜的獨立存在物，圓凸性可與重量或顏色之類的其他元素混合，但單就圓凸性來說，圓凸性就是圓凸性。只是純粹的圓凸，絕不會變。那是永恆的。

當然，純粹的圓凸很難找到。你看不到它沿街滾動。它需要其他特徵（例如，維度）才能具體存在。但它一與其他特徵融合，其純淨度就被稀釋了。因此，純淨是一種狀態（免於任何具汙染性質的東西），也是一種追求，企圖成就任何事物在原初狀態的核心本質。好比抱持純淨的念頭，或是行動出自純愛之境。

追求純淨是一條途徑兼一種修練，而不是目的地。純淨的食物，就像純粹的圓凸一樣，現實中並不存在。那是理想，而我們原本就是要來享受追求純淨的旅程。然而，一旦我們的處女本質促使我們將貪求純淨作爲最終目標，那可就悲哀了！儘管處女心智很強健，但用它來完美地定義完美，卻是處女座的陷阱之一。

舉例來說，嚴格控制食物的攝取，並不意味著某種飲食法（或是接受該飲食法的身體）一定純淨。事實上，即使你將飲食法發揮到絕對的極致，只吃空氣，空氣中的汙染物也會使空氣的攝取變得不純淨。同樣地，耗費整個週末編輯和重新編輯同一份報告，並不會使每一個字詞或逗號應用得完美無缺。

♍

在整個亞洲，憤怒佛的雕像跟歡喜佛一樣多。這些佛像提醒我們，夠了就是夠了，藉此幫助我們消除不再服務我們的宗旨的念頭、情緒、習慣，以此淨化、成長、繼續前進。

純淨是運用我們的滋養、我們的工作、我們的心態、以及我們選擇的任何其他東西，所努力追求的一個理想。當努力是靠適當的處女能量完成時，努力可以是改進、完善、淨化自己的過程，不斷使你更接近眞正的你，那是內外呼應、稱心愉快、充實滿意的終極根源！假使你的處女能量能夠指向如此純淨的個人和諧，那麼，最高階的人生目標莫過於此。

處女座大力推廣從「存在」出發、進而「作爲」的概念，讓「你是誰」得以啓發你所做的事。基於這個理由，這個星群的貞潔處女通常被描繪成手握一捆小麥。這捆小麥不但象徵她是誰（大地的女神），而且象徵她所做的事（供應大地的豐盛）。由於這個象徵，處女座納入當代個人與專業分家的觀念、消解其間無形的屏障，並結合這兩者。

當此一結合發生時，你已經找到了你的人生目標。你的人生目標是你存在的理由，是你在這裡所要提供的獨特禮物。有些人稱之爲「召喚」。有些人天生知道自己的召喚是什麼，有些人發展召喚，有些人窮其一生追求召喚，有些人則沒有感覺到自己竟擁有尋找召喚的奢侈天賦。按照柏拉圖所說「形相」（form）難以捉摸的特性，許多時候，召喚是一項核心本質，在「不是什麼」之中更容易被理解。譬如說，大部分的速食店員工相當確定，暫時性的輪班工作並不是自己的眞實召喚。他們或許還不知道自己的召喚是什麼，但卻知道不是當速食店員工。話說回來，即使不是召喚，一切人、事、物都有其用意，即便是一份輪班工作。目前，或許這份工作爲家庭提供了租金或食物，或者它是一種方法，藉由照亮顧客的一天，微調這位勞工的服務能力。（記住：服務就是服務，沒有哪一種服務比另一種服務高尙。其中的魔法在於服務發生的方式。）它將如何演繹至未來？只有事後才會確切知道。或許那是通向其他契機的踏腳石，是教你領悟重要功課的老師，或者事實上，它就是終生事業。不論「它」是什麼，如果你能夠看見它的更大宗旨，你就能夠感覺良好，對你的人生道路放心且確信。

♍

處女座厄普頓．辛克萊（Upton Sinclair）的著作《魔鬼的叢林》（*The Jungle*），在一九〇六年激起了全美國對食品工業狀況的吶喊，造就了第一條聯邦純食品法規。一個世紀後的今天，此一追求借有機、當地、永續運動之名繼續，目的是在淨化我們的食物。

你所做的每一件事，你所進入的每一份關係，已經帶你來到現在的位置。你的人生目標以及你來回其間的軌跡，看起來不見得是一條特別的路，因爲它跟你一樣獨一無二。它不見得是由出生、境遇或成就它的挑戰所裁定的。即使是，可能也需要一生的時間去學習，因爲它不見得是敏銳的處女才智可以釐清的東西。的確，那可能源自於創傷，可能是你需要信任的某種柔軟的內在聲音或直覺，即使它超出理性思維或不符現狀。它看起來可能不像你認爲應該有的樣子，而這正是爲什麼找到它那麼地困難。而且它可能需要全面重建你的信念系統，才能放下自我強加的束縛，而就是那類束縛使你不斷地怯於表現，服務每一個宗旨卻不服務你的最高人生目標。然而，處女座在這裡是要鼓勵你服務自己的最高人生目標，不論那個目標是什麼。而且那其實就是她的目的。那是她眞正餵養大地的方式——透過餵養你的靈魂。

不健康的身體警訊（兩種極端）

很久很久以前，或許在你還是個孩子的時候，你想像過你的未來。或許，你想像自己是個母親、仙女、消防員，或是以上所有身分。不論那個願景是什麼，它很可能因爲感應到你是誰和你來此所要做的事而得到推動，並且那個感應很可能已經隨著時間而進化。因爲找到你的人生目標（更遑論活出這個目標），是一項正在進行中的工作。在這條路上，今天服務你的事物，明天不見得仍舊爲你服務。

當某事物或某人的宗旨停止服務你的宗旨時，就是該感謝對方的服務，然後繼續前進的時候了。以此方式，處女座永遠在移除生命中的雜質（包括內在和外界），使你的願景可以其最純淨的形式活靈活現。她總是在消化某個念頭或放下某種習慣，正如她的腹部一樣，消化吸收身體所需，釋放排出身體所不需要的。這是永久清理不再滿足需要的老舊形式。她可能不知道這一切會導向什麼，但她聽從直覺。

假使她忽略這份感應，就是冒險活出壯志未酬的人生。她將會用膚淺的知見，架構她是誰以及她允許出現在生命中的內容。然後，什麼都累積不起來，什麼都不夠好，什麼都滿足不了她要求嚴格的期望，因爲她將持續無法滿足她自己來自核心的那些渴求。當這事發生時，處女座內在的批評家會將她推入名副其實評斷自我和他人的漩渦之中。然後這個漩渦可能導致經常試圖增加控制（通常是控制健康習慣和日常作息），因爲她愈來愈努力嘗試成就她所渴求的結果。但如果她的宗旨一開始便設想錯誤，那麼她的嘗試也一定是錯誤的，於是痴迷將會取代奉獻。

強迫強制的處女能量，其身體表現可能包括：

★固守核心

★如軍人操練般的直挺站姿

★呼吸淺弱或屏住氣息（相較於腹部呼吸）

★其他：消化不良、飲食失調、不消化、食物過敏、便祕、疝氣、潰瘍、大腸激躁症、慮病症、強迫性行爲

如果這個處女座完全放棄控制，那她就捨棄了處女座的一個特點——紀律。缺少紀律，處女座的淨化嘗試將是無規律或反覆無常的，她一定會比她最眞實、最純淨的自我再暗上幾個色調。她的服務將會相應地受到影響，存在一個較不純淨、較不眞實的狀態中。因此，不論哪方面斷了（處女座的中心感或服務感），這個處女座的課題都指出，自我感和人生目標仍舊有些路要走，才能得到充分的發展。

姑息縱容的處女本質，其身體表現可能包括：

★核心虛弱

★C形或脊柱前凸體態

★其他：腹瀉或大腸激躁症、疝氣、暴飲暴食、營養不良、不消化、潰瘍、食物過敏

你的核心修養到什麼程度？無論是感覺強迫強制、姑息縱容，還是介於兩者之間的某處，關鍵都在於：好好聆聽你的身體，給予身體所需要的。要伸展緊繃的腹部或強化虛弱的腹部，運用下述提問和練習，喚醒你內在的處女座。

找回平衡的五項提問

下述提問和練習將充當你體現處女座的個人指南，不妨運用它們服務事奉，心存至誠。

★你以什麼方式服務你的朋友、家庭、社會、工作？

★你覺得你純粹是在服務嗎？如果不是，為了興起那樣的感覺，你生命中的什麼元素需要來來去去？

★你忙於哪些健康作息和儀式？它們的目的是什麼？事實上，它們是否發揮其效用？

★你找到你的召喚了嗎？無論找到了沒，什麼形容詞可以形容你的召喚（有創意的、企業型的、動手做的）？發揮想像力，不要自我掣肘。

★什麼情況下，你從自己的核心取得實力？什麼情況下，你需要這麼做？

處女座養生操

練習1 肘撐棒式進階：加強核心肌力

記得146頁的核心練習嗎？那不僅是核心肌力的考驗，也是很好的核心強化運動。那叫做「棒式」或「平板支撐」，因爲你的身體應該要化爲平板的形狀，像一塊木板或一塊扁平的長木頭。胸部不應該凹陷，骨盆也不應該提起或下陷。但是從頭部到腳後跟，你的形相應該呈一直線。說比做容易，因爲它需要核心肌力，要好好駕馭是有挑戰性的。

鑑於我們的生活型態——從床上起身、進入汽車座椅、坐在電腦桌前、懶懶地躺在沙發上，健身中心便成爲我們經常緊縮核心的地方。然而，核心的造就不只是爲了這些。你可以定期練習核心肌力測試，而且爲了使這個姿勢更具挑戰性，還可以新增下述動作。

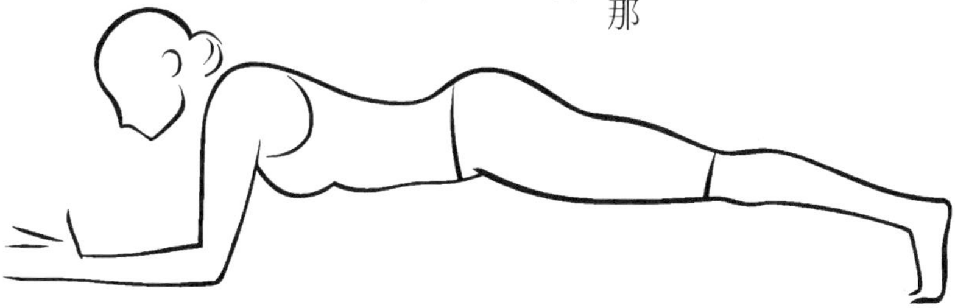

分解步驟：

1. 抬高右手臂，與地板平行，撐住十五秒。放下右手臂。

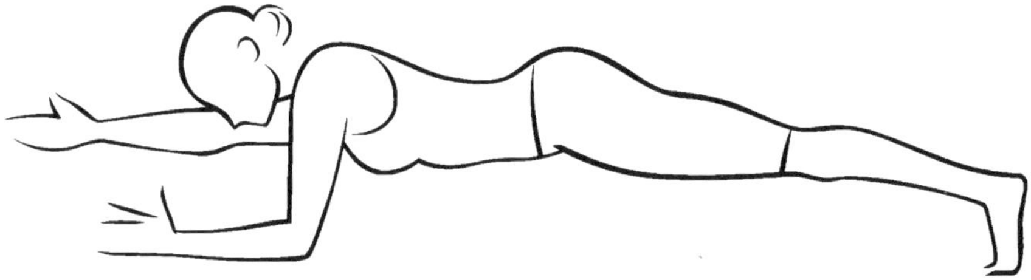

2. 抬高左手臂，與地板平行，撐住十五秒。放下左手臂。

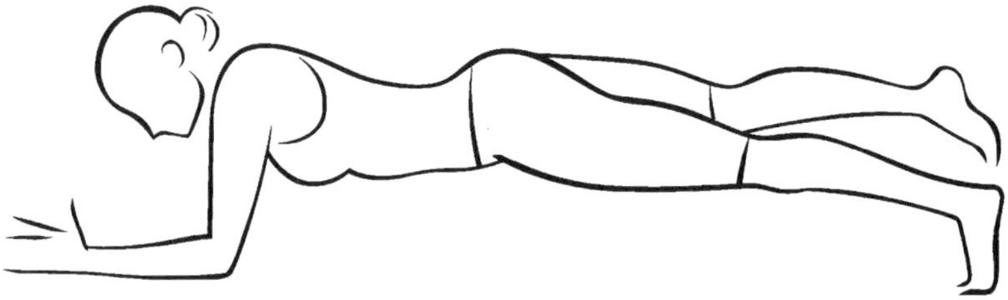

3. 抬高右腿，與地板平行，撐住十五秒。放下右腿。

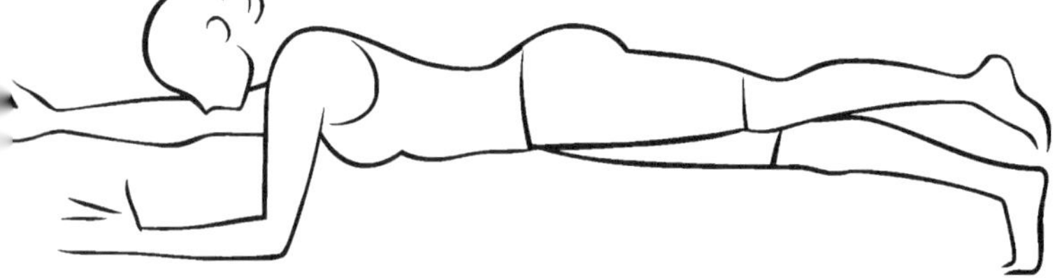

4. 抬高左腿，與地板平行，撐住十五秒。放下左腿。

5. 抬高左腿「和」右手臂，與地板平行，撐住十五秒。放下左腿和右手臂。

6. 抬高右腿「和」左手臂，與地板平行，撐住十五秒。放下右腿和左手臂。
7. 輕輕地將自己放到地上，放鬆一會兒才起身。

若要減低這個姿勢的強度，可將雙膝放在地板上，進入桌面姿勢，然後依照上述指示步驟抬起手臂和雙腿。

無論哪一種方法，均可利用這個練習找出你的核心、緊縮核心，同時允許自己的其餘部分移動，離開核心。遲早，這個對核心的慣性覺知，將會幫助你在所有活動中駕馭核心在穩定、質量中心和平衡方面的法則。換言之，將你的核心帶出健身房，在一天其餘的坐下、站立和散步時間，均懂得緊縮核心。

練習2 仰臥星形伸展：從核心向外輻射

每一顆星星都有一個核心，包括處女座星群最明亮的星星「角宿一」（Spica）。核心是一顆星星的能量源頭，在這裡，質子粒子用足以使彼此黏合的速度相互碰撞，然後透過核融合產生大量能量。這股能量不但燃燒核心，而且向外輻射到輻射區（這顆星星的下一層），供進一步使用。你的身體可以比作一顆五芒星；你的核心產生肌肉骨骼的燃料，爲「你的」輻射區（頭部和頸部、上肢和下肢）提供動力，讓它們得以憑自身實力增添能量，同時更進一步地傳遞那份能量（例如，幫助你的雙臂抬起重物）。利用如此的鍛鍊學習成爲你所是的星星，然後從你的核心向外輻射能量。

♍

「角宿一」看起來像一顆星星，但它至少是兩顆星星，每一顆都比我們的太陽更大、更熱。根據對角宿一光線的觀察，有些天文學家甚至認為，角宿一不是由兩顆星，而是由五顆星所構成。

分解步驟：

1. 仰躺在地板上，將身體變成一顆五芒星，雙臂沿著地板擴展，在頭部附近形成V字形，同時張開雙腿。
2. 以這個姿勢放鬆，感受身體的能量如何舒服地擴散。
3. 現在將你的雙臂、雙腿、頭部朝胸部合攏，讓自己成為一顆繃緊的人形球，以這個姿勢收縮每一條肌肉。
4. 有所目的地將你的頭部和四肢向外擴展，回復成地板上的星形。所有五個角（兩隻手、兩隻腳加上一顆頭）應該要在完全相同的時間觸及地板。不要讓五個角漫不經心地、強迫有力地、或是一個接一個地落到地上。要知道五個角正要去向何方，著重於將它們放到目標位置上，忘卻力量和目的。當所有部位都觸及地板時，你的星星姿勢應該是積極而投入的，一路通過你的手指和腳趾。要從頭部、頸部和雙肩釋放過度的張力。
5. 回復成一顆球，然後再次擴展。重複這個動作十遍，搭配呼吸。

你注意到了嗎？你精確地擺放頭部和四肢的能力，直接關聯到身體的核心參與度。愈是全神貫注在你的中心，以此作爲頭部和四肢氣力的來源，頭部和四肢的動作就益發威力強大且目標明確。

練習 3 山式：返回到中心

山上矗立著一棵橡樹和一根蘆葦。一天，在風暴之中，健壯的橡樹樹幹被折斷了，而柔順的蘆葦仍舊屹立著，只是彎曲了。它在陣風中搖擺，待風暴結束後，又回復原本的直立姿勢。要成爲那根蘆葦，秉持目的，堅強屹立，但柔順到足以經受生命中不可避免的風暴。山式將會幫助你連結到你的中心，如此，你才能夠將自己從中心拋出，目的只是爲了再次返回到中心。最終，除了你，沒有人可以使你遠離你的中心。

分解步驟：

1. 站立，雙腳分開，與臀部同寬，彼此自然平行。提起並張開腳趾，將腳趾均衡地放在地板上，形成堅實的基礎。將你的體重集中在雙腳之間。

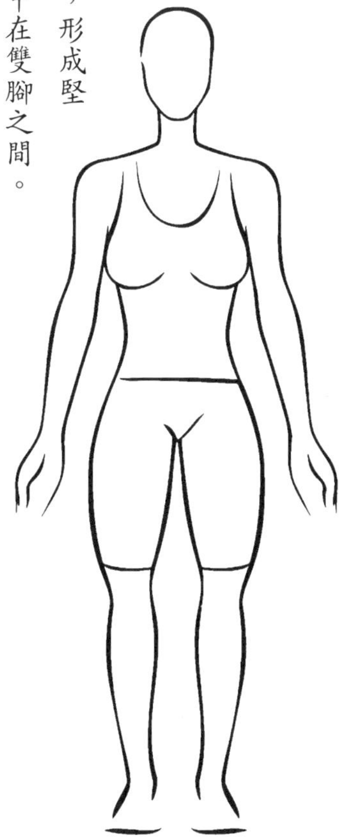

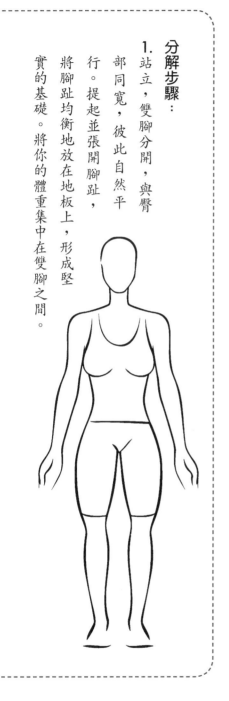

2. 緊縮身體內側的拱形區，感覺那樣的緊縮透過雙腿和大腿升起。非常輕微地將兩隻大腿轉向內側。

3. 提起肚臍的同時，將尾骨朝地板放低。

4. 緊縮核心，使其成爲氣力的中心。

5. 輕輕地敞開胸部和雙肩，感覺肩胛骨堅定而寬廣，貼靠著背部。前臂垂放在身體兩側，手掌緊撐、朝前，手指頭伸長，靈活有生氣。

6. 脖子疊放在軀幹上（不是在軀幹前方），頭部擱在中立位置，下巴與地板平行。釋放任何頸部和肩部的緊張，柔化你的目光，然後呼吸。

7. 當你在這個姿勢中感覺到強健而歸於中心時，就閉上眼睛。注意所發生的自然搖擺。

8. 現在增加向右側的搖擺，直到你幾乎跌倒，但不要眞的跌倒。盡可能地少移動、少用力，讓自己返回到歸於中心的位置。

9. 現在把身體的重量傾向左側，接著返回到中心。朝前、向後做同樣的事。試玩一下，看看在不跌倒的情況下，你可以傾斜到什麼程度。每次傾斜過後，都讓自己返回到中心。

10. 等你完成了重新發現中心，就返回到山式，撐住三十秒，然後退出。

離開瑜伽墊一樣做瑜伽：就像你嘗試在所有的瑜伽姿勢中重新創造山式的歸於中心感一樣，也要嘗試在生命的其餘面向（包括身、心、靈三方面）重新創造山式的歸於中心感。

練習4 火呼吸法：潔淨身體，淨化心靈

在瑜伽系統中，身體被認為是透過脈輪連結到微妙的能量體（心智體、情緒體）。在梵文中，這些「旋轉的輪子」連結你的種種本質。有七大脈輪沿著貫穿身體中線的通道垂直分佈，每一個脈輪對應於身體的特定部位。舉例而言，第三脈輪對應於腹部及其內容物，除了調節相關的身體部位，還被認為可以支配你的自我感——不只你的核心身分（核心本體），還包括你用來將這股內在感受投射到外在世界的力量、自信和活力。可以說，這是內在的火，而且不只是幫助消化的火！就是這火，激起你是誰以及你每天在這裡所要做的事。好好運用下述呼吸法重新恢復你內在的火，焚燒掉擋住它和阻礙你的任何雜質，例如，過時的念頭或情緒。

分解步驟：

1. 在地板上找到一個舒服的座位，需要的話，盤腿坐在軟墊、枕頭或瑜伽磚上（如果不能盤腿，就找一個舒適的姿勢在地板上坐正；如果這個坐姿對你而言仍有困難，就坐在椅子上）。雙手手掌放在膝蓋上。挺直脊椎，下巴微收，閉上眼睛。
2. 透過鼻子深吸一口氣，讓胸部和腹部因這口氣而完全膨脹。
3. 透過鼻子呼氣，將空氣完全推出去，就像從氣球放氣那樣。

4. 現在，開始比較有力的呼吸，吸氣和呼氣並重。慢慢開始，建立某種穩定的節奏。增加到某個快速但舒適的速度（感覺就像快速聞嗅）。保持胸部和胃部放鬆，讓它們隨著每一次呼吸而自行脈動。
5. 持續一分鐘。

在瑜伽傳統中，火呼吸法被認爲既能潔淨身體又能淨化心靈。建議你等飯後至少兩小時才進行這個呼吸法，讓你的消化系統盡可能清潔而純淨。如果做的時候感覺不舒服或頭暈眼花，請停止。你可以稍後重新開始，同時減低強度。

練習 5 正念飲食：修練目的明確的人生

每一件事都有一個目的，但如果你卡在自己的觀點中，便可能會錯失掉。食物就是絕佳的例子，那不只是完整的感官體驗，也是供給身體細胞的燃料。然而，如今誰知道食物究竟服務了什麼目的呢？或許它服務了你的心智，因爲你決定甲乙丙飲食法基於某些理由而具有智性的意義。或許，那個食物爲你的情緒提供慰藉。或許，它服務了你當天的需求，你吃著它，同時沿著人行道而行，或是吃著它，同時讀著電腦螢幕上的內容。明確地選擇你的食物，藉此練習保持明確目的。鑑於處女座與大地和腹部的連結，所以與食物密切連結是處女座與生俱來的權利，而鑑於心智的主宰「水星」是處女座的守護星，因此心智也是處女座的守護神。由此，正念飲食成爲了處女座的絕佳妙法，可以修練目的明確的人生。

分解步驟：

1. 選擇一段你獨處的時間。沒有其他人，不閱讀，沒有電子產品，沒有令你分神的事物。
2. 選擇一塊一口大小、可以好好享受的食物，例如，一塊杏桃乾、一小片巧克力、一顆堅果。
3. 將食物放進嘴裡之前，花一分鐘時間用其他方式體驗這個食物：用手指旋轉它，感覺它的質地，從各方各面觀看它，聞嗅一下。如果有包裝，移除包裝時會發出什麼聲音？
4. 把這好吃的東西放進嘴裡。在咀嚼之前，用舌頭纏繞它，讓它在嘴裡滾動，使它觸及你的上顎和臉頰內側。閉上眼睛，提升此一感官體驗。
5. 開始咀嚼，要充分而徹底地。在吞嚥之前，你可以咀嚼多久？

處女座的陷阱包括評斷、操控和自我批評，一切全都源自於那個強旺的心智。因此，成爲這個修練的一部分，將那些特性忘在家裡吧！這一次進食，它們沒有席位。請盡情享受，好好探索！

練習 6 獻上禮物：實現服務

古代的印度經文提到一個梵文字「prasad」（普拉薩德），意指「祭品」，是展現神恩的禮物。在最早期的著作中，這份禮物是一種存在的狀態，一種恩典的狀態，爲男神、女神、聖賢所擁有。後來這些祭品變得比較物質化，舉個例子，在一場典禮的獻祭中，爲了祈神賜福，食物被獻給某位神祇，然後又代表神，將食物分配給信徒作爲祝福。這份恩典（無論是以概念或物質的形式），就是處女座服務的方式。用你自己的祭品練習這種服務。

分解步驟：

1. 選擇你希望祝福或保佑的社群一角，可能是朋友、家人、同事或鄰居。
2. 選擇你想要給予的祝福，可能是寬恕、愛、喜悅、感激、豐盛。
3. 選擇你想要獻上什麼類型的禮物，可能是水果、花、甜點、錢幣、手工藝品。
4. 創造一個空間（例如，臥室或客廳的角落），使你可以在此以有意義的方式祝福那份禮物。傳統的「普拉薩德」涉及將物體置放在有蠟燭和宗教雕像的祭壇上。儘管如此，握住那份禮物並將你的正向意圖置於其上，爲自己創造一個神聖的空間，這樣就夠了。不管是什麼因素促使該禮物對你來說有意義且透過你而有意義，都無所謂。

5. 送出你的「普拉薩德」！帶著愛、喜悅、甚至是一個微笑，並且不期待任何回報。你的服務實現了。

小結

★腹部是與處女座相關聯的部位，腹部的內臟使食物得以爲你提供滋養的服務，就像核心肌群提供穩定的服務一樣。

★處女座是黃道週期的第六個星座，其能量涉及服務某個允許所有其他人、地、事物得以發揮效用的目的。

★如果你追求純淨的處女本質變得太過強迫強制，或是相反地，太過姑息縱容，你的腹部可能會體驗到不同的症狀，例如，核心虛弱、消化不良。

★透過聚焦於腹部的提問、練習和靜心，使你內在的處女座歸於中心，運用這些與你的人生召喚取得聯繫，同時記住，那是一趟持續的旅程，而不是有限的結果。

譯註：

❶ gut，因為腸道的反應是出於本能，不受大腦指揮，因此gut也有「直覺」之意。

❷ center of mass，指兩個或多個互繞物體的共同質量中心。

8

天平的背部

♎ 天秤座

★出生日期：九月二十三日～十月二十二日

★身體部位：下背部

★主　　題：活出平衡，支持他人的真實

天秤座發動了黃道週期的後半部。回想一下，前半部的牡羊到處女建構了自我。現在，你進入天秤座，帶著必要的基礎，深深地潛入他人，同時在這麼做的過程中不失去自己，因爲你的自我發展絕對尚未完成，只是朝著某個新方向繼續前進。這個新方向要求你，帶著你個人所有的希望、夢想和欲望，有意義地容納他人。當你質疑自己的終點在哪裡、他人的起點在何方之際，的確有一條微細的界線需要小心掌握。那需要平衡形形色色的眞理天平，而這個任務正是天秤座在這裡要謙恭地完成的。

天秤座司掌：下背部

背部是從骨盆邊緣延伸至脖子基部的身體部位。雖然同一條脊椎（脊柱）和大部分的肌肉遍佈在整個寬闊的背部，但背部通常被認爲是由兩個分區構成：上背部和下背部。上背部在第六章談到獅子座時討論過了，它是與胸椎相關聯的部位。下背部再往下行，與腰椎相關聯，也是與天秤座相關聯的部位。

大大的椎骨是腰椎區的特色，這樣的尺寸是必須的，如此才能支撐其上所有的重量（來自你的頭部、頸部、雙臂和背部），同時平衡軀幹的動作。爲了做到這點，你的背部有自己的支撐機制，例如，相鄰椎骨之間的椎間盤，用於緩衝減震，以及一套韌帶系統，幫助穩定。還有幫助骨骼、椎間盤和韌帶保持不移位的深層肌肉，例如，豎脊肌群和橫脊肌群。這些深層的穩定肌支撐背部的整體結構和功能。當你坐在凳子上（亦即沒有固定的靠背支撐）時，就是它們機動地使你的背部保持「挺直」。

此外，這些肌肉被認爲與下背部疼痛有關，那是美國人民到全國初級保健機構就診的常見原因。下背部疼痛可能肇因於許多根源，包括過度使用背部、錯誤使用背部、或是結合此兩者（好比經常用不當的姿勢提舉重物）。你的腰椎是穩定的，但它也是活動的，而且活動性愈高，愈容易造成損傷，尤其如果你沒有讓背部依其所需正確運作，就會更容易受損。

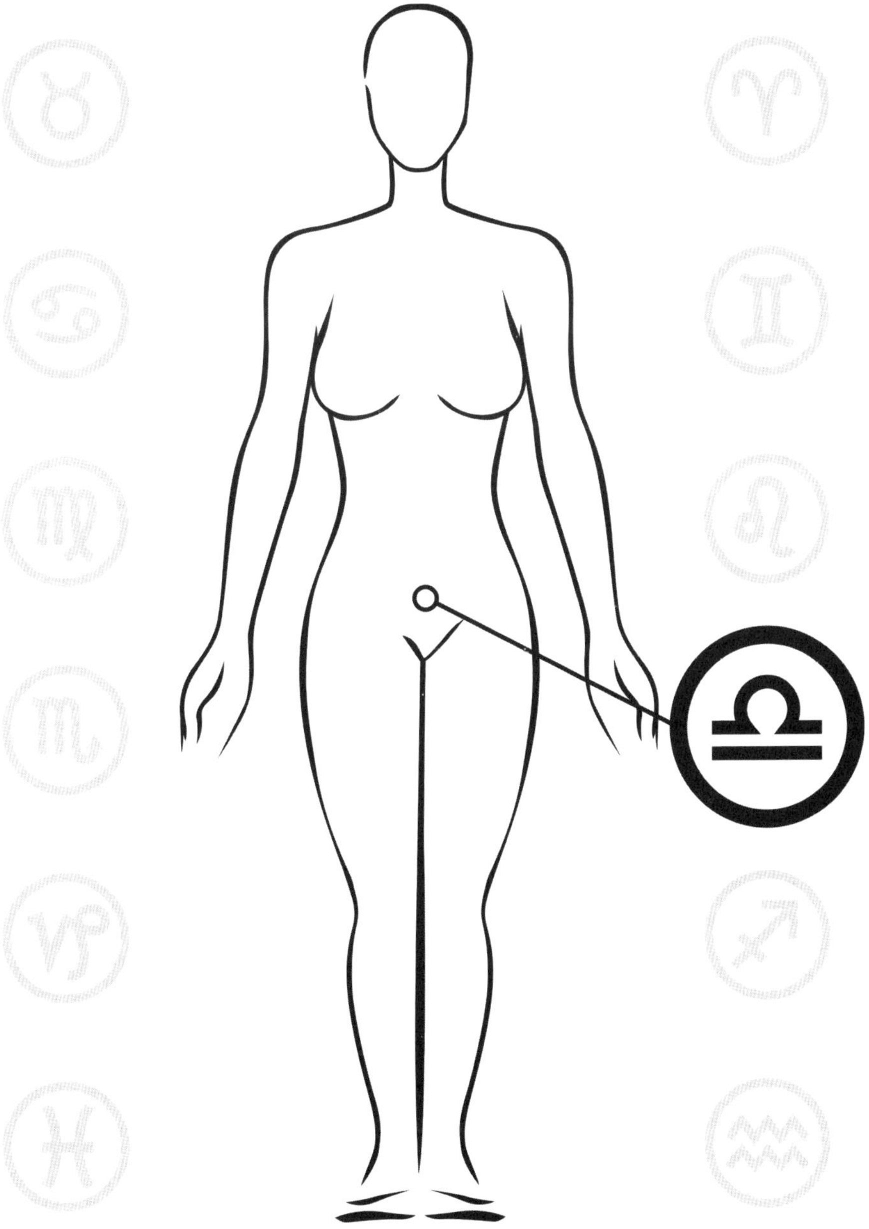

下背部的骨骼結構，參見附錄C。

♎

對眼睛來說，你的背部看起來筆直端正，但脊柱形狀其實像一個S，就是這個S創造出除了薦骨和頸部的椎骨以外，上背部和下背部的弧線。這些弧線幫助支撐軀幹，抵抗重力。

換言之，你的背部一直「支持你」，但你是否給予它用來支撐你所需要的支持呢？如果背部的肌肉和關節虛弱、不穩定，或是腹部的支撐不良，就無法平衡堆疊其上的一切。

「平衡」是天秤座遊戲的名稱！假使無法平衡自己的重量，你又該如何有效地爲他人做同樣的事情呢？知道如何平衡他人，首先要知道如何平衡自己。畢竟，當你內在的天秤忙著平衡人世間的重量時，你希望它來自一個穩定的地方。假使情況並非如此，那麼你可能會某天抬起一只箱子，然後，砰！傷到自己的背。即使看起來這事故像是突然發生的，但很可能已蘊釀了好長一段時間。腰椎周圍的結構正緩緩脫離腰椎的自然平衡，但肯定持續一段時間了。不論你抬起的是什麼，都是壓垮駱駝背的最後一根稻草。

無論如何，沒有必要等到受傷，才給予背部（或身體的任何部分）所需要的。每一個實體結構（從你的身體到你的蝸居）都需要骨幹支撐，你的背部也不例外。事實上，它是你的基礎。你的背部支撐你到什麼程度呢？若想知道答案，不妨嘗試一下眼鏡蛇式。

分解步驟：

1. 肚子平貼俯臥，雙手平放在地板上，就在雙肩正下方；手指撐住，手肘收攏於身體兩側。兩腿伸長，雙腳腳尖貼地下壓。

2. 吸氣，開始靠兩側手肘伸展，將胸部抬離地板。這個抬起應該要從下背部產生氣力，而不是靠雙臂施力。臀部和雙腿保持在地上，臀部縮收，但不緊夾。注意不要屏住氣息！
3. 靠雙臂伸展，只要伸展到可以讓骨盆前方和地板之間維持某一連結的高度，這可能意味兩側手肘依舊彎曲。設法確保頭部和頸部連成一氣，成爲脊椎其餘部分的延續，不過度伸展或屈曲。目光應該要斜斜地落在前方的地板上。
4. 壓低雙肩，肩胛骨牢牢地靠貼背部，然後舉起雙手，離開地板五公分。注意背部的高度是否因此而降低。
5. 不論你在哪一個空間，都撐住這個姿勢三十秒，同時呼吸。
6. 趁呼氣時，放鬆，回到地板上。

當雙手離開地板且臀部放鬆時，你背部的高度代表背部本身的氣力，尤其是背部伸肌的氣力。你應該要能夠舒適地維持某一高度三十秒。你的背部變得愈強健，能夠抬離地板的高度就愈高。當然，氣力需要因伸展而平衡，如此，你的背部才不會變得太過緊繃或僵硬。相反地，它應該要具有靈活的穩定性，在內、外兩方面均能給予和領受支援。或許，這來自另一個介於「拒絕他人」與「贊同自己」之間的天秤式平衡。

天秤座健康課題：活出平衡，支持他人的真實

想像一下靠單腳平衡。即使你可能認爲你是平衡的，但支撐站立的那一腳是眞正靜止的嗎？不，它的許

多肌肉，連同腳踝的肌肉，都忙著進行無數的微調。這些微調影響到關節，幫助你保持直立——如果腳太過內翻，就讓它向外；太過伸展，就讓它屈曲。總而言之，雖然你似乎是不動的，但你的平衡卻是一個動態動作，是一支足部與地板之間的舞蹈。

因此，建立你內在平衡的關鍵是基於這番認識：平衡不是時間或空間中某個有限或靜態的點，它存在於任何給定的範圍「之內」，而且透過你持續做出的選擇（亦即那些微調）顯化，呈現出適用於你的比例。而你可以祈請你的天秤情感，從而存取如此的平衡。

♎

這類微調也發生在內部，因為身體的維護需要許多物質（例如，碘），但只需要特定的劑量。你需要足夠的碘，才能維護你的甲狀腺功能；若太多可能產生毒性，太少則可能造成甲狀腺功能減退。

雖然天秤的星群（那些天平）是在天空中，但這個星座卻提供一則凡間的提示，提醒我們每一個人周遭都懸掛著一座座無形的天平。從工作要求與自我照護，到一份份蔬菜對照甜點，爲了平衡這些天平的兩端，需要你讓內在的天秤座參與——去覺察哪一邊需要更多的重量、更多的焦點、更多的時間、更多的關注。如此的永久校準，使你不斷覺得彷彿正在得到你所需要的，「同時」關照他人。當然，也許你可以多做一些些或少做一點點，但整體而言，你感覺到平衡、有所約束、得到支援，宛如正在得到你所需要的，同時公平地回應周遭的環境和人們。

每一個人內在的天秤座都得到召喚，要去平衡自己的天平。就連美國政府也有一套監察與制衡制度，以確保沒有哪一個政府部門對國家有過大的運作力。不足爲奇的是，正是天秤座的美國最高法院前首席大法官約翰．馬歇爾❶，幫助平衡美國的統御方程式，使司法部門得以與其他兩個部門平起平坐。當然，鐘擺有時會擺到其中一個部門，但不會待在那裡太久。鐘擺的本質是擺盪在某個幅度的兩端之間，在其間傳遞鐘擺的均衡，而這同樣適用於你。雖然對擺錘來說，平衡它的是重力，但你有內在的天秤座可引導你邁向適合你且波動變換的和諧。這是一種內在的能力，不僅幫助你找到並維持平衡，並且以呼應內在眞理的方式進行。

> 天秤座忙著自己美好的平衡動作，成為標示出秋分的黃道星座，這是一個白晝與黑夜長度大致相等的時節。

天秤座民權運動家聖雄甘地，在他倡導的印度獨立運動中祈請了眞理。事實上，他打造了「堅持眞理」（satyagraha）這個詞（satya意指眞理和愛，graha暗示堅定和力度），目的在闡述他的宗旨——堅定但非暴力地反抗英國帝國主義。誠如甘地所解釋的：「這個『眞理』不只是我們被期待要說出的眞理，它就是唯一的眞理，它是萬物所由生，憑藉自己的力量繼續存在，不靠任何其他東西支援，但卻支援存在的一切。唯有眞理永恆不朽，其他一切都是短暫的……這不是盲目的法則，它統御整個宇宙。」①

> 在追隨者出現暴力行為後，甘地意識到，他的「堅持真理」教誨需要更大的試煉，才能在言行上成為典範。他隨後中止了這個運動，儘管該運動最終被認為是成功的。

然而，在存取某個更大的眞理時，眞理必須被帶到個人層面，進而被活出來，成爲你的個人眞相；否則，眞理無法產生改變，然後可能變得棘手。因爲即使有一個支配一切的眞理，然而有多少眞理的追求者，眞理就有多少種被理解的方式；就連在你之內，眞理也有許多種被理解的方式。故事的每一面都呈現出它自己的眞相版本，而天秤看見了這一切。這個部分的你知道，不是單單某一面或另一面是有效的，而是一切均可以同時有效，並且在可能的最大範圍內，全都應該得到尊重。然而，這裡的挑戰在於，當你被他人的眞理包圍時，不要否定自己的眞理。當然，你內在的天秤剛好天生是大家的開心果，但最終，你的眞理描述了最全面的你，表達了最眞實的你。

因此，關鍵在於，要接觸並維護你自己眞實的天秤座，即使當它與他人產生衝突時。以此方式進入恩典。

♎

深思一下美國詩人約翰．戈弗瑞．薩克斯（John Godfrey Saxe）說過的印度傳說「盲人摸象」：有六個人觸摸著同一隻大象的不同部位，每一個人都對大象是什麼做出不同的詮釋，有牆、矛、蛇、樹、扇子、繩子。雖然「每一個人所言就部分來說都是正確的……但整體而言，卻是錯誤的」。

你八成聽過許多次「靠著神的恩典」這個說法，但它眞正的意思是什麼呢？《新約》中的「grace」（恩典）一字是從希臘文charis翻譯過來的，意指神慷慨給出的恩惠。例如，賜給罪人的救恩、賜予不思悔過者的祝福。

雖然在《新約》中，「恩典」是一個宗教術語，但它其實是一個普世的概念。每一個人都能夠給予祝福，每天給出且以林林總總的形式給出。例如，慈祥的旅店老闆，欣然地提供客人喜好的美食；有風度的輸家，誠摯地與敵對方握手；或是優雅的芭蕾舞女演員，爲觀眾的演出遮掩了她染血的雙腳。於是，恩典不只是行爲，更是與行爲一同被表現出來的品質。

行爲謙恭和取悅他人之間的差別在於，以前者（行爲謙恭）而言，你很清楚你的眞理，並且「選擇」不發聲，因爲你感知到的是更大的良善。眞理蘊含在眞理的知曉當中，而「小我」衝口說出的渴望並不會使眞理的眞實性增減絲毫。事實上，許多時候，沉默比言辭更能維護眞理。以後者（取悅他人）來說，你可能覺察不到你的眞理或「你可能是」的眞相；無論是哪一種情況，你都是在違背眞理，而這是基於某個別有用心的動機，例如，贏得喜愛、得到認可，不然就是利用它作爲方法以圖謀某個有意或無意的結局。結果終將不言自明，那不是恩典必然包含的舒適滿意，而是隱含的怨恨與整體的枯竭。

假使我們的天秤座是要來領路的，而我們也眞正心懷恩典優雅地活著，那麼我們的世界勢必見證到更加平安、和諧、穩定的時光。在某種程度上，那會類似於「黃金時代」（Golden Age），也就是希臘「人類世紀」（Ages of Man）的最高階。根據古希臘詩人赫西俄德（Hesiod）的說法，這是個和諧、繁榮的時代，此時的人種是眾神最有出息的子女。星辰少女阿斯特莉亞（Astraea）主管這個時代，直到時光流逝，人類墮落，變得自我中心、貪婪、暴力。如此的墮落繼續著，過了「黃金時代」，跌落成「白銀時代」，然後是「青銅時代」（現在則是「黑鐵時代」），阿斯特莉亞離開了。她無法忍受缺乏恩典，於是她的禮物在這個新世界完全丟失了。就這樣，她返回到天界，如今在天界握著天秤座的天平，從天界支援人類的努力。這則故事的結局悲傷嗎？你內在的天秤座會說：「也許悲傷，也許不悲傷。」因爲儘管我們丟失了這位女神在此人間的指引，但我們現在被派給了在自己內在存取同樣屬性的任務。而比起假他人之手獲得幸福安樂，如此的自我追尋和自立自強可能是一種更加豐富的方法。

♎

雖然阿斯特莉亞握著天秤座的天平，但這時的她卻站在處女座的星群中。就這方面的能力而言，阿斯特莉亞也被認為是處女座的天女之一，與埃及女神伊西絲、希臘女神狄蜜特、以及聖母瑪利亞齊名。此外，阿斯特莉亞也與正義女神狄刻（Dike）相關聯。

不健康的身體警訊（兩種極端）

天秤座在這裡，是要以謙恭的方式，由內而外平衡人世間的許多眞理。恩典自然而然地臨到這個星座的能量，那是從本質上珍視意氣相投與和諧融洽。於是，你的天秤打造出能夠維護和平的絕佳外交官，或是能夠爲每一枚硬幣的每一面辯解的律師。結果，欣然融入這個世界的需求，使天秤座對每一個人來說都是可愛的。

天秤座的根本焦點是夥伴關係和人際關係，針對「你」或「我們」，以相較於「我」。擁有這個能量的功課是，要設法確保你的天秤座在融入他人需求的過程中，不至於失去自己的完善。掩飾自己的眞理（或是不爲眞理挺身而出），許多時候可能比較容易維持和平。沒有人比天秤座更討厭皺亂的羽毛，但基於不惹是生非，他不經意地選擇顧全表象的言行。然後他在公司的職級將獲得晉升，並不是因爲他活出某個內在的眞理，而是因爲他迎合表象與期待。在這個過程中，他可能甚至會在陳述意見時說些（白色）謊言、從不說「不」、帶著虛飾的恩典微笑。所有這一切，都在努力促使他人開心。

♎

天秤座很容易融入人群。天秤座的星群也一樣：該星座的星星都不是第一等級，這使得天秤座相對微弱。天秤座的兩顆星星其實以前屬於天蠍座的星群，形成天蠍座的爪子。

但那持續不了多久。取悅他人是很累人的，尤其當你的天秤面向取悅除了你自己以外的每一個人。於是屢見不鮮的情況是，你的天秤座達到了感覺耗盡、疲乏、通常失衡的地步，甚至可能會出現身體問題，以幫助他重新平衡他的方程式，有效地強迫他致力於需要的休息和自我支持。換言之，天秤座需要重新發現自己的脊柱。下背部疼痛通常發生在背部肌肉太過虛弱或過於緊繃（緊繃與強健並不是同一回事）時，而且通常是在腹部支撐不良的情況下（見第七章）。

倘若深層背肌是緊繃的，天秤座可能會拚命地繼續緊握，以求支撐結構。或許他自我支持的慣性太過僵硬、侷限，或是這些慣性建立在被緊緊握成了教條的眞理之上。換言之，這些慣性「過於」支持，致使在他需要更大的範圍時，卻被侷限在某個地方。

不斷抗拒的天秤本質，其身體表現可能包括：

★緊繃、拉緊的下背部肌肉
★肌肉痙攣
★活動範圍受限
★平背體態

★突發性動作造成的劇痛
★其他：腎臟或腎上腺失衡（按照天秤座的平衡舉動，這些位於下背部深層的器官是成對出現的）

假使天平傾向另一邊，以致深層背肌無法支撐自身或周圍的結構，便會導致整個部位更容易受傷。就實質面而言，這就好像沒有人是你的靠山。又或許你有支援系統，但它們全是外部的（例如，朋友），而不是內在的（例如，自信）；如果它們即將消失，你可能會崩潰。無論是哪一種情況，你的背部都再也無法支持你的天秤能量目前引領的生活型態的重量。

屈服順從的天秤本質，其身體表現可能包括：

★疼痛、拉緊的背肌
★身體消耗（例如，抬舉）造成的疼痛或虛弱
★C形或脊柱前凸體態
★與關節退化相符的疼痛和症狀
★其他：腎臟或腎上腺失衡

你的背部可以支撐到什麼程度？無論是感覺不斷抗拒、屈服順從，或是介於兩者之間的某處，關鍵都在於：好好聆聽你的身體，給予身體所需要的。要伸展緊繃的下背部或強化虛弱的下背部，運用下述提問和練習，喚醒你內在的天秤座。

找回平衡的五項提問

下述提問和練習將充當你體現天秤座的個人指南，不妨運用它們，帶著恩典平衡你的眞理天平。

★你覺得你的生命平衡嗎？你生命中的哪些領域可能失去了平衡？你該如何重新平衡生命中的這些天平？

★你握有的什麼眞理，對你是誰和你所做的事而言十分重要？哪一項名列榜首？你如何將它融入你的日常生活中？

★你知道自己的終點和他人的起點嗎？

★你會說你在日常生活中展現了恩典的品質嗎？如何展現？何時展現？你希望在什麼情況下可以祈請更多的恩典？

★你的背部是否在你目前的生活型態和努力中支持你？需要發生什麼事，才能讓你和你的背部感覺得到更好的支持？

天秤座養生操

練習 1

半船式：有益平衡、氣力、支撐

你見過眼鏡蛇將頭仰起、離地好幾英寸的照片嗎？由於肌肉構造之故，眼鏡蛇可以舉起大約三分之一的身體，而讓其餘三分之二留在地上。半船式是同樣適用於你的平衡之舉，而且此一鍛鍊，你在本章前面練習眼鏡蛇式時已經操練過了（見182～183頁，你可以繼續練習眼鏡蛇式）。半船式利用你的背部伸肌和穩定肌來啓動並維持舉起的力道。運用半船式，你可以平衡背部與腹部的氣力，有利於更進一步的核心支撐。

分解步驟：

1. 坐直坐正，雙膝彎曲，雙腳平放在地板上。雙臂位於身體兩側，手掌貼在臀部兩側的地板上。
2. 緊縮核心（保持軀幹平直），接著抬起一腿，然後另一腿，讓兩腿的脛骨與地板平行。雙手手掌牢牢地按住地板，幫助你，直到可以靠坐骨平衡為止。
3. 一旦找到了平衡點，便抬起雙臂，與小腿齊平，讓雙臂彼此平行，同時與地板平行。雙手用力，手指併攏，手掌朝向腿部。設法確保肩胛骨與背部齊平，如此才不會背往前弓。頭部微傾向胸前，保持頸部細長。
4. 呼吸，保持這個姿勢三十秒，不要放下雙腿，接著盡力試試看能否撐到一分鐘。你的腹壁應該要用力，但不緊繃。
5. 鬆開時，雙腳放低，來到地板上，身體向上搖晃成坐姿，靠雙

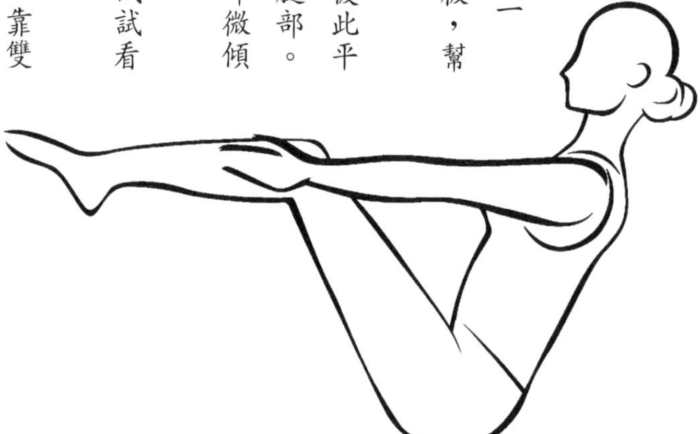

手輔助，然後緩緩放低身體，使背部朝下平躺，讓自己可以在地板上充分伸展。

假使練習半船式對核心的負擔太大，可將雙手置於身體兩側，貼地支撐。話說回來，如果想要多加鍛鍊，或是充分表達半船式，可伸直雙腿，同時保持軀幹中立。但要記住，脊椎的支撐最為重要，因此，絕不要為了牽就脊椎的完整而犧牲腿部的高度！

練習2 像球一樣滾動：邁向平衡

十七世紀之交，多才多藝的義大利天文學家、數學家、科學家兼哲學家伽利略，因觀察大教堂中搖擺的枝形吊燈而發現了鐘擺的關鍵特徵。每一具枝形吊燈都透過它的平衡點（被氣流所取代）來回移動。同樣地，人體也可以被看作是一根擺錘。舉個例子，當你的某一下肢（從臀部到足部）擺動向前並跨出一步時，作用就像是身體的擺錘。

當你從一端（坐骨）滾到另一端（肩膀），這個練習可讓你的整個身體得以複製擺錘的弧形。滾動時，要允許背部放鬆，才能優雅地在兩端之間移動。注意這個練習的大部分時間其實是花在兩端之間。

分解步驟：

1. 坐在某一有墊料緩衝的表面上（例如，墊子），坐在坐骨上。身體打直坐正。將雙膝靠向胸前，雙手扣住小腿。

2. 放下雙肩，擴大背部，深化腹部，讓脊椎形成一個C形弧線。頸部應該保持是脊柱的自然延伸。

3. 雙腳抬離地面，靠坐骨平衡。

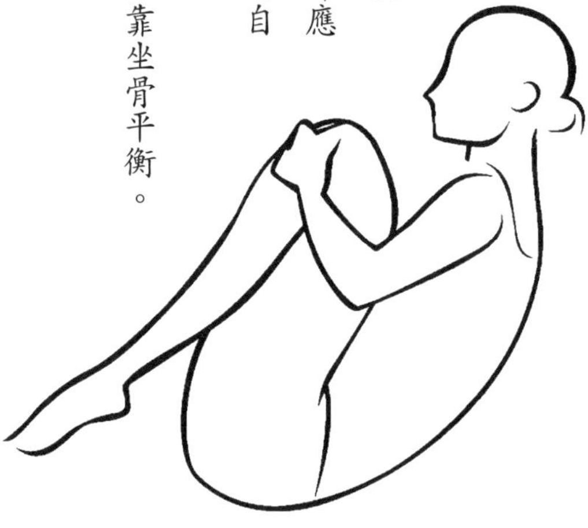

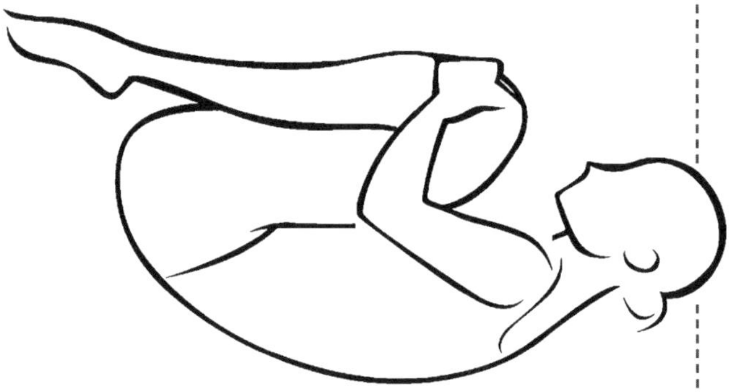

4. 呼氣，加深C形曲線，同時向後滾。只要滾到肩膀的高度，並小心不要滾到頸部。

5. 維持C形曲線，吸氣，滾向前，滾到坐骨上。

6. 重複五至十遍。

感覺彎曲還是失衡呢？繼續練習，聚焦在脊椎，以脊椎作中線。

練習3 站立脊椎扭轉式：看見許多真相

身體是一具精細校準的機器，運用來自四周環境的感官輸入（許多時候，你甚至沒有意識到輸入的資訊），做出如何保持平衡的決定。因此，舉個例子，你可能失足踏出只有約八公分高的路邊，然而感覺卻好似下墜的高度比八公分大上好一段，你砰地一聲重重落地。感官輸入不見了啊！你的頭部是此一輸入的主要指揮官，尤其是內耳，頸部則負責頭部的活動（分別參見第二章和第三章）。但下背部支撐上述兩者，而且靠著下背部的活動，使頭部和頸部可以借助左右旋轉以收進更寬廣的範圍。由於你可以繞著身體中軸做更大的旋轉，因此能夠更充分地欣賞這個世界。你可以更清楚地看見人世間不同的面向，以及每一個人都有不同的故事要講述、不同的真理要持有。何況你愈是覺察到這些，就愈能夠於內在整合它們，於外在容納它們。

分解步驟：

1. 站立，雙腳分開，與臀部同寬，雙膝微彎。允許雙臂鬆鬆地垂掛在身體兩側。
2. 將軀幹轉到右側，允許雙臂擺動，使左臂移動到身體前方，右臂移動到身體後方。轉到左側，右手擺到身體前方，左手擺到身體後方。讓此一扭轉從下背部產生。骨盆應該保持正對前方。

3. 繼續左右交替旋轉，允許身體自由擺動於左右側之間，彷彿你是一根慶祝五朔節的花柱。
4. 擺動，總共旋轉二十遍。

現在，在看不見的情況下覺察：閉上眼睛，繼續扭轉。信不信由你，閉上眼睛會將活動的範圍和旋轉的流暢性增至最大。你不再用目光支撐自己，而是改用中立的骨盆和穩穩扎根的雙腳來支撐背部的旋轉。

練習 4 真名靜心（Satnam Meditation）：覺察真理

套用最簡單的說法，古木基文❷的 sat 譯爲「眞理」，nam 譯爲「名字」。因此，說 satnam 是一種承認自己眞實本質（你的神性）的方法，就好像說：「我體認到我的眞實自我。」古代的瑜伽士認爲，眞名靜心是在我們的物質面顯化基本眞理的第一步。

分解步驟：

1. 在地板上找到一個舒服的座位，需要的話，盤腿坐在軟墊、枕頭或瑜伽磚上（如果不能盤腿，就找一個舒適的姿勢在地板上坐正；如果這個坐姿對你而言仍有困難，就坐在椅子上）。

2. satnam的最充分表達是一個四音節的單字，發音爲sa-ta-na-ma。sa涉及整體，ta涉及生活，na涉及死亡，ma與復活有關。② 在整個靜心期間發出每一個音節的過程中，要用拇指觸碰每一個指尖（雙手同時進行）。發sa音時，用拇指觸碰食指；發ta音時，用拇指觸碰中指；發na音時，用拇指觸碰無名指；發ma音時，用拇指觸碰小指。然後再從sa開始。
3. 大聲念誦這個梵咒（重複的聲音），持續一分鐘。
4. 小聲念誦一分鐘。
5. 於內在重複念誦五分鐘。
6. 小聲念誦一分鐘。
7. 大聲念誦一分鐘。
8. 靜靜地坐著，好一會兒才起身。

♎

儘管satnam在昆達里尼瑜伽中人氣特旺，但它的分身namaste（合十致敬），更常以其他形式被聽到。合十通常用作一堂課末尾的結束語，傳達尊重與榮耀的感受，如同：「我內在的神性之光向你內在的神性之光鞠躬。」

時間總共是九分鐘，但請持續以此方式進行至整整十五分鐘，亦即：五分鐘大聲念誦和小聲念誦，加上十分鐘內在重複。別忘記使用拇指手印（手勢）搭配你所念誦的梵咒。

練習 5

鼻孔交替呼吸：平衡自己與他人

你有沒有聽人說過，當你生氣時，「只要深吸一口氣，然後數到十」？或者你是否有個朋友，總是在你明顯有壓力時提醒你呼氣？無論大家是否領悟到，這些都是金玉良言，因爲緩慢的深呼吸可喚起神經系統的副交感神經分支，這個「休息和消化」回應使你得以平靜並歸於中心。

此外，這個呼吸法可平衡你的能量體的兩面，從而使你在形上層面歸於中心。左（或「陰」）面是你代表直覺、接收和關聯的部分；右面是動態的「陽」，是使你成爲演員、創作者、實幹家的那把火。這兩個部分都活在你之內。但很可能情況是，假使生活在西方社會，你已經大大培養了你的「陽」面。要與「陽」一起培育「陰」，從而將你整個人帶回到平衡之中。這將幫助你維持必要的能量與優雅，可以爲他人和自己繼續努力。

分解步驟：

1. 在地板上找到舒適的盤腿座位。關掉手機，同時設定五分鐘鬧鈴。

2. 左手放在大腿上，手掌向上，右手形成毗濕奴手印：食指和中指朝向掌心彎曲，拇指、無名指和小指保持伸展。

3. 閉上眼睛，透過鼻子做兩、三下深呼吸。

4. 呼氣後，用右手拇指輕輕按住右側鼻孔。注意均勻地調整呼吸，透過左側鼻孔吸氣，緩緩數到四。

5. 然後用右手無名指按住左側鼻孔，打開右側鼻孔，緩緩呼氣，數到四。
6. 透過右側鼻孔吸氣，數到四。
7. 用右手拇指按住右側鼻孔，同時打開左側鼻孔，緩緩呼氣，數到四。
8. 再次開始此一循環，重複五分鐘。
9. 完成後，鬆開手印，回復至正常呼吸好一會兒，然後起身。

這個技巧可在任何現有的時間內完成，就連僅止一分鐘全神貫注的呼吸，也有助於平衡你的左右兩側。因此，不管你想要的是一次協調身心的晨間練習，或是在工作時感到壓力重重，或是置身某次家庭聚會當中，你需要的只是一分鐘的個人時間，即可幫助你在生活中重建平衡。

練習 6 保持覺知：在練習中培養優雅

優雅（即「恩典」）是一種品質，一種核心本質，它遍佈在你的全身和身體的動作姿態、你的知見和言辭、你的感覺和行爲之中。優雅的典型特徵是流動的、流暢的、精緻的，那是一份內在之美，平靜地注入周遭事物。

任何事情都可以懷著恩典，優雅地完成，因爲對任何人、事、物來說，心懷恩典的優雅就是「方法」。

所以，你該如何優雅地走路、優雅地說話、或是成爲一個優雅的人呢？帶著覺知——覺知到是什麼品質（而且有許多品質可以選擇）注入你的日常模式中，「以及」這些模式如何有意和無意地影響他人。因爲優雅是一種覺知的練習，所以熟能生巧。挑選你已經做過的上述練習之一，帶著心懷恩典的優雅，再操練一遍。必須重複幾遍就重複幾遍，力求感覺優雅，同時維持動作的完整性。

小結

★下背部是與天秤座相關聯的部位。下背部有最大的脊椎骨支持你，因此，你也可以支持他人。

★天秤座是黃道週期的第七個星座，其能量涉及平衡。無論是你的眞理、他的眞理、或是社會的眞理，天秤座優雅地尊重所有一切的眞實性。

★如果你取悅他人的天秤本質，使得天平傾向於太過侷限或太過順從，你的下背部可能會體驗到不同的症狀，例如，肌肉痠痛、疼痛或拉傷。

★透過聚焦於下背部的提問、練習和活動，平衡你內在的天秤座，運用這些調整頻率，收聽（同時重新平衡）你身心靈的需求，正如你爲他人所做的那樣。

原註：

①尤蓋希・查達（Yogesh Chadha），《甘地傳》（*Gandhi: A Life*，New York: John Wiley & Sons, 1997），113頁。

②喬治・福爾斯坦（Georg Feuerstein），《瑜伽傳統：瑜伽的歷史、文學、哲學與實踐》（*The Yoga Tradition: Its History, Literature, Philosophy and Practice*，Prescott, AZ: Hohm Press, 1998），448頁。

譯註：

❶ John Marshall，美國政治家、法律家，曾任美國衆議院議員、美國國務卿和美國首席大法官。在首席大法官任期內，馬歇爾曾做出著名的馬伯里訴麥迪遜案（Marbury v. Madison）的判決，奠定了美國法院對國會法律的司法審查權的基礎。

❷ Gurmukhi，書寫旁遮普語的最常用文字，錫克教文獻中經常用到古木基文符號。

9

蠍子的薦骨

♏ 天蠍座

★**出生日期**：十月二十三日～十一月二十一日

★**身體部位**：薦骨中心、生殖系統

★**主　　題**：轉化情緒，達成蛻變重生天蠍座在黃道帶占據一個特殊的位置，它定出其前後星座的速度變化。換言之，現在是時候，該要超越你的日常狀態而與更大的生命結構連結。然而，爲了讓此事發生，你需要隱喻性地死亡，才能重生。要進入天蠍座，這個星座直接來自冥府，爲的是將你累世攜帶的潛意識模式連根拔起。那是一場業力的燃燒，一次又一次，蛻去一層層的皮。這種永恆的情感宣洩淨化是天蠍座的核心本質，她準備要孤注一擲，爲了再生而冒著失去一切的風險。每一次死亡都帶來這樣的轉化，讓天蠍座的鳳凰墜毀，然後燃燒，只爲了從灰燼中崛起，再次翱翔。

天蠍座司掌：薦骨、生殖系統

薦骨是脊椎末端五塊融合骨的集合。這塊三角形的骨頭位於你的下背部（腰椎）下方、尾椎骨（尾骨）之上。薦骨的拉丁詞根是os sacrum，意思是「神聖的」，之所以這麼稱呼是基於某個古代的信念，相信靈魂住在那裡（也許甚至涉及寶寶的靈魂在子宮得到孕育的地點）。

薦骨與你的骨盆一起形成一個更大的區域，即一個大大的骨盆底。骨盆的兩個半邊形成這個骨盆底的前方加側邊，而由薦骨在後方結合這兩個半邊。它們聚合在薦髂關節（sacroiliac joint，名稱源自於連結薦骨與擔任側翼盆骨的每一塊髂骨），這些關節的活動度足以讓你在走路時移動到骨盆，但活動範圍不如背部其他部分的滑液關節。事實上，這些關節的活動雖然重要，但範圍極小，因爲它們需要賦予穩定性。畢竟，這兩個小關節是身體中整個軀幹唯一與下肢連結的地方。

此外，穩定性是必要的，因爲你的薦骨區或薦骨中心包圍著傳統上名爲子宮的區域。所以，薦骨區除了就形上意義而言是誕生的發源地，在實質的身體層面，它也同樣是分娩發生的地方。薦骨區的內容包括：子

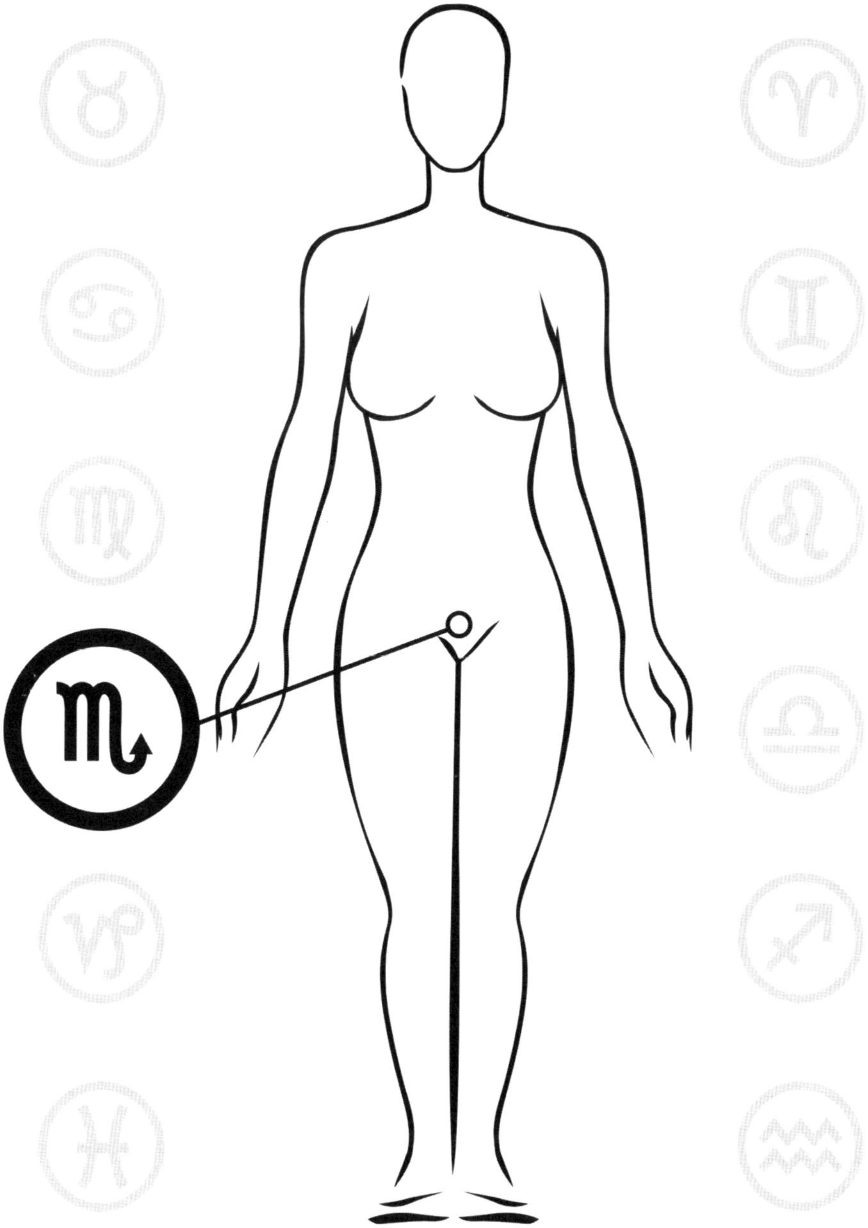

薦骨的骨骼結構，參見附錄C。

宮和卵巢等女性性器官、生孩子必備的一切、前列腺之類的男性生殖解剖構造。此外，骨盆本身的特色是幫助胎兒成長和分娩，也因此，女人的骨盆比男人的骨盆擁有更大的角度以及更大的入口和出口。基於這些與眾不同的特色，骨盆成爲身體中少數可以用來區分骸骨性別的骨頭之一。

骨盆底除了生殖內容物之外，還有膀胱之類的泌尿器官。總的來說，這些器官使該部位成爲高度流暢的區域，所以天蠍座是水象星座，這點便不足爲奇了。事實上，就占星學而言，這個部位的流暢性不過是某個星座的身體表現，而這個星座非常著重情緒的抑制。此區的水和液體在總體與分子兩個層次上流動。這類流動就像情緒的流動，使你邁向你喜歡的（例如，最愛的餐廳），遠離你不喜歡的（例如，老鼠）。所以，液體、流動、情緒、意向是相關聯的，而充滿液體的薦骨中心因此被認爲是身體活動和感受的基地。

有趣的是，「情緒」的活動相關屬性被嵌在「emotion」（情緒）這個英文字裡。emotion一字源自拉丁文emovere，e的意思是「脫離，徹底地」，movere與活動有關。換言之，情緒使你遷出，四處飄泊。

天蠍座是非常熱情的生物，她本能地知道自己喜歡什麼、不喜歡什麼，且在兩者之間畫上一條堅實的分界線。她容易達到高亢的高峰，也容易落入低凹的低谷，因爲水能達到沸點，就像水能轉變成冰一樣容易，也因此聚焦在該部位的平衡與穩定極其重要。理想情況下，你希望骨盆的兩側齊平，直指前方，不傾斜、旋轉、或是一側高於另一側。換言之，你想要讓骨盆保持在中立位置，這將有助於身體的上下堆疊，也可以預防薦髂關節因錯位而不適和疼痛。發展並維持中立位置的骨盆可以是耗費一生的工作，因爲它可能是一個難以存取的部位。

第一步是判定骨盆的中立位置在哪裡。不妨利用下述練習進行自我評估。

分解步驟：

1. 背向下仰躺，雙膝彎曲，雙腳平放在地板上，分開，大約與臀部同寬。雙臂伸長，置於身體兩側，手掌朝下。
2. 一手放在下背部的彎曲部分和地板之間。擴展或屈曲背部（整個練習中只需要微小的動作），使空間足以容納你的手的寬度。這個姿勢應該接近骨盆的中立位置。
3. 做一次骨盆前傾：將骨盆向前傾（朝向膝蓋），使下背部拱起，背部、手和地板之間會出現多餘的空間。這個姿勢常見於具有脊柱前凸姿勢的人身上（見第八章）。
4. 做一次骨盆後傾：腹部肌肉用力，將骨盆向後帶，穿過中立位置，傾向另一個方向（朝頭部）。你的骨盆應該要收攏，讓下背部平貼在地板上，手被壓縮在兩者之間，坐骨應該要保持貼地。對背部來說，骨盆後傾是一個穩定的姿勢。
5. 再次將骨盆微向前傾斜，返回到你的中立位置。感受這個位置在地板上的感覺（這將比站立時容易些）。感覺自由地前傾後傾，需要做幾遍就做幾遍，以此建立你對中立位置骨盆的感受。
6. 小心地站起來，站成你認定的輕鬆或正常站姿。你能感受到你的骨盆的方向（中立或傾斜）嗎？如果骨盆是傾斜的，就做做必要的前傾或後傾調整，將骨盆移至中立位置。

♏

「心宿二」（Antares）是位於天蠍星群中心的星辰，其名字的意思是「像阿瑞斯（Ares）」或「媲美阿瑞斯」（「阿瑞斯」意指希臘戰神）。根據神話，奧利安（Orion，即「獵戶座」）想要殺死地球上的所有動物，於是大地女神蓋婭（Gaia）派出蠍子去螫刺奧利安。後來蠍子和奧利安都被置放在天空中，遙遙相對，如此，具戰略地位的蠍子便能繼續監控奧利安這位戰士。

中立位置的骨盆，形成你的肌肉骨骼世界的基礎，它是上方的軀幹和下方的下肢之間的接合處，所以，骨盆的校正要麼為你身體的其餘狀態建立適當的基礎，要麼造成浩劫。因此，骨盆的中立性和穩定度相當重要。鑑於天蠍座可能會經驗到的極端（包括高度和深度），他們可以不斷檢查自己的薦骨中心，藉此好好照顧自己。

天蠍座健康課題：轉化情緒，達成蛻變重生

死亡對不同的人意味著不同的事。對古代的埃及人來說，死亡標示著世間生命的終止，以及在經歷過陰間的一趟危險之旅後，某個在蒼翠樂園中的來世。對中美洲的阿茲特克人而言，死亡是一場永恆的睡眠。在阿茲特克人盤據的地區，至今仍舊慶祝著一年一度的「亡靈節」，以此紀念先人。對生活在西方社會的許多人來說，誠如我們所知，死亡是生命的一次結束，是分解成塵埃，是一場對抗的終結，或是一扇通往天堂的大門。在天蠍座的背景下，死亡可以被應用在必須放下的任何情境中，這時，你得到召喚去釋放不再屬於你的部分，例如，一份預期、個人的行囊、或是一則陳舊的故事。

♏

巧的是，世間許多死亡的慶祝活動都落在天蠍座的月分，包括：墨西哥的「亡靈節」、塞爾特人的「薩溫節」、天主教的「諸聖節」、美國的「萬聖節」。

你可能還記得，處女座同樣可以淨化自己的某些部分。這類淨化是由欲望所驅動，渴望成為透明的器皿，以方便她服務事奉，因此有一個永久的修剪過程。相較之下，天蠍能量在這裡的淨化是為了情感宣洩、死亡、重生。故此，她放下了導致其模式的所有潛在原因，包括支配其日常念頭與行為的情緒、本能和驅力。換言之，天蠍的死亡與毀滅是過時的「本我」（id）面向。你的「本我」是一股靈力，與你對生存、安全、力量、性愛的感受有關；它是潛藏在你的念頭與行為底下的原始動力，渴求立即的滿足。當你的本我得到你的意識、小我和超我（superego）的其他面向居中斡旋時，就允許你以平衡的方式滿足吃、喝、睡之類的強烈基本需求。

我們每一個人都有一個天蠍座，她必須面對失衡的本我面向（例如，在後面拉扯的恐懼），從而放下。她甚至不需要知道那些特定的面向，不需要替它們貼標籤，或是徹底理解它們喚起了哪些複雜的自我、學校、家庭、社會、媒體和業力互動。她只需要知道，是時候不該再服務於她的最高宗旨了，那部分該要死去了。

於是，死亡本身變成一個十分重要的過程。它提出了終極方法，讓你連結並管理未能充分發揮的眞實本質。而且為了顧及終生學習，死亡必須一再發生。就像冥后波西鳳（Persephone）一樣，這位希臘神話中的美女，每年為了重生而死亡，四季也因此得以循環：春天發生在她與母親狄蜜特同在地球表面的時候；但每當她死亡並返回冥界與丈夫黑帝斯（羅馬神話中的冥王普魯托，亦即冥王星，恰好也是天蠍座的守護星）團聚時，冬天於是來臨。當你的天蠍座隱喻性地死亡時，她仍在地球表面，但已成為一個她自己的全新化身。她的死亡經常受到某種劇變的催化，例如，瀕死經驗、破產、或失去親人，她被從中用力推擠，從老舊蛻變成全新。雖然這些激烈的情節可能不會被故意執行，但你的天蠍本質「為了求死」，可能會下意識地吸引充滿混亂和危機的情境，因為這些正是天蠍座的一部分結構。這些充滿挑戰的情境是宇宙教導你釋放老舊執著的方式，也因此這些情境將會一再出現，以此幫助你接受死亡，從中學習，最終教導他人死亡的智慧。

死亡在我們的社會中存有汙名，但也只是跟我們打造的死亡一樣糟。除此之外，死亡就是死亡，既不好也不壞。應該說，死亡是一個要被尊重並從中學習的過程，這個過程對人生十分重要，重要到沒有一個人的人生不是重複發生過許多次形而上的死亡過程。就像蠍子一樣，大約死過六次（蛻掉外骨骼），才能夠完全成形。那是一種實質上兼比喻性的舊皮脫落，可以加速改變。不過，對黃道帶的天蠍座來說，死後發生的事，其重要性不如死亡本身這個神聖而深奧的過程。死亡在最深邃、最嚇人、最原始的層次與你連結，無論你需不需要，它都提供機會，使你看見、接納、根據自己的某些部分採取行動。天蠍座帶來的其實是一份大禮，那是一門內在的煉金術，讓你將昔日的鉛塊轉變成黃金。

煉金術是一門古老而神祕的「原科學」❶，它是現代化學和醫學的前身，其核心原則是依據魔法石（亦稱「賢者之石」）衍生。魔法石是一種難以捉摸的物質，據信能將鉛塊轉變成黃金。雖然魔法石被認為是一種鹽，但一般相信，它是追求不朽、開悟、人間天堂至福的關鍵要素。因此，它象徵我們自己的轉化——不只是從一個元素蛻變成另一個元素，更是從凡人蛻變成神性。

♏

在柏拉圖不經意寫下的占星文獻《蒂邁歐篇》（*Timaeus*）之中，他描述了一種「原初物質」（prima materia，第一元素），所有物質都是由原初物質打造的。此外，古代煉金術士也用「原初物質」這個名稱代表魔法石的起始成分。

我們的社會喜愛好的轉化故事。孩子們讀著青蛙如何變成王子的童話，青少年看著克拉克．肯特（Clark Kent）如何變身成超人的電影，成人們拾起有前後對比照片的雜誌。如此癖好掩蓋了對深層潛能的迷戀，使人無法體認到可能的狀態與目前的狀態截然相反。轉化則允許你穿越內在與外在的執著（那些執著害你不斷被監禁、受到奴役），使你長成全新版本的你以及你的生活方式，或是誠如天蠍座的西班牙藝術家畢卡索所言：「不同的動機難免需要不同的表達方式。」①

說來容易做來難，因爲轉化並非易事。事實上，它既難受又陌生。頭腦心智根本不喜歡，因爲即使你不喜歡你的現狀，但可能還是喜歡現狀勝過一片未知。任何時候，頭腦心智都寧可緊緊抓住當前的自我概念，而不願讓你擴展自我概念或與人交換。

因此，成功地改變必然包含彈性，這是一種信心，相信你可以反彈回來，可以從你可能面臨的任何逆境中復原。如此品質是你內在的天蠍座肯定擁有的，只要你願意放下，同時容許轉化發生，儘管不確知它將帶你去向何方。因此，任何好的轉化就如同它的前身死亡一樣，在這個過程中，它強烈需要尊重和信任。

假使你的天蠍面向緊緊抓住你目前是誰以及你已然得到的事物，那麼她將會暗中破壞那些深奧、神祕、與生俱來的混沌，然後她將會被卡住。再造將被抗拒所取代，內在的混沌將不會被導引成內在的轉化，而是變成外在的操控。當這事發生時，他人的操縱就會出現。對天蠍來說，這是一種較不進化的方式，難以滿足她所認定的最終目標（尤其是在財富和性愛相關領域）。因此，至關重要的是，擁抱自己的天蠍面向，同時幫助她擁抱內在的混沌，擁抱她轉化蛻變的動力。她必須願意成為鳳凰，雖然未必知道燃燒後會升高到哪一個高度，只知道她將會起身翱翔，一次又一次。

翱翔是要超越一切，是要從最大的背景和意義觀看某個情境，超越以其他方式存在的思想、情緒、瑣事和磨難。提醒你一下，天蠍座沉著而鎮定的舉止往往只是靜止的水，底下其實急流肆虐。但為了處在最進化的狀態，翱翔提供一則辛酸痛苦的提示，讓她的原始本質（她的本我）繼續受到控制。要忙於酷炫的掌控，掩飾內在的動力，如此，她可以看見自己想要的，並以計算過的精確性來獲得。就像老鷹一樣，從高空中，將會快速而精確地自動追蹤某隻田鼠，以滿足牠本能的飢餓，然後再次升空。

鷹代表天蠍座的最高階段。天蠍座其實可以用三種不同的動物來表示：蠍子、鳳凰、鷹。蠍子與死亡驅力有關，鳳凰與轉化蛻變相關，鷹則代表翱翔高飛。這是一個死亡與再生的循環，使天蠍座能夠成為、完成並得到自己想要的。這是為了維持紀律，她所需要覺察到的一股巨大力量，以免她發現自己被那股力量所操控。

♏

談到無節制的本我，海德先生（Mr. Hyde）是絕佳實例，他代表美好的傑基爾博士（Dr. Jekyll）比較黑暗、好色的性格。《化身博士》（*The Strange Case of Dr. Jekyll and Mr. Hyde*）是一則描寫內在雙重性且由黑暗獲勝的故事，執筆者是天蠍座作家羅伯特．路易斯．史蒂文森（Robert Louis Stevenson）。一般相信史蒂文森在寫作的過程中，燒掉了故事的初稿，只為了重寫目前的版本。就象徵性而言，這個版本的確是從灰燼中升起。

不健康的身體警訊（兩種極端）

天蠍座的力量和熱情可以使她一天之內破產，隔天翻轉成爲億萬富翁。以此方式，她展現出不論發生什麼事，你都可以死去，然後重生。這是黃道帶的提示，提醒你擁有轉化的力量和彈性。這部分的你可以隨時成爲任何人事物、完成任何事情，即使你目前正從火焰中升起，或是下墜。畢竟，天蠍座的情緒範圍是從高峰到深谷。

若要建設性地利用你天蠍情緒的深度，就需要好好控制和導引，如此，你才能利用情緒的力量，而不是被情緒所摧毀。當然，許多時候，你需要隱喻性地死亡；但如果卡在死亡階段，你將永遠達不到蛻變轉化，然後永遠不會高飛翱翔。

被卡住是天蠍能量衰敗的原因，正如水停滯淤塞一樣。如果她執著於陳舊的故事、本能和恐懼，那麼我們的天蠍本質也就跟著停滯淤塞，然後糞便積累。所以，她必須從她的每一次死亡中學習，否則將無法繼續前進。她將繼續成爲她曾經是和如今是的那個人，卻永遠不會邁進至她需要成爲的那個人。

停滯淤塞的天蠍本質，其身體表現可能包括：

★下背部、腿筋、腹部、臀部、或（附著在薦骨或骨盆上的）骨盆底的肌肉緊繃、收縮

★下背部或臀部疼痛或不適

★下背部或骨盆的活動範圍受限

★固定型非中立位骨盆（例如，一側高於另一側）

★其他：月經週期不規律、尿滯留

同樣地，當你的天蠍座不平衡時，無論是身體上、情緒上、或其他方面，你的薦骨部位可能會由於極端情境而經驗到故障或不相稱的感受。在此情況下，可能就像你所感覺到的散漫放蕩或不受控制。散漫放蕩的天蠍本質，其身體表現可能包括：

★下背部、腿筋、腹部、臀部或骨盆底的肌肉虛弱，且可能被拉長，無法維持薦骨或骨盆的正確位置

★骨盆區感覺虛弱或不穩定

★活動過度

★骨盆過度旋轉，過度外擴或內收、或傾斜

★其他：月經週期不規則、尿道感染、盆底肌肉虛弱導致尿失禁（盆底肌肉虛弱可能因年長而發生，或是出現在產後天蠍敞開進入母親的角色時，骨盆的骨頭、肌肉和韌帶也連帶虛弱。見222頁「練習6：凱格爾運動」，以此作爲維護骨盆底和防制問題的方法）。

你的薦骨中心敏感到什麼程度？無論是感覺停滯淤塞、散漫放蕩，還是介於兩者之間的某處，關鍵都在於：好好聆聽你的身體，給予身體所需要的。要伸展緊繃的薦骨中心或強化虛弱的薦骨中心，運用下述提問和練習，喚醒你內在的天蠍座。

找回平衡的八項提問

下述提問和練習將充當你體現天蠍座故事的個人指南，不妨運用它們來面對死亡、轉化、翺翔。

★關於死亡，你的信念是什麼？死亡的信念如何幫助你的生命？如何妨礙你的生命？
★你能夠將過去的執著、期望放下到什麼程度？
★你最後一次再造自己，是什麼時候？是什麼加速這次的死亡與重生？
★你最後一次在薦骨中心的任何部分體驗到不適，是什麼時候？當時你生命中發生了什麼事？
★你適應周遭新事物和蛻變轉化的難易度如何？你歡迎這個過程，還是反抗這個過程？
★你在一個星期內感受到多少情緒？你懂得存取自己完整的情緒範圍嗎？
★當你體驗到極端的負面情緒時，你能否超越？如何超越？
★當你體驗到極端的正向情緒時，什麼樣的處境會令你退縮？

天蠍座養生操

練習1 橋式：培養放手的力量

死亡（甚至在形上層面的死亡）只是意識進程的一個階段。這不是好或壞的問題，只是需由你決定。你可以懷著恐懼接近死亡，或者帶著開放的心，看看死亡將會帶你去到什麼地方。關鍵是：允許死亡帶你到那裡，允許你對死亡的恐懼在這個過程中死去。要做到這點，就要釋放掉你置放在死亡周圍的汙名。要利用你內在知曉的力量，明白到，儘管不知道橋的另一端會出現什麼，但你必會安然無恙。那份死亡的自然流動將會帶你去到你需要去的所在。這需要實力，才能信任這個未知的過程並跨越那座橋。要透過薦骨中心及其周圍肌肉的氣力來培育內在的實力。

分解步驟：

1. 臉朝上躺下，雙膝彎曲，雙腳平放在地板上。兩側手臂伸長，手掌朝下。將雙腳置於坐骨前方，這樣的距離使你可以用手指指尖抓搔腳後跟。
2. 呼氣時，雙腳下壓貼地，同時收攏骨盆（下背部要平貼在地板上）。持續用同樣的動力抬高臀部。現在只有雙腳、雙臂、雙肩、頸部和頭部應該要貼在地板上。
3. 進行橋式時，大腿和雙腳要保持平行。伸展雙臂，以幫助你靠雙肩支撐。將後腦勺輕貼於地板，在下巴與胸部之間創造空間。放鬆臀部，它應該是活躍的，而不是緊抓不放。
4. 保持這個姿勢，做十次呼吸。趁呼氣時鬆開，緩緩沿著地板將脊椎放下。

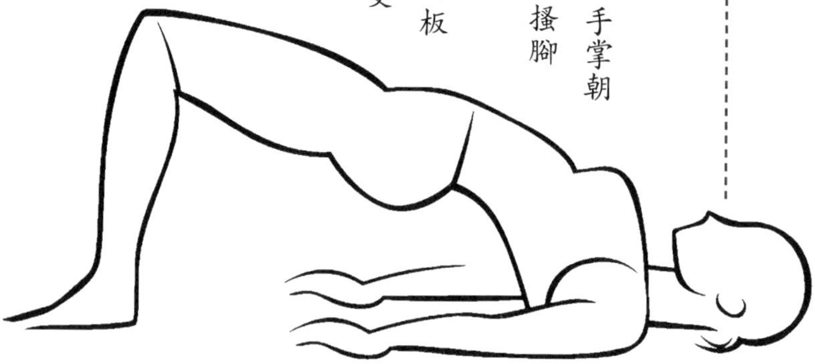

倘若保持背部和臀部抬高，對你而言挑戰性過大，那就將雙臂貼在地上，肘部屈起，抬起前臂，用雙手托住下背部，給予額外的支撐（手指頭指向腳趾）。也可以用瑜伽磚提供更多的協助。假使你感覺到這個體式穩定了，同時渴望進一步放鬆，那就保持地基，只轉動前臂，使雙手手掌朝上，呈現開放的姿勢，迎接接下來發生的任何事情。

練習2 貓牛式：迎向轉化和蛻變

天蠍被認爲是比較直覺的星座之一，因此要多接觸她內在的魔法、奧祕和煉金術。若要成爲你自己的魔法石，可練習將自己的某些部分從鉛塊轉變成黃金——將羞辱轉變成喜悅，將飢餓轉變成飽足，將「我不能」轉變成「我可以」。你的生命很長，這期間，許多變化將會發生，而且誠如人們所言，機會有利於準備好的人。好好練習這個受歡迎的貓牛式，爲自己不可避免的蛻變轉化做準備，那將使你有機會從貓轉變成牛（再從牛轉變成貓）。

分解步驟：

1. 從雙手、雙膝貼地的桌面姿勢開始，雙手手腕在雙肩下方，雙膝在臀部下方。雙腳腳尖平貼地板。背部與地板平行，頸部處中立位，目光向下凝視地板，稍微落在你的前方。

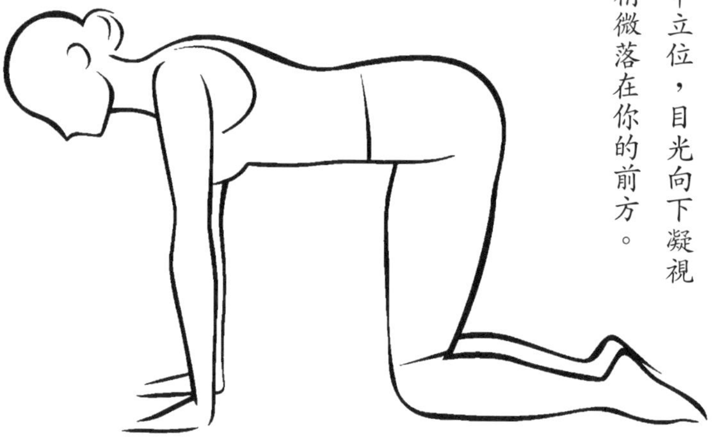

2. 進入貓式：呼氣時，脊椎朝天花板圓起。雙手和雙腳按住地板，幫助抬起。當背部圓起時，將頭部輕輕地朝地板放鬆。

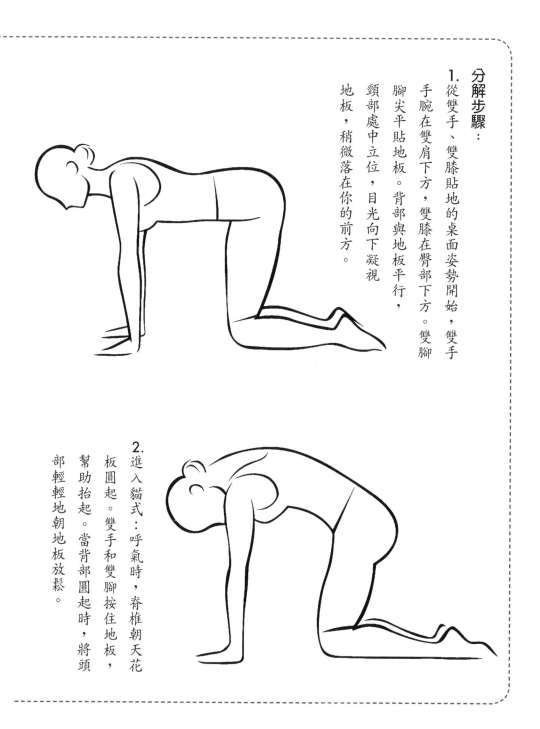

3. 進入牛式：接下來吸氣時，抬起坐骨，將胸部朝天花板弓起。肚子將會沉向地板。頭部應該會順著脊椎向上弓，但要小心，不要過度延伸頸部。

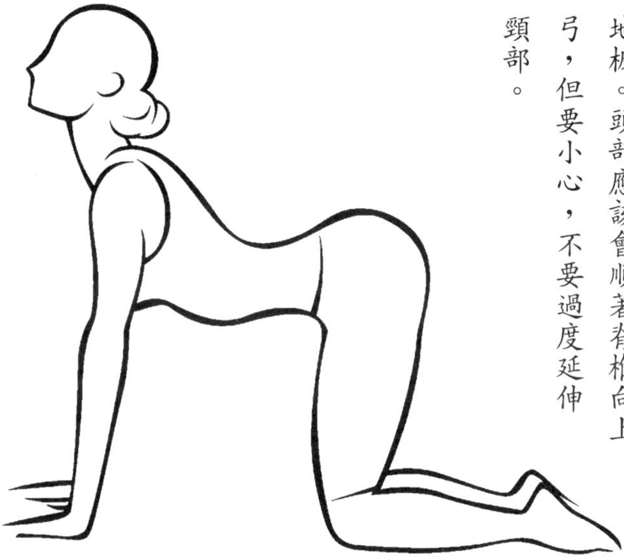

4. 在隨後呼氣時，返回到貓式，然後在吸氣時轉變成牛式。在兩者之間移動時，創造一個有節奏的流動。

5. 循環十回合的貓牛式，以桌面姿勢結束。

將貓牛式放鬆成嬰兒式（關於嬰兒式的相關說明，見144頁）。

練習 3

仰臥束角式：敞開並進入你的深層

你的薦骨中心是性能力的發源地，這不僅是就你的性器官而言，更是將你當作一個有「性」的生命來看。但是，與性能力維持健康關係的民族少之又少，因爲幾個世紀以來，許多盎格魯歐系國家在文化、宗教和醫學上均否認、否定性能力，甚至視之爲邪惡。

♏

十八世紀對性能力的不滿，達到了關鍵性的時刻。當時內科醫生們宣稱，基於衛生和醫療的原因，手淫需要受到控制。他們聲稱，若非如此，可能會削弱消化、呼吸和神經系統，也可能造成不孕、風濕病、淋病、失明、精神失常和腫瘤。從那時候開始，割包皮（最初是針對男孩，而不是男嬰）就成了當時較為流行的醫療手術之一。

身體的這個部位甚至被稱作你的「幽冥區」，意味著最低階和最黑暗的部分，特別是暗示地獄和陰間。要收回這個屬於你且有效而珍貴的片斷！你的每一部分都保留著它自己的力量，性慾區也不例外。要利用這個體式敞開進入你的最大範圍，存取你可能無意中正在摒棄的某些深度。

分解步驟：

1. 坐著，雙腿向前伸直。屈膝，使腳後跟靠向骨盆。當腳後跟靠近時，讓兩個膝蓋向外側落下，使兩腳腳底靠在一起。

2. 讓軀幹向後，躺到地板上，用前臂和雙手支撐。

3. 等軀幹來到地板上，就在雙腳與骨盆之間找到一個舒適的距離（藉由或多或少的伸展，分別減少或增加距離）。這是一種被動的伸展，所以你應該會在腹股溝區感覺到一股溫和的打開。如果這樣的伸展太過強烈或出現膝蓋疼痛，可在膝蓋和地板之間置放軟墊。將雙手手掌輕輕地放在下腹部。

4. 閉上眼睛，完全放鬆。臣服於這個體式，讓重力發揮作用。保持這個體式五至十分鐘。

5. 若要退出這個體式，可將兩條大腿一起滾到同一側，然後緩緩地撐起自己，以防任何頭昏眼光。

若要巧妙地深化這個體式，可將尾骨等距離地延伸向雙腳。你應該會感覺到一股溫和的用力與薦骨中心的敞開，以及下背部輕微地弓起。從這個位置，現在允許你的尾骨沉入地板。

練習 4 昆達里尼觀想法：高飛翱翔

幫貓咪剃毛的方法不只一種，讓蛇昂首的方法也不只一種。就喚醒你的昆達里尼（這條隱喻的大蛇蟄居在脊椎的基部，代表你出自本能的生命力）而言，這趟旅程可能出現許多不同的形式，取決於你承諾的程度、背後的意圖、當前的意識水平、以及生活型態。然而在多數形式中，這趟旅程涉及讓大蛇沿脊椎上升，然後從頭頂出去。下述練習提供如此上升的觀想法，因爲透過圖像和原型，往往比透過字詞或想法，更能掌握這條大蛇以及其所代表的潛意識生命力。

當你的昆達里尼上升時，有什麼感覺呢？昆達里尼的覺醒涉及許多感官覺受，其中某些被比作貫穿你身體的電流、神聖的至福、一股輕盈感，彷彿你的凡間形相可以高飛翱翔。這個練習的本意不在於徹底喚醒你的昆達里尼，而是要幫助你窺探昆達里尼的潛力，然後好好準備。

分解步驟：

1. 兩腿盤起，舒服地坐在地板上。保持脊椎直立而放鬆。雙手手掌朝上，放在大腿上。眼睛閉上。
2. 在腦海中觀想一條大蛇繞著你的薦骨區盤繞三圈半。觀想大蛇的顏色、眼睛、鱗片……，任何你所選擇的形式。愈詳細愈好。吸氣，然後呼氣，迎接此一觀想。
3. 從你的頭頂處，彷彿被某股磁力拉扯，讓大蛇上升，緩緩地沿著脊椎上竄。在大蛇行經以下各個部位時，要吸氣，然後呼氣：薦骨中心（肚臍和腹股溝之間）、腹部（肚臍周圍）、心輪、喉嚨中間、第三眼、頭頂。當大蛇行經該部位時，要感覺每一個身體部位的體受感。

4. 當大蛇開始離開你的頭頂時，注意觀看你與大蛇合併，然後爆炸成一團明亮的白光。盡可能長時間感覺那道光帶來的感受。

5. 睜開眼睛，暫停一會兒，然後起身。

如果想要充分喚醒你的昆達里尼，可考慮透過昆達里尼瑜伽的資源，請專人指導。

練習 5　多接觸水：有益於情緒流動

讓水允許你的情緒流動。你有一整個系列的感官覺受可用，而它們全都具有某個用途，就連憤怒之類的惡性感受，也可以在個人和社會層次催化出正向的改變。改造世界的人，絕少是因爲滿意現狀而改革的！所以，讓自己上升到巨大的高度，跌落至極深的低谷。換言之，帶著熱情生活。不要被卡在舒適的情緒範圍內，而是要願意且有能力擴展情緒。要將水含納到日常作息中，讓水的漲落啓發你的起伏。

你可以這麼做：

★ 沿著河濱、湖畔或海邊散步

★全天候審慎地飲用純淨的過濾水
★將淋浴的慣常作息轉變成怡人的儀式
★游泳
★脫掉鞋子，在噴泉中嬉戲
★去水上樂園開心地玩耍

練習6

凱格爾運動：適度的抑制

當水被導引時，無論是從支流被導入河川，或是從水龍頭流入玻璃杯中，水都發揮了它的最大效用。你的情緒也一樣。被釋放的情緒需要一根導管或某只容器，否則可能會恣意亂流，然後災害（隨後是疲累）將會接踵而至。給予你的情緒某種適當的形式，如此，情緒可以爲你添加燃料，而不會不經意地從你那裡洩漏出去。強健的骨盆腔是一種形式，可支撐骨盆腔內與液體相關的薦骨內容物（亦即膀胱和子宮）。骨盆腔的某些肌肉可以隨時被觸及，例如，在仰臥束角式中得到伸展的深處外側旋轉肌，但其他肌肉（例如，骨盆底部的肌肉）並不是那麼容易觸及。強化這些肌肉的最佳方法之一是透過凱格爾運動，這對男女均有益。

分解步驟：

1. 辨認適當的肌肉。尿排到一半突然中止，藉此緊縮骨盆底部的肌肉。這個動作用到的肌肉，與凱格爾運動中用到的肌肉相同。
2. 練習凱格爾收縮。凱格爾運動與你用來中止排尿的技巧完全相同，但凱格爾運動不是在你排尿時進行。清空膀胱，然後背朝下仰躺。跟先前一樣收縮骨盆底部的肌肉，撐住那樣的收縮十秒鐘，然後放鬆十秒鐘。這樣算一回。
3. 只集中在骨盆底部，不收縮臀部、腹部或大腿等其他肌肉。記得要呼吸。
4. 每天做三個時段，每次重複做三回。筆直坐著的時候也可以進行。

這些鍛鍊被認爲有助於預防尿失禁，甚至可以增進性愛健康和歡愉。

小結

★薦骨中心是與天蠍座相關聯的部位，它是生殖器官與子宮的發源地，代表生命的種子以及情緒的活動中心。

★天蠍座是黃道週期的第八個星座，其能量涉及某種熱情，驅使你在隱喻上死亡、轉化，然後再次翱翔。

★如果你強大的天蠍本質變得停滯淤塞或失去控制，你的薦骨中心可能會體驗到不同的症狀，例如，薦髂關節不適、月經不規則。

★透過聚焦於薦骨中心的提問、練習和活動，祈請你內在的天蠍座，運用這些超越內在的衝突和外界的動亂，重拾允許你高飛翱翔的更大世界觀。

原註：

①〈與畢卡索對話〉（Conversation avec Picasso），克里斯蒂安·澤沃斯（Christian Zervos）著，Cathiers d'Art: 1935，被引用並翻譯在阿爾弗列德·小巴爾（Alfred H. Barr, Jr.）的作品《畢卡索：藝術生涯五十年》（*Picasso: Fifty Years of His Ar*，New York: The Museum of Modern Art, 1946），247頁。

譯註：

❶ protoscience，意指在科學的範圍內，一個仍在成形或仍舊處於純理論狀態的概念。

10

人馬的臀部

♐ 射手座

★出生日期：十一月二十二日～十二月二十一日

★身體部位：臀部和大腿

★主　　題：運用高階志向指引低階本質

來到射手座，我們已離開黃道帶的上半身之旅，聚焦在下半身，並從臀部開始。當然，身體是以統一的整體在運作，所以，這個上下之分只是名義上的。但人馬的功課是要有意識地校正此兩者與其所代表的一切。因爲射手座在此是要進化作爲靈魂載具的身體，幫助你立志活出自己最高階、最純淨的理想，以此作爲一天二十四小時的目標。

射手座司掌：臀部和大腿

不論人馬的旅程是什麼，他都從自己的臀部（射手座的身體對應部位）接收他的課題和幫助。臀部的兩大關節並列在上半身與下半身之間，完美地平衡了射手座的奮鬥掙扎。上半身從骨盆到頭部，包括介於其間的背部、頸部、上肢和內臟（統稱爲軀幹）；下半身從骨盆向下延伸，包含大腿、小腿和雙腳。你可以感覺到臀部深深地嵌在腰部兩側，這些關節的深度正是射手身體氣力的來源。

♐

> 人體的軀幹從馬的後腿及臀部升起，從而形成人馬，骨盆、臀部和大腿這一區則提供了人體內最接近的實例。

強健的臀部是由強健的骨骼形成，包括骨盆和股骨。骨盆是骨骼構成的寬闊盆腔，支撐上方軀幹的重量，同時將軀幹的力道轉移至下方的下肢。由於骨盆在人體中的位置，它是促使人類能夠靠雙腳直立的骨骼之一，雙腳直立的結構特徵使我們有別於其他的脊椎動物成員，包括馬（更多資訊，請參閱第十三章）。骨盆是髖關節的一部分，它提供一個深槽，讓股骨頭可以嵌入。股骨是大腿骨，是人體內最長的骨頭，它的上

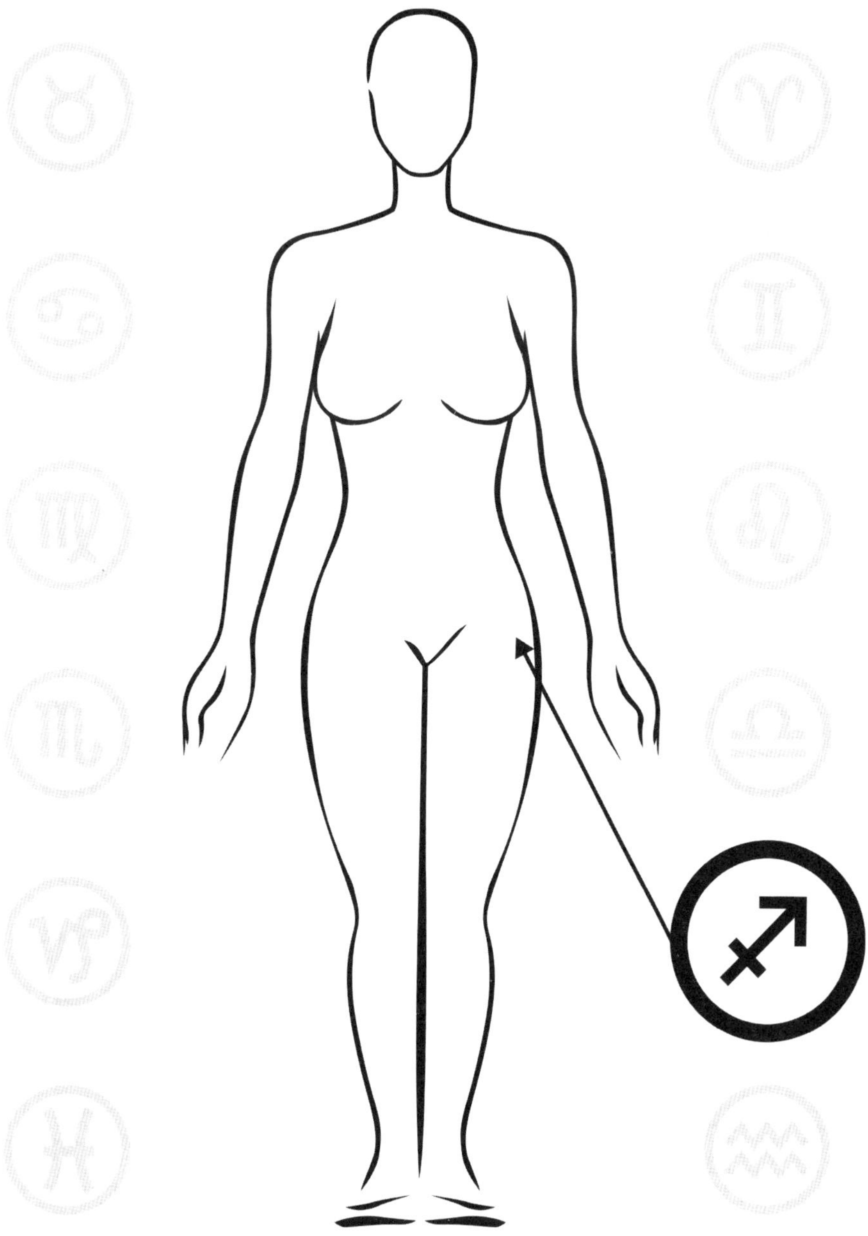

臀部和大腿的骨骼結構，參見附錄C。

端是一顆光亮的圓球，嵌定在骨盆的深槽內。這兩塊骨頭共同形成一種名爲「球窩」的關節。

許多人錯誤地將臀部置放在左大腿或右大腿的側邊。這個位置其實是股骨上的一塊骨性隆起，稱為股骨大轉子。因此，股骨大轉子是構成髖關節的一部分骨頭，但不是髖關節本身。

臀部的球窩關節使大腿部位可以移動。每一隻大腿都從骨盆延伸至膝蓋，而且是身體上結構良好的部位（對射手座來說更是如此），健壯且隨時準備好要立即採取行動。大腿的活動範圍跟它的黃道星座一樣廣泛：屈曲、伸展、外展、內收、旋轉。這些活動，無論是單獨運作還是聯合啓動，都促成了從踩踏到狂奔等許多日常行動。舉個例子，屈曲是任何踩踏或狂奔的起始動作，抬起大腿，靠近身體前方，於是你可以將腳抬離地面，然後勇往直前，踏上你內在的人馬旅程。

不論你的旅程帶你去向何方，不管是去機場還是去道場，臀部都幫忙將你移動到那裡。但「那裡」是哪裡呢？你要啓程去哪裡探索呢？若要去到你想去的地方，需要的不只是移動，還包括方向。這裡蘊含著每一個人馬的畢生志業——他必須追求某個方向，而且他的道路要求他選擇最高階的方向，這個方向要使他的身體和靈魂均得到滿足。雖然這個受到啓發的任務對任何人來說都不容易，但對偏好低階活動的黃道星座來說，這個任務顯得更加困難。

因此，爲了讓身體承載靈魂，他必須使上半身與下半身連成一氣；他必須夢想成爲教授，讓他的臀部帶著他穿過學校的前門。如此的上下一致不僅是形上的玄學，更是物質的實相。你要親身體驗：

1. 站直，找到骨盆的中立位置，臀部直指向前。
2. 在骨盆上方，校正雙肩上方的頭部，軀幹上方的雙肩，臀部上方的軀幹。在骨盆下方，校正雙膝上方的臀部，腳踝和雙腳上方的膝蓋。
3. 在前方幾公尺處選擇一個焦點。
4. 走向那個焦點。

你如何去到那裡？由於頭部、胸部、臀部校正對齊了，你果決地朝選擇的方向走去。你想像過你所想要的，而且伸手觸及到它。相較之下，當你欠缺這樣的校正對齊時，會發生什麼事情呢？

1. 站直，臀部直指向前。
2. 保持骨盆和下肢的位置，頭部和胸部轉到左邊。臀部和下肢現在應該正對一個方向（正前方），而軀幹朝向另一個方向（左邊）。
3. 向前走。

你朝哪個方向走去了？以此例而言，你並沒有選擇方向，而且身體被預設成下半身提供的方向。你走向了臀部被定位的那條路。這是一個身體的實例，說明每一個人馬對於他的低階學習是多麼地敏感。

射手座健康課題：運用高階志向指引低階本質

「sagittarius」（射手座）這個字是拉丁文的「弓箭手」，這個星群的代表符號恰好也是一個箭頭。箭頭的方向是由半人獸的人馬掌控，人馬將箭頭對準天空，瞄向開闊的地平線。他一拉弓，將箭射出，便爲眼前的大膽旅程燃起一道熾熱的軌跡。這是一趟旅程，要求射手座指引他的身體朝向靈魂的迫切衝動而去。

有許多方法可以指引自己，不管你是納悶著該吃什麼食物，或是該接受什麼工作。方向的出現可以透過理性的思考、情感的吸引、直覺本能、或是某種這些與其他的組合，可能是由你引發，也可能因他人而起。你如何選擇你的人生方向呢？並沒有對或錯的方向，只有使你發揮最大效用的方向。你的眞實方向是來自你的眞實本質的方向，它來自一個知曉的地方，透過頭腦心智的過濾，但同時比頭腦心智更宏大些。它是那份微妙的目的感，使你不時瞥見，彷彿你的靈魂帶著某個要實現的使命進入此生。你的射手座在這裡是要確認那個瞥見，是要誘導你去信任它，進而幫助你遵循它的方向——不論它引領你去向何方。

因爲人馬是你內在的探路人、遠見卓識者、嚮導，它是你的一部分，暗中感應到你的宏大方向，同時激勵你一次又一次地瞄準那個方向。有時候，你第一次嘗試便擊中目標；有時候，你必須射出許多支箭。你不需要知道箭如何抵達目標（或者是否會抵達目標），但到達那裡的第一步是：知道「那裡」在哪裡。若要擊中某個特定的目標，你的瞄準器不能太高或太低。

在我們的社會中，「低」是帶著汙名出現的一個措辭，彷彿它是拙劣或令人不快的。然而，所有的「低」，其實都意味著「朝向地面或基層」，如同當月亮低垂在地平線上時，並沒有特別貶低之義。「高」是低的對應，屬於某個被升高的狀態，好比鷹在天空中高飛。當然，這全都是相對的，因此，即使是高高在天空中的東西，相對於其他事物而言，也可能是低的；反之亦然，就像高飛的鷹仍然低於低懸的月亮。這是因爲高和低是一前一後存在的品質，它們相輔相成，一個並不比另一個更好，因爲兩者都是必要的。

> 高與低之間的並列，演繹成射手座作家約翰．米爾頓（John Milton）最著名的十七世紀作品《失樂園》和《復樂園》。《失樂園》講述了撒旦被驅離天堂的故事，以及他一手導演亞當和夏娃因失寵而墜落。《失樂園》的續集《復樂園》敘述了耶穌被撒旦誘惑和抗拒撒旦的故事，以及耶穌如何因此（代表全人類）通過這個亞當和夏娃當初沒有通過的考驗。

舉例來說，你具有低階和高階的本質。根據人類的能量組成，我們的低階本質是指比其餘更爲稠密的部分，例如，我們的身體（相對於靈性）或基本思想（相對於光明思維）。如果低階目標領導你的生命故事，如果你因基本的欲望和需求而過度消耗自己，沒有認知到你同時有個更崇高偉大的部分，那麼低階目標只會成爲問題。在某一個極端，只迎合你的低階本質可能會造成眾所周知由性愛、毒品、搖滾構成的生活；極力渴求，親密關係卻令人不滿；野心滿滿，卻見到金錢造就了毫無意義的成功；超額過量，卻都花費在非炫耀性的消費上。低階招致低階是一則流傳已久的故事，是一則寫在射手座人馬星辰之間的寓意。

從前從前，根據希臘神話，半人馬們在大地上漫步。這些介於半人半馬的生物，住在麥格尼西亞的山區。牠們以洞穴爲家，獵殺野生動物爲食，與岩石和樹枝搏鬥。縱觀希臘和羅馬的作品，從古希臘吟遊詩人荷馬的《奧德賽》，到古羅馬詩人奧維德的《變形記》，這些半人馬都象徵人類最原始的傾向，因爲牠們劫掠城鎮、偷盜女人、喝下的酒多過希臘酒神戴歐尼修斯（Dionysus）。牠們粗鄙、野蠻的屬性，具體呈現在野獸般的後腿和臀部，類似於馬匹的後半身，代表人類最動物性的面向。但牠們的警世故事只是故事的一半，因爲這些生物也是人類。每一個半人馬都擁有人類的軀幹，從像馬兒一樣的身體升起，有頭部、頸部和胸部，代表人類最崇高的理想。

在第一代半人馬品種受其動物性、低階本質奴役的同時，漫步大地的還有另一支榮耀其高階人性面向的半人馬品種，他們是發揮智慧和預見能力的教師與療癒師。有一位這樣的半人馬叫做凱龍（Chiron），他是偉大的戰士海克力斯的朋友兼老師。一天，凱龍在幫助海克力斯的時候，遭毒箭所傷。宙斯把他變成了射手座星群，以此減輕他的痛苦，同時作爲送給這位善心半人馬的禮物。於是，「人馬」成爲射手座的黃道符號，象徵人類的最高本質。

你就跟半人馬一樣，擁有共同存在的高階和低階本質。若要活出最充分表達的你，需要你兩半皆存取，而這是尊重你內在的射手座可以幫忙的地方。否則，太多的任何一方都會造成生命失衡。在我們的社會中，由於關注的焦點在食品和財務上，趨勢是傾向低階本質，因此，你的射手本質是一個提示，提醒你要當個「完整的你」，除了你的低階驅力之外，你還需要存取你的創造力、洞見、想像力、直覺。你需要巍然屹立在地上，「同時」瞄準那些星辰。

瞄準那些星辰，類似於將你的視界設定在似乎目前搆不到的某樣東西上……直至你到達那裡爲止！法國射手座工程師亞歷山大・居斯塔夫・艾菲爾（Alexandre Gustave Eiffel）在建造完當時全球最高的建築物艾菲爾鐵塔之後，就是做了這樣的事：他進入空氣動力學的領域，開發了隨後不僅延伸至天空而且可以飛翔的結構體（例如，飛機）。這個崇高的目標是志向，那是人馬的主要驅動力。

進化了的人馬是理想主義者，是有遠見卓識之人，他的視界超越當下，看見可能發生的情況。而洞悉無限潛能的那個瞥見，正是爲他不斷邁進的旅程增添動力的燃料。總是有空間可以成長和進化，讓你能夠成爲更好的父母、專家和個人等各種角色。

當然，你不一定要胸懷大志。你可以隨意打水，甚至是逆行。但眞實的射手能量瞄向的是可能存在的最高階理想。理想不見得需要被達成（甚至不需要是可能的），但那是驅動力。或者應該說是疾馳，因爲人馬幸而擁有四個移動快速的蹄子（儘管馬蹄其實是單趾）。

你立志在人生中成爲什麼或完成什麼呢？你正邁向什麼樣的高度呢？關於志向，令人感到敬畏的是，你只可能看見它在那麼高的地方，然後要假設是什麼在那裡等待著你。在那裡親身體驗之前，你不可能確切知道。一旦你到達那裡，那兒的風光難免與你原本設想的不同，於是你領悟到，這不是你要抵達的最終高度，這只是中途站，通向另一個你現在只能看見尖頂的目的地。

> 「aspire」（立志）這個英文字的起源來自拉丁文aspirare，這裡的a意指英文的不定詞「to」，spirare意指「呼吸」，這個字根還包含spiri，意思是「靈性」。因此，aspire也可以意味著「在靈性中呼吸」。

然後，過程就這樣繼續，因爲志向並不是已然抵達異乎尋常的高度，而是一再伸手拿取。因爲我們住在一個已知有千億個銀河（而且數量還在成長）的宇宙中，你所觸及的高度正隨時準備擴展。

不健康的身體警訊（兩種極端）

人馬行走的方向，必須與他的上半身和下半身的方向一致。以此方式，他統一了自己的本質。他允許他的低階本質（由他的下肢代表），喚醒他的最高理想和衷心志向（由他的頭部和心臟代表）。

假使射手座在這趟冒險中取得成功，他將會感到充實滿意。他將會活出平衡的人生，照料著自己的各個面向，包括低階、高階，以及其間的一切。無論如何，這個傾向是要你的射手本質對他的低階傾向敏感，對他想要狼吞虎嚥地實現的貪吃和欲望敏感。但這正是他在這裡所要學習的，以及最終所要教導的：如何靠紀律、妥協和直覺，掌握你的低階動物性本質，而那是聆聽和留心其神性所不可或缺的。

♐

體認到「貪吃」和「不可抗拒的欲望」嗎？根據天主教教會的教義問答，它們是七大致命原罪中的頭兩項，也是所有其他原罪的起因。它們是「致命的」，因為如此消耗人類的低階本質被認為是在摧毀恩典與慈善（高階本質的面向），從而帶來永恆的詛咒。

假使下半身的方向與上半身的方向變得非常不一致，臀部就會反映出這個形上的負擔，同時失去身體的校正對齊。透過種種肌肉骨骼的疼痛與痛苦，臀部將會藉由旅程的艱辛，阻止你前進。這是臀部讓你知道的方式：「喂，你並不是朝著對你最有利的方向移動，所以我們拒絕讓你繼續朝那裡前進。」舉個例子，如果你正朝著不服務你的最高宗旨的方向前進，你的臀部將會聽到警報聲。在此情況下，臀部可能會緊繃而受限，因爲你內在的人馬試圖阻止你在一條對你而言未必最好的道路上向前衝（儘管這是你的最佳意圖）。或者，你可能選擇了一條的確是你的召喚的途徑，但你目前追求的方式太過快速或積極，導致臀部出現不一致。你的人馬旅程的一部分需要完全信賴神性的時機，相信你想要和需要的事將在適當的時間發生（時間並非總是符合心智頭腦的時間感）。否則，你將發現自己帶著一絲自以爲是的憤慨，抱怨著精心安排的計畫。

自以爲是的射手能量，其身體表現可能包括：

★緊繃或拉緊的臀部肌群（例如，屈肌或伸肌）
★不平衡的臀部肌群（例如，外展肌）
★大腿固定向內或向外旋轉
★臀部的活動範圍受限
★髂脛束緊繃
★關節、股骨大轉子或臀部周圍感覺疼痛
★臀部或大腿後面神經痛
★其他：過度放縱於食物或飲酒，肝臟失衡

反之，如果你的射手座自我不願意執起韁繩駕馭馬兒，並對某條路線作出承諾，那麼你也會發現自己有些不對勁。毫無節制的興趣將會從這裡轉移到那裡，但你永遠不會將自己的巨大能量投注到一個方向。換言之，本質中這個魯莽輕率的面向將會鼓勵你無處不去，嘗試一切，且毫不深思熟慮。你將會瘋狂地、不切實際地拿著弓瞄準；或者，也許你好好瞄準，但欠缺後續貫徹的行動，因爲許多方向爭著要你關注。你得到許多機會，可能對選擇麻痺了，或是不相信有一個方向值得你花時間，於是在你等待某個目的地以某種方式為你到來的過程中，你什麼都做——除了你的方向。在射手座的這個部分，這些例子可能造成不知該何去何從的臀部。

魯莽輕率的射手能量，其身體表現可能包括：

★虛弱的臀部肌群（例如，屈肌或伸肌）
★不平衡的臀部肌群（例如，外展肌）
★髖關節活動過度
★大腿過度向內或向外旋轉
★髂脛束緊繃
★非中立的骨盆位置（見第九章）
★臀部或大腿後面神經痛
★其他：過度放縱於食物或飲酒，肝臟失衡

你的臀部對你的方向承諾到什麼程度呢？無論是感覺自以為是、魯莽輕率，還是介於兩者之間的某處，關鍵都在於：好好聆聽你的身體，給予身體所需要的。要伸展緊繃的臀部或強化虛弱的臀部，運用下述提問和練習，喚醒你內在的射手座。

找回平衡的六項提問

下述提問和練習將充當你體現射手座故事的個人指南，不妨運用它們以你的最高志向指引你的低階本質。

★你如何描述你目前的人生方向？

★你目前的方向是你為自己想像的完美願景嗎？如果是，你把在這方面的成功歸功於什麼？如果不是，你可以採取什麼步驟來改變路線？

★你的臀部對你的方向感怎麼說？你的臀部強健、虛弱、敞開嗎？

★你的高階和低階本質的哪些面向，可以被帶入更完美的平衡（例如，吃太多或喝太多，熬夜太晚）？

★什麼活動喚起你的高階本質？

★你立志追求什麼？在你的生命結束時，你希望如何被憶起？

練習 1

射手座養生操

椅式：建立強烈的方向感

方向可能難以確定，因爲它不像你希望的那麼明顯或不言而喻。不同於你在路上開車時看到的路標，人生的路標不是看得見的。當然，線索在那裡，但它們隱微且容易錯失，或是被摒棄了。因此，知道自己的人生方向同時充滿自信地跟隨它，可能需要信心和毅力。這有點像第一次拉弓射箭：整件事可能感到笨拙而徒勞，因爲箭不斷從弓上落下，或是射向跟預期不同的軌道。但如果堅持努力不懈，最終還是能夠把箭射往目標方向。嘿，你甚至可能命中靶心！所以，要毅然決然地前進。利用這個練習強化髖關節周圍大部分的肌肉組織，因爲強健的臀部有助於賦予強烈的方向感。（請注意，「緊繃」和「強健」是不同的。臀部屈肌大大受益於孜孜不倦的強化與伸展，因爲它們在當代社會中變得長期縮短而緊繃，那是長時間在長沙發、辦公椅、廚房凳、汽車內維持坐姿所造成的普遍身體架構。）

分解步驟：

1. 站立，雙腳分開，與臀部同寬。呼氣時，彎曲臀部和雙膝，降低兩條大腿，彷彿坐在椅子上。

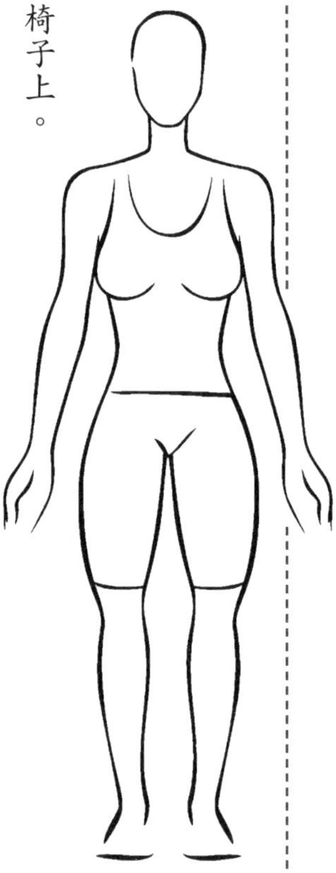

你的大腿應該與地板平行，或是盡可能與地板平行，同時保持脊椎中立（不過度彎曲或延伸）。

2. 吸氣，將雙臂抬高，來到耳邊，雙手手掌朝內，彼此相向。如果這個姿勢讓你不舒服，可以放低雙臂，將雙手手掌一起置於心臟前方。

3. 確保兩條大腿彼此平行，而且兩側膝蓋的方向就在對應的第二根腳趾上方。兩條大腿上方的軀幹將會以某個角度微向前傾，頸部和頭部應該要與脊椎的其餘部分呈一直線。

4. 維持這個姿勢，持續五個呼吸循環。趁吸氣時挺直臀部和雙膝，在隨後的呼氣時放低雙臂，藉此鬆開椅式。

如果這個體式使你失去平衡，或是感覺虛弱或不穩，那就修改一下，在練習時讓背靠著牆。

練習 2

鴿子式：敞開迎接內在的方向

三千年來，鴿子一直被用來傳遞信息。無論是在戰時傳遞機密情報，還是在古希臘宣佈奧林匹克運動會的贏家，鴿子都由於方向感特佳而被用來當作可靠的信使。雖然鴿子不是閱讀地圖的專家，但牠們的確有一種與生俱來的家園感，使牠們能夠判定自己與巢穴的相對位置，永遠懂得返回家園。同樣的方向感亦存在你之內——要意識到你真正的方向就在你之內等待被發現，一旦你發現它，不論身在世界上的什麼地方，你都會覺得在家。好好利用這個鴿子式來打開臀部，你將會敞開，更深入地理解以前可能不曾觸及的方向。

> 過去，印度偏鄉的警察局經常用信鴿在天災發生後，傳遞緊急消息。為了支持網際網路，「警鴿服務」信使系統後來已功成身退。

分解步驟：

1. 從雙手、雙膝貼地的桌面姿勢開始，雙手手腕在雙肩下方，雙膝在臀部下方。

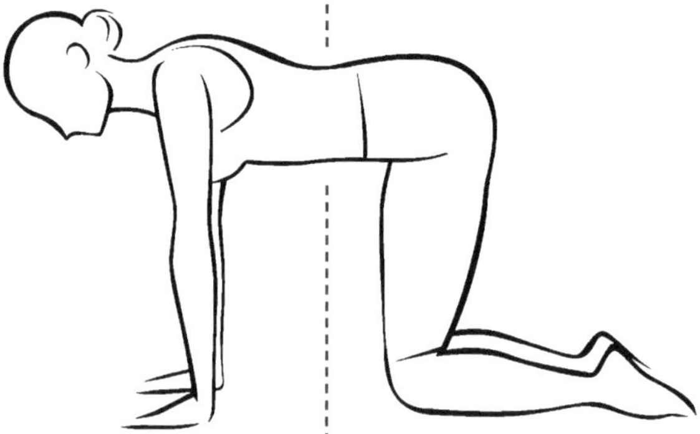

2. 稍微延伸脊椎，幫助抬起右大腿和彎曲右膝蓋。右腿向前滑動，使其與運動墊的頂部平行，如此，右膝蓋來到右手腕後方，同時右腳朝向左手腕。

3. 右腿的外側靠在地板上，延伸左膝蓋，讓左腿直接向後滑動。

4. 將右側坐骨放低至地板（不要讓貼地位置翻滾到外側臀部），同時將左腳腳尖貼在地板上。

5. 軀幹挺直，依自己的能力，將雙手手掌牢牢地貼在雙膝前方或兩側臀部旁邊的地板上。調整左側，保持骨盆中立，使整個骨盆移向運動墊的前方，並與右側呈一直線。

6. 保持這個姿勢，持續五次緩慢的深呼吸。

7. 返回到桌面姿勢，退出鴿子式。

8. 重複左側。

這樣的伸展是非常深入的。如果你想要讓動作更加深入，可將軀幹貼在地上，雙臂前伸。反之，若要縮小伸展，可減少前膝蓋的角度（讓前腳更靠近身體），或是將軟墊置於前側臀部的坐骨下方。請記住，焦點應該放在適度的校正對齊。多加練習，假以時日，更大的深度將會自然而然地出現。

練習 3 臀部轉圈：有彈性地改變人生方向

髖關節的活動度幾乎跟肩關節一樣，可以啓動一系列有效地使臀部和大腿充分轉圈的動作。從旋風腿到呼拉圈，臀部的設計是可以朝多重方向活動的。所以，不要固定在單一方向上——不要特別聚焦在最後的終點，直到忽略這個終點是否眞正適合你。在人生道路上，你將多次改變方向。所以，選定你的方向，但保持開放，迎向一路上出現的其他機會。有彈性的臀部認知到，任何給定的方向都有可能改變。利用這些圓圈爲髖關節創造一個普遍而溫和的開口，讓你內在的射手座得以從容探索。

♐

雖然呼拉圈在一九五〇年代因Wham-O玩具公司而人氣爆紅，但大約從西元前五百年開始，呼拉圈就已經存在了。當時，埃及的孩童用柳木或葡萄藤製成的圈圈繞著腰圍旋轉。古希臘人則用類似的環圈鍛鍊。

分解步驟：

1. 站直，雙腳分開，與臀部同寬，雙腳穩穩地踏在地板上。雙手放在腰上。
2. 稍微屈膝，以如此的彎曲度輕輕地上下跳，並逐漸適應這個上下跳躍的動作。幾次彈跳後，保持雙膝微彎。
3. 軀幹朝向前方，臀部向右畫圓圈。圓圈盡可能畫大，彷彿你正搖著呼拉圈，但不要太過運動到身體的其餘部分。軀幹將會稍微移動，但雙膝不宜彎曲，雙肩應該要保持齊平，頭部不宜向外突出。
4. 向右轉十圈，然後向左轉十圈。

這個鍛鍊不僅會打開臀部，還會打開下背部。請記得微笑。要允許自己敞開，好好地享受！

練習4 伸手摘星：立定志向

據說，單是我們的星系（銀河系），就有多達四千億顆星星。最近的是太陽，相距僅九千三百萬英里；相較於下一個最近的半人馬座阿爾法（Alpha Centaur）星系的星星，距離大約是四點三光年（一光年相當於

5.9×10^{12}英里）。所以，伸手摘星時，有許多空間可以觸及！這個練習重新引導你的身體認識身體本身可觸及的範圍，以及你有能力不斷擴大再擴大你所觸及的範圍。但正如你同時擁有低階和高階本質一樣，你需要扎根接地，才能夠高飛。因此，只要設法確保上半身提升之際，你同時因下半身而穩定。這番動力將使你伸手觸及的高度日漸增長。

分解步驟：

1. 站立，雙腳分開，與臀部同寬。雙腳平放在地板上，彼此自然平行，在其間均勻地平衡體重。
2. 在你面前選擇一個不動的焦點。
3. 靠雙腳輕輕地將體重向前移，踩著雙腳腳趾頭後方的蹠球部將重心往上提。要保持平衡。
4. 等你覺得準備好了，便將雙手手臂舉到頭部上方，彷彿即將觸及天花板。透過手指頭延伸，彷彿可以抓住星星。如果覺得夠平衡了，便將目光上抬，來到雙手之間。記得要微笑。
5. 感覺一股氣力指引你的身體向上再向上，同時，另一股氣力使你的雙腳扎根接地。

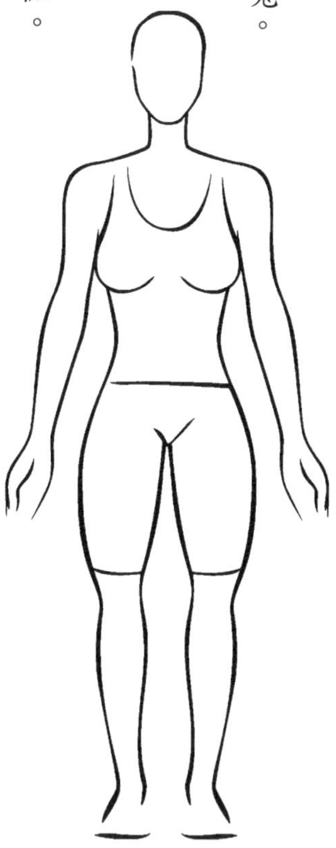

6. 若要退出這個觸及姿勢，可鬆開雙臂，置於身體兩側，同時將雙腳放低至平貼地板。

7. 多練習幾次，一直練到感覺舒服爲止。

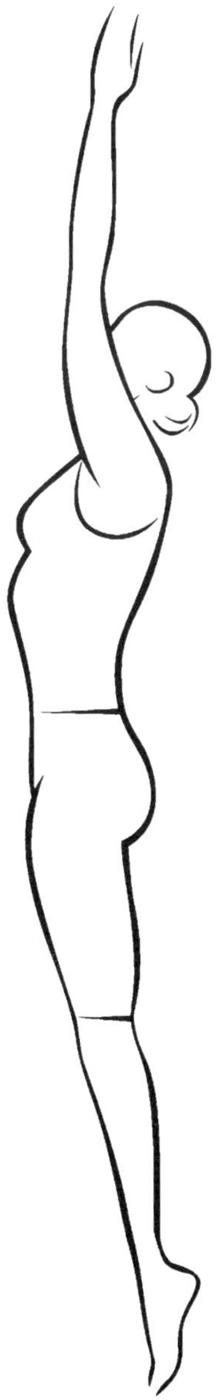

假使你今天沒有達到平衡，可雙腳平踏在地板上練習。此一鍛鍊最重要的元素是上提的動力、雙腳扎根接地、結合軀幹和頭部及雙手渴求巨大高度的提升感。魔法在於伸手觸及本身，而不在實際的高度。

練習 5 最高自我靜心：培養你的高階本質

想像一下，一部分的你完全知道你是誰，以及你來這裡要完成的事，這個你是最爲睿智、最爲清明、最爲崇高的，不但免於戲劇性事件、憂慮、恐懼、欲望、需索無度的小我，而且洞悉你的過去、現在和未來，以及所有這一切的目的。那是你的最高自我。沒錯，對吧？無論你是否意識到這個最高自我，你總是與你自己的這個乙太版本連結，而且總是有權選擇讓那個連結是有意識的。嘗試一下這個最高自我靜心法，允許自己從你的最高本質去存取、經驗和學習。

分解步驟：

1. 舒服地盤腿坐在地板上，讓你可以在整個靜心期間都維持這個坐姿。如有必要，可用軟墊作爲支撐。關掉手機，同時設定十分鐘鬧鈴。
2. 閉上眼睛，雙手放在大腿上，手掌朝上。
3. 在腦海中創造一個你自己的形象。就如同你目前的模樣，沒有地點或其他人。你可以正在穿衣，正在做任何事情。
4. 感受那個形象的感覺。誠實地去感受，不帶評斷。與那份感覺連結。
5. 現在，創造一個你的形象，代表你最爲崇高、最爲美好、最爲至高無上的自我。你可以看起來就像你，或是像天使、發光的女神、超級英雄、半人馬。你看起來是什麼模樣並不重要。要允許你的想像力自由馳騁！你的描述要盡可能明確具體：你的頭髮是什麼顏色？衣服的設計如何？你臉上有什麼表情？能把你描述得愈詳細愈好。
6. 感受那個形象的感覺。當你感覺到了，你一定會知道。如果你想要那個形象感覺到某種方式（例如，狂喜、豐盛、慈悲），就隨心所欲地讓那些感覺充滿那個形象。
7. 讓兩個形象——你目前的形象和你最高階的化身——聚在一起，直到合而爲一。
8. 停留在這份感覺和對你的認知當中，以此作爲你的最高自我，直到鬧鈴響起爲止。

十分鐘只是一個起點。可隨心所欲地展開一段更長的靜心，或增加靜心的時間長度。你應該會發現，這是一次非常愉快、溫馨、使內心輕盈的經驗。

練習6 鍛鍊紀律：馴服你的低階本質

許多人相信，射手座的英國首相溫斯頓．邱吉爾（Winston Churchill）說過這樣的話：「持續的努力——不是氣力或智能——正是揭開人類潛能的關鍵。」①換言之，熟能生巧。要練習訓練自己的低階本質，從而允許你的高階本質發光發亮。要好好利用你的弱點，使弱點發展成優勢，無知發展成知識，貧窮發展成豐盛，悲傷發展成喜悅。自律就像一塊肌肉，可以被開發。這點非常適合人馬的本質，否則他們會開心地狂奔，跑錯方向。可從下述練習開始。

分解步驟：

1. 一天安排兩分鐘（用鬧鐘定時）做這個練習。選擇當天可以獨處的某段時間。一定要精心安排出這樣一個時段，並且持續三個星期。
2. 取一張便利貼（任何顏色和形狀都行，只要貼在牆上能夠很顯眼），貼在坐著的時候眼睛平視即可看到的牆壁上。舒適地坐在房間對面的某個位置，將目光和心神專注在便利貼上。什麼都別想，甚至別想你正在注視一張紙。如果兩分鐘還沒到便失焦了，沒關係。你一意識到焦點游移，就讓它返回到圖像上即可。這項紀律鍛鍊的第一步是投入這個練習，經常安排鍛鍊的時間。就這樣持續訓練頭腦心智兩分鐘，或兩分鐘以上。

3. 假使你連續多次整段時間均能心神集中，專注力不游移，就將計時器增加到三分鐘，然後四分鐘，依此類推。

4. 若要更改時間模式，建議最短時段爲三週。但可隨心所欲地持續更長的時間，讓此練習以對你有效的方式演進。

小結

★臀部是與射手座相關聯的部位，這些牽動大腿移動的結實關節擁有極大的活動範圍，不論你選擇去向何方，它們都能夠指引你。

★射手座是黃道週期的第九個星座，其能量認可你的高階和低階本質，而且要求你的高階本質出面領導。

★如果你有遠見的射手本質變得自以爲是或魯莽輕率，你的臀部可能會體驗到不同的症狀，例如，緊繃、虛弱。

★透過聚焦於臀部的提問、練習和活動，校正你內在的射手座，運用這些來瞄準星星，從而知會你在人世間的方向。

原註：

① 馬修．拉德曼內斯（Matthew Radmanesh），《破解物質宇宙的密碼：通向開悟與豐富的新世界的鑰匙》（*Cracking the Code of Our Physical Universe: The Key to a New World of Enlightenment and Enrichment*，Bloomington, IN: AuthorHouse, 2006），155頁。

11

海山羊的膝蓋

♑ 摩羯座

★出生日期：十二月二十二日～一月十九日

★身體部位：膝蓋

★主　　題：行事負責，謀求更大的良善

在前一個星座射手座，世界是一只盛滿（而且準備好要盛滿）智慧的聖杯。一切人、事、物都是教誨、功課、契機。摩羯座進入的局面是：已經學到許多，現在準備要提取知識的精華，轉化成有益且實用的東西。這不見得是爲自己，而是爲周遭的社群。摩羯座是黃道帶的現實主義者，在這裡是要直接與社會交手，然後盡其所能地促使社會再跨出一步。她是野心與意志力的化身，在這裡是要代表更大的良善將這些能力導入行動。

摩羯座司掌：膝蓋

摩羯是土象星座，因此穩定、實際、持久。儘管如此，她仍舊被驅動著向前達成，而且正是她的雙膝（與摩羯座相關聯的身體部位）帶著她抵達目的地。她的膝關節具體表現出這份介於穩定度與移動性之間的內在權衡，成爲支撐上方整個身體重量、同時踩踏下方地面移動的必要部位。三塊不同的骨頭（脛骨、股骨、髕骨）構成一個修正過的鉸鏈關節（想想一扇門，那是鉸鏈的實例），從而衍生出如此權衡的設計。每一個膝關節都可以屈曲和伸展膝蓋，同時允許少量的內嵌式旋轉。

膝蓋的屈曲和伸展使你的雙腿移動，讓你可以走路上班、踢足球、爬山。而你「如何」參與這些活動，將指出你長期做著這些事情是否會成功。譬如說，假使你過度從事某個活動，或是以不當對齊的方式執行，那麼儘管意圖完美，還是會傷到你的膝蓋。多數的關節損傷就是這樣出現的：過度使用和濫用誤用兩相結合，結果導致退化。許多時候，發生這個情況是由於心智過度凌駕於物質，卻沒有留意到自己的問題。

你的摩羯本質以及你的雙膝，需要兩相平衡。她提醒我們，要密切關注獎賞，要完成贏得獎賞需要耗費的工夫，同時孜孜不倦且守分盡責地執行達成目標的各個步驟。她的目標比她自己更大，而且需要耐心才能

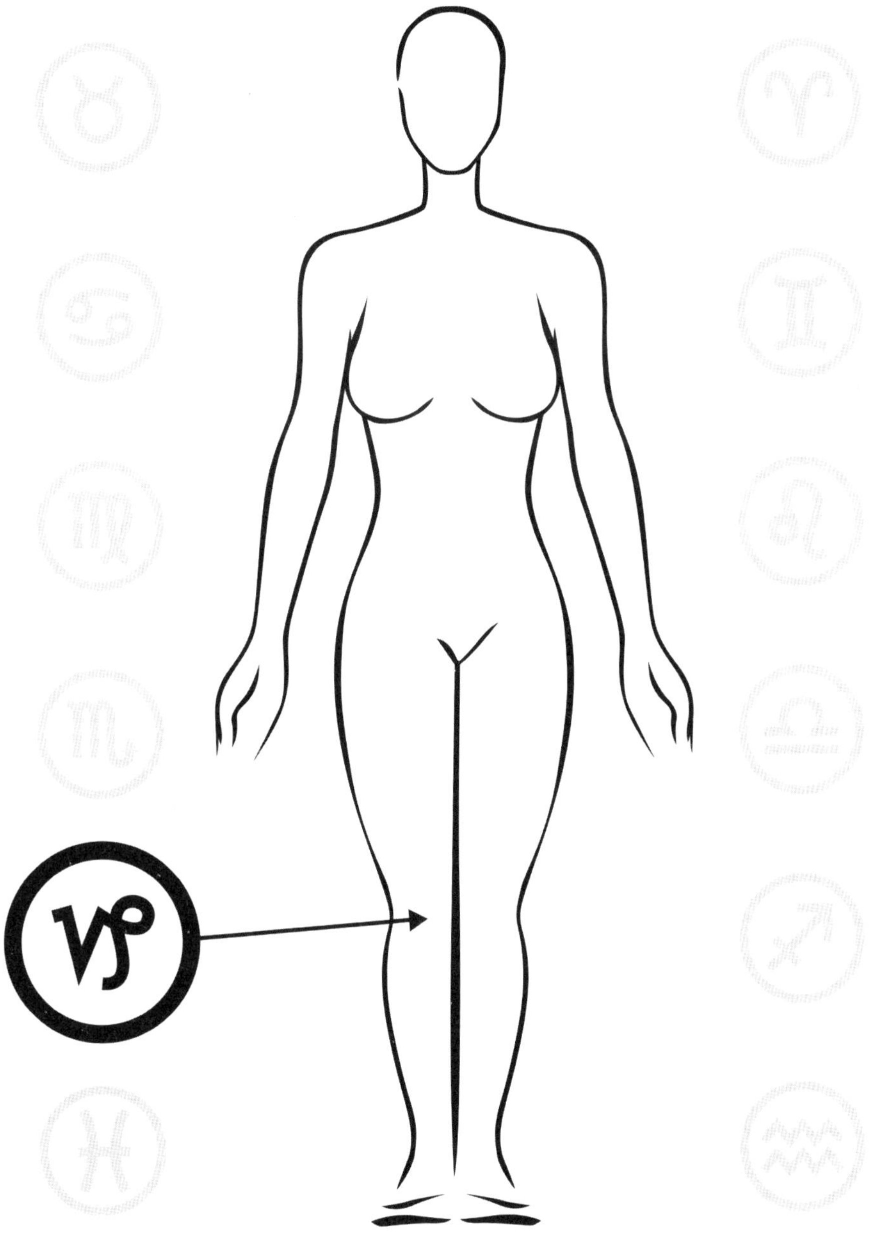

膝蓋的骨骼結構，參見附錄C。

發生，誠如需要時間和關注，才能正確地執行倒立或馬拉松訓練。相較之下，假使你想要不計一切代價地擺出結束姿勢或來到比賽的終點，因爲那是你的頭腦心智發出的命令，那麼你的雙膝就有禍了，那是摩羯座的敏感部位。

你的雙膝如何帶你去到你想要去的地方呢？許多人甚至沒有覺察到自己的膝蓋，一直到膝蓋出事爲止——膝蓋受傷、疼痛，或是因其他原因而停止正常運作。你比較熟悉身體的某些部位，而不熟悉其他部分，雖然這很自然，但膝蓋是值得認識的部位。所以要花些時間，讓自己重新認識這個使你每天可用許多方式行動的身體部位。

分解步驟：

1. 坐下來，捲起褲管，或是穿短褲，讓你可以好好看一看展現其所有榮光的膝關節。請注意，膝蓋有曲線和輪廓，以及前面、後面和側邊。
2. 一次一個關節，用雙手感覺膝蓋。感覺膝蓋骨（髕骨）、骨脊，以及周圍的肌肉和所有側邊上的肌腱。隨心所欲地探索，問自己如下的問題：膝蓋的溫度是多少（比周圍的部位冰涼或溫暖）？有哪些部位感覺起來柔軟或腫脹？一側膝蓋與另一側膝蓋相較之下如何？兩者如何對稱？如何不對稱？像你現在這樣坐著，兩個膝蓋與雙腳有何對齊的關係（例如，在第二腳趾正上方，膝蓋向內屈）？
3. 等你感覺比較熟悉自己的膝蓋之後，站起來，四處走走。你的膝蓋如何自然地使你移動？有帶著信念、穩定、前進的動力嗎？跛著腳嗎？腿部發軟嗎？

對陸地上的四腿山羊來說，兩個膝蓋是其存在不可或缺的部分。事實上，有些山羊忍受著某種主要影響膝關節的病毒性關節炎，被迫經常得躺臥休息，甚至是靠兩個膝蓋走路，以避免關節表面問題一起浮現。最終，膝蓋損傷甚至可能導致這隻山羊因無法自行維生而死亡。神話中的海山羊，可以幫助我們在兩側膝蓋尚未嚴重到如此程度之前，先行留意其黃道星座的功課！這只需要你覺察到兩個膝蓋的存在，同時結合審慎的行動——審慎的跨步、奔跑、跳躍，朝向你的最終目標。想像一下，如果你健康審慎地瞄準並完成自己的目標，你的身體會有什麼感覺？你的其他部分會有什麼感覺？要成爲走路上山的山羊，每一步都是經過選擇的、精心策劃的、切實可行的。要長期這麼做，不輕易卻步。投入適度的時間、適當的關注，將會卓然有成。要有信心，相信你一定會堅持忍耐。

摩羯座健康課題：行事負責，謀求更大的良善

採取行動是發揮能量或力度，而發起活動就蘊含在摩羯座的本質中。然而，摩羯座不同於黃道帶的其他土象星座，她是帶著腦海中的結果採取行動的。

♑

根據古代神話，海山羊的起源是：潘恩（Pan）是信使之神赫密斯（Hermes）與山羊艾克絲（Aix）的兒子，因此，他一部分是山羊，一部分也是牧羊人的神。一天，在樹林中，潘恩必須逃離巨妖泰風（Typhon），他替自己變出一條魚尾巴，然後潛入水中。後來，他幫助宙斯與巨妖泰風戰鬥，於是衆神之王宙斯將潘恩置於星辰之間，成為摩羯座，以此作為獎勵。

想想你的日常生活和你所有的日常行動，實在是不計其數啊！從刷牙到參與談話，你做著許多不同的事。但是你承擔的那些任務，有多少是在腦海中擁有具體的目標？譬如說，今天早上刷牙時，你是刻意用力刷以去除每一顆牙齒上的牙菌斑？還是你進入自動導航模式，想著即將到來的工作日？很可能情況是後者，那也沒關係！重點在於：體認到每一次採取行動時，你都選擇一個焦點（即使是不經意地）。而對我們的海山羊本質來說，這個焦點往往是行動的結果。在海山羊的世界觀裡，除非某事具有某個實際的用途，否則實在沒有必要動手做。海山羊在這裡不是爲了這趟旅程，而是爲了她的最終目標，就像與她同名的山羊一樣，帶著堅持忍耐一定要抵達山頂的意圖，穩定攀登山頂。

正如四足山羊是強健而堅定的登山家，摩羯座的海山羊也同樣有耐性。奠基於結果的行動是一場時間遊戲，而且由於目光盯著獎賞，因此，摩羯座需要多少時間才能到達目的地其實無關緊要。她投入其中，意在贏得獎賞。就她的黃道星座和能量來說，這意味著創造在人世間留下印記的永久結構。許多時候，這些結構並非實質的，而是理論的。舉例而言，十六世紀的摩羯座解剖學家安德雷亞斯．維薩里（Andreas Vesalius），精準地描繪了人形的結構，且將他的研究結果彙編成一本綜合著作，這使他成爲現代人體解剖學的創始人。大約一個世紀後，擁有許多非凡成就的艾薩克．牛頓爵士（Sir Isaac Newton），根據敘述運動中物體的三項法則，詳細描繪了我們物質宇宙的結構。放眼其他領域，天文學家、占星家兼數學家約翰尼斯．克卜勒（Johannes Kepler），運用場域更大、放大倍率更高的望遠鏡，幫助人類更實際地架構宇宙萬物。

摩羯座幫助建構了今日我們對科學的理解，這些名字讀來就像「名人錄」清單：詹姆斯．瓦特（James Watt，定義了馬力）、路易．布萊葉（Louis Braille，研發了盲人閱讀系統）、路易．巴斯德（Louis Pasteur，發現疫苗接種和巴氏滅菌背後的原理）、阿爾伯特．史懷哲（Albert Schweitzer，贏得諾貝爾獎的醫學傳教士）、班傑明．富蘭克林（Benjamin Franklin，發明雙焦點眼鏡和避雷針）。

這些科學界的海山羊可能並不確切知道，他們在數學、物理學和天文學上努力的成果將會是什麼；但他們知道，他們在科學上的質問很重要，而且答案可能更加重要。因此，儘管那些岩石地形使他們今日永垂不朽（不要被愚弄了，以爲他們的成功沒有經歷過失敗），但他們全都耗費一輩子時間攀登。不過這個拼圖還有一塊：除了「什麼」之外，還有「如何」。我們應該要「如何」行動？對大部分的摩羯座來說（或是當任何一個人忙著投入自己的摩羯能量時），答案都是：認眞負責。舉個例子，克卜勒將他的科學工作視爲一項宗教職責，那是一份責任，要去理解依祂的形象造人的上帝是如何運作的。

你或許也覺得要對生命中的許多人和事負責。或許你覺得要負責的包括：兒女的成長、母親的健康、房子的維修、工作的職責等等，不勝枚舉。這感覺其實是一份責任感，從你自己的內在生起，然後延伸到他人。它是一種全責性（accountability），要由內到外，對你是誰以及你如何生活負起責任。

當你掌握自己生命的所有權時，一切從你開始。但由於你生存在許多更大的背景（家庭、鄰里、城市、國家、世界）之中，所有權最終延伸到那個更大的整體。此兩者是相關聯的，也因此，要照顧自己的健康，包括吃多少、睡多少、運動多少等等非常個人的決定，影響了你在社群層面的貢獻。當你生病在家休息時，便很難成爲有生產力的社會成員。即使有許多合理的原因說明你爲什麼生病（從生病的同事到不當的壓力），但對自身健康的責任，終將隨著你的選擇與決定而開始和停止。要忘掉是非對錯（你超越了雙子座的二分法）。比較重要的是：你有隨時利用所得到的一切，做出最適合你的決策嗎？你覺察到而且願意接受那些權衡與妥協嗎？你接受你的行爲可能帶來意想不到且好壞兼具的後果嗎？那是行事負責的核心本質。

行事負責是一種掌控自己生命、不成爲受害者的方式。不論遇到多大的困難，你都是自己命運的主人，並以此度過每一天。而那個獎賞（自我賦能），非常值得你迎向挑戰。當然，存在的外在因素和力度有助於驅動你或使你脫軌，但那些與你的拼圖並不相互排斥。誠如古諺所云：「你可以領著馬兒去喝水，但你無法要牠低頭喝水。」最終，儘管所有因素都緩和了，但決定權還是在於那匹馬；或是以此例而言，則是海山羊是否要喝水。海山羊的責任感有多種形式，但大型的包括公民職責，那是一股社會力量，約束著摩羯座採取與那股力量一致的種種行動。

想像一下，你站在人行道上，馬路上沒有車子駛來。你匆匆忙忙，非常有必要闖越那條馬路。可是如果這麼做，即使過程中沒有人受到傷害，你仍會違法。落實這條法律是爲了保護全體行人，要確保的不只是一個匆促行人的福祉，還包括一個繁忙社群的福利。當時，你如何行動呢？你如何及何時選擇去維護你感知到相對於更大良善的個人利益呢？對海山羊來說，更大的良善是那股驅動力。當你可以嘉惠許多人的時候，爲什麼要採取只影響一個個人的行動？來到黃道週期的這個階段，自我只是一整片超大拼圖中的一塊，而這整片拼圖使你成爲「你」。因此，代表他人行動吧！無論對方是你的家人還是周遭的社會，都與成就自己的目標是同一回事，這意味著你內在的海山羊需要惦記著他人，才能感到充實滿意。

儘管如此，摩羯本質並不是缺乏自我認同。每一個人都需要自我感，即使我們全都只是水滴存在於眾所周知的海洋當中，但每一個人都是自己的水滴。而我們的海山羊非常清楚這一點。雖然是海洋的更大力道帶著她向前，但她非常清楚自己的個人意義，尤其是她可以成就的地位，無論是在職場、家庭或社會之中。那是她於情於理該得的獎賞，以獎勵她長期費力地登山。不過要重申的是：地位不該是背後的驅動力，某種渴望的結局才應該是那股驅動力。

♑

熟悉「只要目的正當，可以不擇手段」這句話嗎？它為義大利哲學家暨歷史學家尼可洛．馬基維利（Niccolo Machiavelli）的哲學，找到另一種說法。上昇星座在摩羯的馬基維利，在《君王論》中指導一位王子如何獲取和維護權力。他當時指導的「王子」是誰呢？正是佛羅倫斯的統治者羅倫佐．德．麥第奇（Lorenzo de' Medici，《君王論》就是獻給他的），而麥第奇也是摩羯座。

不健康的身體警訊（兩種極端）

摩羯海山羊就跟任何山羊一樣，是一個很好的攀岩家，以穩定、持久、獨立而強健的方式前進。這個海山羊有工作要做，而且沒有多少事可以妨礙她的周密計畫。這點也符合她自己的需求，因爲海山羊傾向於將家庭和工作的利益擺在自己的利益之前。因此，她是與更大的良善連結的。

然而，爲了確實履行她的責任，她不能完全擱置自己的需求，而你也不能這樣。所以，重要的是，你學習到幫助你的摩羯本質親自連結到更大的良善，而不是將它看作是個別獨立的。她的需求、你的需求、他們的需求、我的需求……全都交織在一起。但帶著如此嚴肅而堅定的本質，海山羊可以輕而易舉地摒棄自己的福祉。如果發生這事，假使你拒絕接收自己的欲求，憂鬱將會戰勝。多數時候，海山羊願意放棄自己的情緒，以執行她認爲需要完成的事。然而可別誤會了，即使海山羊通常不被視爲溫暖而貼心，但她還是有許多的情緒。如果這些情緒沒有被適當地認清和疏導，就可能顯化成反覆無常的行爲。所以，你內在的海山羊通常需要放鬆手中的韁繩，依照自己的條件享受些許樂趣，免得她過度有所作爲（就這點而言，膝關節可能淪爲所有關節中的犧牲品）。

♑

一則摩羯座專心尋求地位卻得不到好結果的警世故事，與克洛諾斯（Cronus）有關，他是泰坦（Titan）十二神之王（在羅馬神話中，克洛諾斯的名字叫「撒登」，Saturn 就是土星，即摩羯座的守護星）。克洛諾斯為了維護自己的王位，不顧妻子反對，吃掉了自己所有的子女。直到兒子宙斯出生，領導了一場撼天動地的反叛，推翻他父親，最終廢黜了克洛諾斯，確立了宙斯為王。

責無旁貸的摩羯本質，其身體表現可能包括：

★膝關節周圍（亦即連結大腿或小腿）的肌肉和肌腱緊繃、收縮
★移動或坐著時，膝蓋疼痛或不適
★腿部的活動範圍受限或僵化
★膝蓋卡卡的
★活動時聽到劈啪聲或嘎吱響，或是感受到諸如此類的感官體驗

★關節周圍的液體過多

★脛骨疼痛

另一方面，如果海山羊過度受到自己個人的欲望所驅使（相對於那些更大良善構成的欲望），那麼她可能會發現她的計畫是不被支持的，於是不論她的規劃和策劃多麼費盡心血、耐性十足，都不會得到成果，甚至從長遠的觀點看，也是徒勞無功。事實上，這是你因某種不變的驅力和進展而感到筋疲力竭的時候，亦即你走錯方向了。這近似於過度使用膝蓋，而且是不當地使用膝蓋（例如，跑馬拉松時，膝蓋抬得過高）。

追逐私利的摩羯本質，其身體表現可能包括：

★膝關節周圍（亦即連結大腿或小腿）的肌肉和肌腱虛弱

★膝蓋虛弱感，腿部發軟或不聽使喚

★移動或坐著時，膝蓋疼痛或不適

★過度伸展

★膝蓋校正不良

你的雙膝負責使你移動到什麼程度？無論是感覺責無旁貸、追逐私利，還是介於兩者之間的某處，關鍵都在於：好好聆聽你的身體，給予身體所需要的。若要伸展緊繃的膝蓋或強化虛弱的膝蓋，可運用下述提問和練習，喚醒你內在的摩羯座。

找回平衡的五項提問

下述提問和練習將充當你體現摩羯座的個人指南，不妨運用它們採取負責任的行動，謀求更大的良善。

★你日常行爲的本質有何特徵（有計畫的、有目的的、憑感覺碰運氣）？試著描繪一下。

★驅策這些行爲的是什麼（責任、成功、興奮、恐懼）？你的膝蓋如何促使你採取行動（疼痛地、緊繃地、偶爾腿部發軟）？

★列出你的許多職責。哪些主要是代表他人？哪些是針對你自己？

★你最後一次將責任外化到另一個人身上，是什麼時候（例如，責備配偶或同事）？回顧一下，在那件事當中，你扮演的角色（你的責任）是什麼？

★「更大的良善」對你來說是什麼意思？誰是它的一員？你覺得你以什麼方式代表它行事？當你代表它行動時，你感覺如何？

摩羯座養生操

練習1 戰士二式：有力且審慎地採取行動

「這是一件危險的事，佛羅多，出了家門……上了路，如果你不穩住雙腳，誰曉得你會被帶到哪裡去。」佛羅多引述比爾博．巴金斯❶的這段話，它出自摩羯座作家托爾金（J. R. R. Tolkien）的史詩奇幻小說《魔戒首部曲：魔戒現身》①中。換言之：要有意圖、有目的地採取行動，知道你在做什麼以及爲什麼這麼做。任何人，包括精靈、哈比人❷或人類，「穩住雙腳」的最佳方法之一是，審慎地校正使雙腳就位的雙膝和雙腿。當雙膝被定位在正前方時，會幫助雙腳仿效跟進。利用這個瑜伽體式審慎地強化並校正雙膝，讓它們可以帶著你四處走動。

分解步驟：

1. 從中立站姿開始。將雙臂抬高到T字型位置，雙腳分開，使兩個腳踝分別在兩手手腕下方對齊。保持雙肩下垂，雙手手腕中立，所有手指伸展。
2. 左腳稍微向內轉（不超過四十五度），右腳向外九十度。低頭看，確保左、右腳跟呈一直線。

3. 右膝彎曲成九十度，使大腿與地板平行。要確保右膝蓋骨直接定位在右腳踝上方，且與第二腳趾對齊。整個右腳應該要平放在地板上，足弓用勁（腳後跟或腳趾不宜抬起）。同樣地，左腳的所有點位應該要平均地接觸地面。

4. 轉頭，凝視你的右手指尖。軀幹應該保持直立，不要前傾。保持這個姿勢，持續五次緩慢而審愼的呼吸。

5. 換另一側重複上述動作。

這個體式的奇蹟之一是，它強化兩側膝蓋周圍的肌肉——只要你適度地進入這個體式，而不只是隨意做做。藉由用到被稱爲「股內側斜肌」的某一「股四頭肌群」的一部分，即可強化一群已知在髕骨正常運作和校正對齊時扮演要角的肌肉纖維。這些纖維被用到了，不但出現在伸展範圍的末端（例如，此式中的後膝蓋），更出現在當膝蓋彎曲成九十度角且腿部承擔著重量時（例如，前膝蓋）。所以，若要達到你所渴望的結果，就要設法確保膝蓋彎曲的程度是舒適的（不過度），即使這意味著你沒有達到九十度，然後再依據上述步驟，讓膝蓋適度就定位。

練習 2 坐姿長腿前彎式：敞開進入更大的責任

摩羯座玄祕學家兼詩人哈利勒·紀伯倫（Khalil Gibran）寫道：「昨天，我們服從國王，在皇帝面前俯首。但今天，我們只對眞理下跪，只跟隨美，只服從愛。」②你對哪些個人負責呢？什麼樣的更大力度驅策你的行爲呢？你對誰或是對什麼下跪呢？永遠不會太遲的是，去評估你於何時、何地、如何在日常生活中負起責任。永遠不會太遲的是，敞開進入全新的理解方式，明白是什麼驅策你的行爲並使你領悟到，最終，這一切全都來自於你。在這個坐姿中，借用有利於你的雙膝健康的腿筋伸展，進一步對健康負起責任。

分解步驟：

1. 坐在地板上，雙腿在面前伸直。如果需要軟墊幫忙才能調好坐骨坐正，那就坐在軟墊上。保持兩側大腿平行（不向內或向外翻），雙腿伸展，雙腳伸展，透過兩個腳後跟積極推送。雙臂直接放在身體兩側，雙手手掌貼地下壓。
2. 保持軀幹伸長，從髖關節（不是腰部或背部）向前傾靠。將胸部朝脛部帶。向前傾靠時，雙手握住雙腳側邊。如果辦不到，就將雙手放在脛部上方或

是旁邊的地板上。

3. 依你的伸展範圍，鬆開頭部和頸部，使頭頸可以輕輕地向前彎（雙肘可以進一步彎曲，以此協助）。保持這個姿勢，持續十次緩慢的呼吸。每次呼氣時，就向前彎得更深一些。

4. 按照進入的方式退出這個體式，將軀幹伸直，返回到中立位置。

責任不必是負擔，它不見得需要大量的努力，也未必需要傷人。責任可以簡單到像是一份確認——確認你是自己生命的主人，且一切均來自這個確認。在這個體式中採納同樣的自在悠閒。要釋放掉壓力和緊張，讓重力的重量使你前彎得更深一些，並融入其中。

練習 3 膝蓋畫圓：包含更大的良善

人生與許許多多的你相關，同樣地，人生也包含許多的他人。不管你喜不喜歡，這些他人都圍繞著你，而且在這個過程中，形成你的社群的不同部分。因此當你行動時，你的行為並不是孑然獨立的。你採取的每一個行動就像一顆小卵石被扔進池塘裡，創造出不只是小卵石自己的水環，還包括周遭水域的同心圓。以此方式，你的行為可能會有意同時無意地影響他人。雖然結果不完全在你的掌握之中，但你至少可以有意圖地選擇，以及選擇是否代表更大的良善。利用這個練習，透過以意圖爲基礎的行動，創造你自己的同心圓。

分解步驟：

1. 從中立位置的站姿開始，雙腳分開，與臀部同寬，雙手放在腰上。
2. 雙膝朝右畫圓圈，重複五遍。保持軀幹挺直，不要向前傾。設法確保圓圈是由膝蓋畫的，而不是突出的臀部或肩膀所畫，同時雙腳保持平貼在地板上。畫圓圈時，雙膝之間維持開始時的距離，不至於向內彎或向外翻。
3. 返回到中立站姿。
4. 換另一個方向重複上述動作。

練習 4 耐心手印：祈請耐性與洞察力

在昆達里尼瑜伽中，每一根手指代表一顆行星，因此可以祈請該星球的能量。第三根手指代表土星，亦即摩羯座的守護星。從天文學的角度看，土星是環繞太陽的第六顆行星，由於它與太陽的距離，遠遠大於地球（環繞太陽的第三顆行星）與太陽的距離，所以擁有大上許多的公轉軌道。結果是：土星需要一萬零八百多天的地球日，才能繞行太陽一周（時間長度大約是地球繞行太陽一周三百六十五天的三十倍）。討論一下耐心吧！土星顯然是不慌不忙的。就運用一個祈請土星持久能量的手印，祈請某些耐心。

分解步驟：

1. 在椅子或地板上找到一個舒服的坐姿。
2. 雙手放在大腿上，雙手手掌朝上。
3. 兩手各用拇指觸碰中指，其他手指保持放鬆伸展。
4. 閉上眼睛，連結你企圖引出的更大智慧。放鬆，呼吸。

只要你喜歡，這個手印可以隨時執行。

練習5 沐浴：信任結果

在我們的社會中很難有耐心，因爲我們被培養成要採取行動，要不斷地做、做、做！當沒什麼明顯的事情發生時，似乎就像什麼也沒發生。但情況往往不是這樣。一旦車輪轉動，不管你是否看見，車輪都在轉動。有時候，你只需要等著它滾向你；你不可能總是當那個滾動它的人。要信任你在這個過程中扮演了自己的角色，同時相信，你所啓動的事物將依它自己的節奏發生。這個時間，往往勝過頭腦心智所設定的時機。所以，要花些時間沐浴，知道即使你「什麼也不做」，沐浴也會對你動工，只要允許沐浴鹽鬆弛你膝關節周圍的肌肉，以及身體的其餘部分。這一切唯一需要的是：由你去招來沐浴這件事，其餘的就讓沐浴接手。

分解步驟：

1. 依你的喜好，洗個溫水浴。
2. 隨意創造能使你放鬆、不擔心時間的任何環境（例如，燭光）。關掉電話和其他可能引起你注意的電子產品。設定十二至十五分鐘的鬧鈴，這將使你放鬆，不考慮時間。
3. 將兩杯瀉鹽置入浴缸中，讓瀉鹽溶解幾分鐘。
4. 進入浴缸，放鬆，直到鬧鈴響起爲止。這次沐浴不要用肥皀，因爲肥皀會干擾瀉鹽的作用。
5. 一週洗多達三次的瀉鹽浴。

以英國埃普索姆（Epsom）某一泉水命名的瀉鹽（Epsom salts），並不是眞正的鹽，而是天然存在的鎂與硫酸鹽的化合物。瀉鹽已被用作若干疾病的傳統補救法，包括壓力、疼痛、肌肉緊張、炎症。

練習6 爬山：為你的社群負責

「社群」可以意味著任何數量的事物。根據某字典的定義，「社群」是某一個任何類型或大小的社會團體（例如，宗教的、商業性的或區域型的），也可以指這類群體盤據的地區。你如何定義你的社群呢？很可能你有許多的社群，有許多的交叉貫穿。把它們找出來，成爲你所是的海山羊，爬上不論哪一座讓你可以好好看一看的高山、丘陵或高樓大廈的頂部。俯瞰你的社群，它們就在那裡！不論你看見身旁和下方有什麼樣的喧囂忙碌，包圍著你所屬於的每一個不同團體，他們都是要求你代表他們負責任地採取行動的團體，以及在身體上、心理上或情緒上支持你這麼做的團體。所以，前進吧！就用膝蓋向上攀登，代表你所屬的團體實實在在地看見，實實在在地明白爲何如此。

小結

★膝蓋是與摩羯座相關聯的部位，這些關節是穩定度與移動性之間的平衡，不論你選擇去哪裡、如何去，它們都會使你移動。

★摩羯座是黃道週期的第十個星座，其能量確認你的責任感，以及你如何耐心且持續地運用責任感來謀求更大的良善。

★如果你務實的摩羯本質潛入工作太深，或是只爲了工作而工作，你的膝蓋可能會體驗到不同的症狀，例如，疼痛、卡卡的、嘎吱作響。

★透過聚焦於雙膝的提問、練習和活動，培養你內在的摩羯座，運用這些抵達你的山頂，同時設法確保沿途玩得開心。

原註：

①托爾金（R. R. Tolkien），《魔戒首部曲：魔戒現身》（*The Ring of the Rings: The Fellowship of the Ring*，Boston: Houghton Mifflin, 1965），83頁。

②哈利勒·紀伯倫（Khalil Gibran），《願景：靈魂之路上的反思》（*The Vision: Reflections on the Way of the Soul*，Ashland, OR: White Cloud Press, 1994），32頁。

譯註：

❶Bilbo Baggins，托爾金小說裡的重要角色。

❷出現在托爾金奇幻小說中的虛構民族。

12

持水者的腳踝

♒ 寶瓶座

★出生日期：一月二十日～二月十八日

★身體部位：腳踝

★主　　題：喚醒新時代的潛能

既然我們有了靠摩羯座的海山羊建立起來的堅實社會結構，那麼寶瓶座的持水者（Water Bearer）在這裡就是要拆除這個結構的！寶瓶座是技藝高超的平等主義者，在此是要瓦解摩羯座的階級制度，建立他認定有必要的「典範轉移」。這是一種滿足集體需求的新方式，強調集體。換言之，這個持水者是黃道帶的俠盜羅賓漢，他在這裡是要進入所有其他人的內在，喚醒他在自己之內所看到的同一種精神，引進一個眞正人人具有平等潛能的新時代。

寶瓶座司掌：腳踝

或許，身體的其他部位都不像腳踝（與寶瓶座相關聯的身體部位）一樣有個性。雖然每一個腳踝主要是能夠屈曲和伸展足部，但卻也是決定你如何將足部（見第十三章）置於地上的身體部位。想一想赤腳攀登某座由岩石所構成的山丘，你就會明白腳踝指揮足部的重要性和細微差別——稍微踏錯一步，很容易就會墜落！

腳踝只由三塊骨頭（腿部的脛骨和腓骨，以及足部的踝骨）構成，是緊鄰足部上方的部位，而足部是兩足人站立、步行、四處移動時，實際觸及地面的唯一部分。因此，腳踝的移動必須是審愼的，因爲置放下方的足部，也就是置放其上一百五十至一百八十公分高的「你」。換言之，這個謙遜的鉸鏈關節可以幫助決定如何以精緻、個人的方式在大地上站立和移動，它將來自上方臀部和膝蓋的較大動作，轉移至下方更加具體微調的雙腳，即使當你站立時也不例外（請注意，長時間站立時，你的腳踝和雙腳絕不會眞正靜止）。

古往今來的許多文化都已經理解到，你的腳踝不僅止是骨性隆起。在古埃及，腳踝被認爲是要好好裝飾的區域。基於這個原因，男人和女人都穿著短短的束腰外衣，以此炫耀用金、銀、鐵、珠子（用紫水晶之類

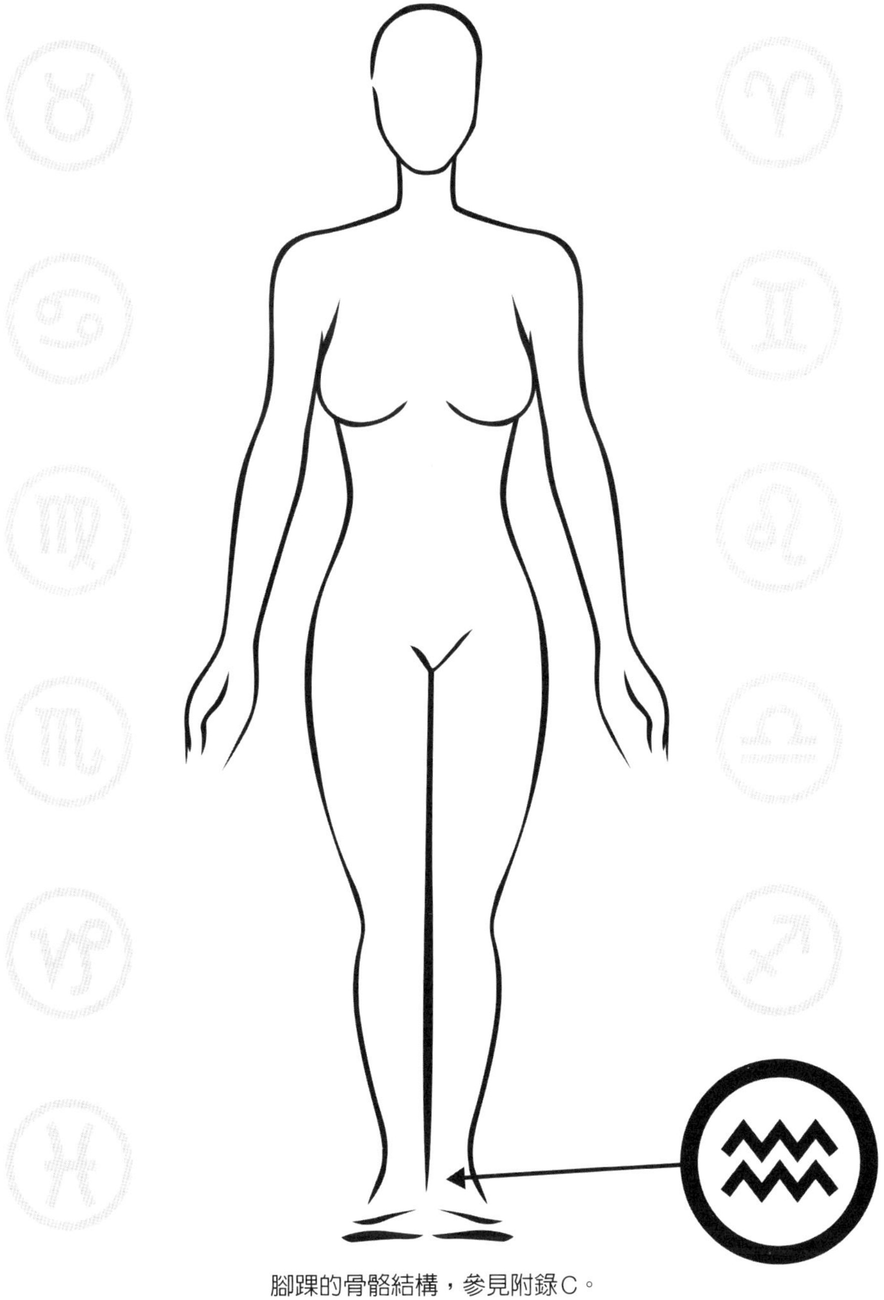

腳踝的骨骼結構，參見附錄C。

的半寶石製作）裝飾的腳踝。在印度，這些踝鏈（payal，梵文「腳飾」）也因時尚而被女性所穿戴，有時則象徵部族的忠誠度。在古老的中東地區，兩個踝飾（兩腳各一）可能被鏈接在一起，發出叮噹聲響，不但引人注目，而且可縮短步態，這被認爲是優雅而女性化的。有些文化分別爲左、右腳是否配戴踝飾，賦予不同的意義（例如，關係狀態）；其他文化，例如維多利亞時代的英國和保守的伊斯蘭國家，則基於謙遜之故，將腳踝完全隱藏起來。

你上次注意看自己的腳踝，是什麼時候呢？更別提何時裝飾過腳踝了！這些時常被忽略的部位，道出了許許多多你如何完成你所做的事。譬如說，你如何站立？靠虛弱、發軟的腳踝，還是靠穩定的腳踝？還有你現在爲了什麼而站立著？要上公車嗎？還是爲了你有權利坐在公車上？

沒錯，就是羅莎·帕克斯（Rosa Parks），這位拒絕因人種之故而在公車上讓座的「民權第一夫人」，正是寶瓶座。同樣的還有亞伯拉罕·林肯（Abraham Lincoln），他在大約比這更早一個世紀左右，引進了美國民權的第一紀元。

嘗試一下這個簡單的站姿，從而開始注意你的腳踝。

分解步驟：

1. 站立，雙腳分開，與臀部同寬。

2. 不要移動身體的任何部位，只移動頸部和頭部，向下看，檢查你的腳踝。
3. 兩側腳踝分別位在膝蓋的正下方、腳後跟的正上方嗎？還是與足部相較，一側或兩側腳踝向內轉或向外翻？觀察即可。
4. 將體重移到右腳上，然後抬起左腳，離地幾英寸（需要的話，可就近扶著桌子或椅子）。你的右腳踝出現了什麼樣的變化？同樣地，觀察即可。
5. 換另一邊。

就是這樣，藉由一個簡單的練習開始連結一個看似簡單的關節。但當你轉移到某一腳時，或許會感覺到那側腳踝的更大複雜性，這可幫助你找到並維持自己的站姿。然而，多數人並不常關注個人的這個面向，沒有注意到自己走路和站立的特定方式。因此，腳踝扭傷是全美國初級保健機構最常見的傷害之一。我們的注意力並不是集中在自己的當下以及如何穿越當下，因爲直接跟隨群眾往往比較容易。然而，如果你太常跟隨他人，你的站姿將不是你自己的站姿，於是你更可能失足。每一個寶瓶座都需要擁有自己的立場，這對他很重要，對其他每一個人也同樣重要！

寶瓶座健康課題：喚醒新時代的潛能

每天早晨，你從睡眠中醒來，也許是因爲穿透窗簾照耀而入的光線，因爲鬧鐘，因爲枕邊人醒了……你如何醒來其實無關緊要，因爲結果都一樣：你醒覺了。你已經從沉睡之中被吵醒了，或是就比喻而言，從黑暗的狀態中被吵醒。無論那只是日曆上的某個新日期，還是人生中的某個新階段，你都進入了新的一天，引進了新的視角、新的構想、新的理解。

無論是哪一種情況，醒覺都意味著一個全新的、增大的認知狀態，一個不同於從前擁有（且在某方面更加深刻）的狀態。當你醒覺時，你看見某個對任何已知情境均更加宏大的眞相。譬如說，你可能醒悟到現實情況，明白醫療衛生體系的內情不同於實際的執行狀況。你可能覺悟到事實情況，明白你的朋友其實是說一套、做一套（儘管他總是立意甚佳）。你可能醒悟到這個概念，明白你的心智正在爲你創造一個你可以隨時選擇去改變的實相，這就是爲什麼你看著電影哭泣，而坐在旁邊的那個人卻哈哈大笑。你可以醒覺的次數和方式多不勝數，那是永無止境的。

持水者畢生都致力於在日益深入的層次上醒覺到自己的個體性，宛如洋蔥剝皮，揭露出洋蔥的許多層次。最終，他領悟到，他看似獨一無二的欲求和需要，其實代表更大整體的欲求和需要；他感覺到的憤怒，代表被全體感覺到的憤怒（儘管不同的個體感覺到的並不一樣）。這就是他的飢渴，這就是他的渴望，想要活出自己最高階、最快樂的潛能；諸如此類，依此類推。

在物理學上，位能（potential energy，潛在能量）是靠位置儲存的能量。好比一支箭的位能，在箭被射出去之前，它被緊緊地往後拉，退到弓裡面。或者說，雨在降落之前的位能，經過某座渦輪機的處理，最終成爲水力發電。雨是充滿潛能的，不只可作爲電力的來源，更是作物的栽培家、衣服的洗滌者、碎片的清潔劑、人類的水合器，外帶可能是洪水氾濫的原因，或者缺雨時，便是乾旱的元凶。許許多多的前景，掌握在如此一顆顆的H_2O小水滴之中！也因此，寶瓶星座是一名男子傾倒著一只盛水的容器。在許多古老的文化中，「雨」都預示著各種的可能性，從洪水到土壤裡的食物，那是寶瓶座的一個特點。

雨和潛能相會的另一個地方在哪裡呢？寶瓶座科幻小說作家朱爾．凡爾納（Jules Verne）預見性地理解到，水的成分（氫和氧）可以產生燃料。這在他的時代是一個全新的構想，而這個構想今天仍舊被人們探究著。

我們每一個人都像水一樣，同樣具有潛能，這意味著基於你已然擁有的一切特質，你可以表達更多——更多的愛、更多的創造力、更多的喜悅、更多的成功。雖然你個人的特質組合不同於母親、父親、隔壁的那個人，但在後設層次❶上，你們共享許多特質，例如，愛、創造力、喜悅、成功。因此，當你醒悟到你的潛能，並且跨出下一步，據此採取行動（或許是透過禪修強化內在的愛，或是在藝術課堂上提高你的創造力，或是在職場上暢所欲言），推動你的奇思妙想，你都心照不宣地允許周遭其他人採取同樣的做法。培養自己的潛能往往是極大的挑戰，培養另一個人的潛力就更不用說了。但當你這麼做時，你讓他人覺得可以走出來，按照他們自己的鼓聲節奏前進。

總是可以選擇的：一旦你覺察到自己的潛能，就可以決定是否使用它。當然，你可以迴避自己的崇高偉大，迴避自我力量的擴張，你可以繼續踮著腳尖沿主要幹線前進，但那不是你的持水者部分在這裡該做的事。你內在的持水者在這裡是要徹底地活出他的怪癖，同時啓發他人以其無法仿效的獨特方式做同樣的事，那甚至可以是原創的、有新意到足以定義一整個全新的時代。

「這是寶瓶年代的曙光」①，大家一起唱吧！這個年代不只是一九七〇年代那首以寶瓶座爲名的歌曲的名言，也是天文學和占星學的實際情況。以天文學的角度來說，本來並沒有年代，但太陽的位置每隔兩千一百六十年左右發生一次轉移，大約在春分前後，太陽進入另一個黃道星座。以此例而言，是從雙魚座進入寶瓶座。在占星學的世界裡，如此位置的轉移發生，而且因此引進另一個星座的能量，於是創造出一個年代。

儘管是否正式轉移至寶瓶年代仍在討論之列（有些占星家斷定，這早在一九六〇年代就開始了，其他占星家則將目光放在三六〇〇年），但大家均同意，這個年代正在發生。不管怎樣，持水者的能量並不是等待新年代自行引進的能量，可以說，它是在年代之中創造自己的年代；新的思想範型影響著我們的想法、感受和做法，從而改變社群。因此，這個星座的健康有賴於完全而獨立的自由，以表達他在這裡該做的不論什麼事。

舉例來說，美國發明家湯瑪斯・愛迪生和英國生物學家查爾斯・達爾文，是兩位在他們自己的歷史時代發展出新思想範型的寶瓶座。一八八〇年，愛迪生取得燈泡的專利權，接著成立公司，將電力傳輸到全美各地，今天，這家公司叫做「奇異公司」（General Electric Corporation，或譯「通用電氣公司」）。提供電力以驅動社會的光源是十分重要的，否則你可能還就著燭光閱讀本書，而不是在你的電腦、平板或手機上閱讀。在此之前幾十年，達爾文在進化的保護傘底下導入了「物競天擇」的概念，從而蛻變了這世界對自然界的想法。

寶瓶座的革新者形形色色、五花八門。舉例來說，女性藝術家的名單包括：貝蒂・傅瑞丹（Betty Friedan，美國女權主義作家）、艾茵・蘭德（Ayn Rand，俄裔美籍客觀主義作家兼創始人）、露絲・聖・丹尼斯（Ruth St. Denis，美籍現代舞蹈先驅），以及吉普賽・羅斯・李（Gypsy Rose Lee，美國作家、女演員、滑稽劇表演者）。

簡言之，持水者將永遠活出他自己的寶瓶年代。這是他在這裡的原因——要覺悟到更宏大的人類和宇宙的實相，同時基於全體的利益，讓如此的理解鮮活起來，無論是燈泡、望遠鏡、還是進化論。以此方式，他活出自己最充分的潛能，同時利用社會的潛力，在兩相兼顧之下引進下一個新的年代。

不健康的身體警訊（兩種極端）

就連寶瓶座的守護星天王星，也是我行我素。譬如說，天王星的傾斜十分極端，與其他行星不同，它根本是側躺著繞行太陽。而且天王星與自古以來一直被肉眼觀察到的古典行星不同，它是第一顆透過望遠鏡發現的行星（儘管此一發現純屬意外），是一位天文學家在一七八一年發現的。

天王星的發現與啓蒙時代的高潮恰恰相合，這個時代預示了個人的權利高於社會的傳統（這實在太令人驚訝了）。啓蒙運動於十七世紀末興起於歐洲，目的是改革社會上由貴族統治的社會和政治規範。該運動導致了美國和法國革命的崛起，並且伴隨一段文學和藝術的浪漫主義時期。

個人的權利、自由、表達（同時包括蘊含其內以及因此衍生的概念），最終透過當時擁有出色、原創和解放觀點的男女而成形。然而，寶瓶座存取的能量和理想不見得是他自己的，而是當你接觸內在的寶瓶座時，你有效地契入一個時機已然到來的理念，同時以你的特殊風格代表你的社會擔任實現理念的那個人。因此，重要的是，接收你自己的寶瓶思想風格，不要迷失在外界那些偉大的思想中。潛能之海是浩瀚的，可能令人耗時費力。如果你發現自己耗損了，不確定自己的思想和理念與他人的思想和理念有何差別，你可能會發現，在試圖自我定義的過程中，你死命地抓住任何機會，從一個思想形式跳到下一個思想形式，期望取得某個身分。在此情況下，你可能會行爲激進或缺乏個人穩定度。這時，你的挑戰是，在面對看似無限的可能性時，要安全無憂地存在你的個體性之中。

激進極端的寶瓶本質，其身體表現可能包括：

★虛弱感
★活動過度
★腫脹
★皮膚底下劈啪響的感覺或聲音
★斷裂感
★狀態不穩定
★走路時經常足部內翻（腳踝以下的足部滑動，腳底翻向內側）

儘管帶著盛水的容器，但寶瓶座卻是固定星座，那意味著，這股能量可以單純地爲了某樣東西的緣故而堅定、頑固地堅持。這情況可能導致他任性地走向並不眞正屬於他的方向，或者那可能使他沒有眞正原因地成爲矢志不渝的反叛者。所以，重要的是，你內在的持水者不要變得僵化死板，執守著他的信念。他（還有伴隨著他的你）需要隨著從容器中傾倒而出的水流前行，那是他的理念的流動，是時代的流動。否則，他將會成爲自己奮力對抗的機構。因此，你內在的寶瓶座必須是堅定而有彈性的，設法確保不要在過程中踩到他人的腳趾和理想。於是，你的挑戰在於：平衡個性化與社會現存結構的需求。因爲正如你有表示意見的個人權利，所有其他人也有同樣的權利。

僵化死板的寶瓶本質，其身體表現可能包括：

★緊繃、收縮的小腿肌肉
★疼痛、腫脹
★關節僵硬
★痙攣或抽筋
★活動受限，做圓形旋轉時尤其明顯
★活動時有劈啪聲或劈啪感

你的腳踝使你頂天立地到什麼程度？無論是感覺激進極端、僵化死板，還是介於兩者之間的某處，關鍵都在於：好好聆聽你的身體，給予身體所需要的。要伸展緊繃的腳踝肌肉或強化虛弱的腳踝肌肉，運用下述提問和練習，喚醒你內在的寶瓶座。

找回平衡的五項提問

下述提問和練習將充當你體現寶瓶座的個人指南，不妨運用它們喚醒某個新時代的潛能。

★你最近學習到或經歷了什麼，使你醒悟到自己的某個新面向？醒悟到整體世界的某個新面向？
★展望未來，你把自己的人生看成是充滿潛能，還是偏愛將它看成不可避免的結局？需要發生什麼事，你才能感到充滿潛能？

★你最近追求的是什麼樣的新嗜好、課程或興趣？你從中學到了什麼？你下一步想要學什麼？

★你最近的傑出點子或創新是什麼？你是否曾有過某個傑出的點子卻祕而不宣，因爲害怕被奚落揶揄或更糟的情況？

★你的腳踝使你在頂天立地時（以及雙腳向前移動時），得以穩定到什麼程度？

寶瓶座養生操

練習1 樹式：精煉和強化站姿

樹木挺直站立，甚至可高達數百英尺。然而，儘管高聳，但每一棵樹天生具有莫大的穩定性。這個能力使它們在暴雨或強風中能夠保持屹立，同時高聳參天。一系列的特性促使它們立場堅定，從剛硬而逐漸變細的樹幹，到柔韌的樹枝、螺旋形的纖維，還有擔任錨定作用的根軸系統。你的錨（身體的根）是使你插在地上的雙腳，以及置放雙腳、使雙腳移動的腳踝。運用這個樹式，好好感受「你」如何連接到地面。感覺你的站姿多有動力，你如何擁有可持續精煉站姿的力量，以及你如何在這個過程中變得更加強健。

分解步驟：

1. 中立位置站立，雙腳分開，與臀部同寬，將身體重心移到右腿上。
2. 彎曲左膝，抬起左腳。將左腳腳底放在右大腿內側（必要的話，可運用雙手）。你的左腳趾應該要朝下指向地面。
3. 雙手合掌，置於胸前，呈祈禱姿勢（更進階的練習可以舉起雙臂，在頭頂上方呈樹枝狀，同時雙眼凝視上方）。或者如果你需要幫忙才能平衡，可扶著桌子或椅子。
4. 緊縮核心。爲了進一步的穩定性，可將左腳腳底貼壓在站立的右腳大腿上，同時讓右腳大腿回壓左腳腳底。
5. 在正前方找到一個焦點，持續關注那個焦點，同時維持樹式站姿，持續五次呼吸。

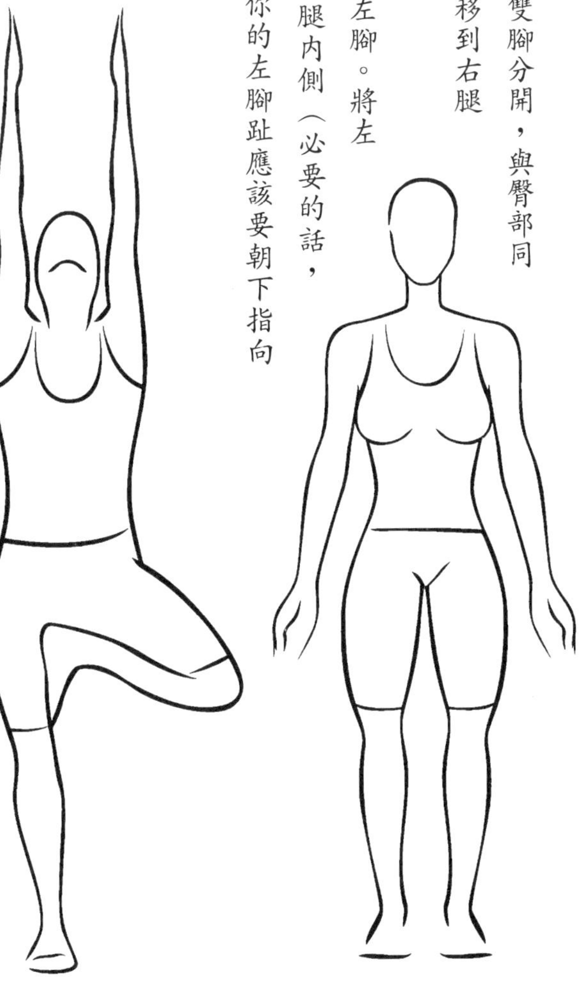

6. 一旦舒服地取得平衡，就去感覺足部如何在地板上左右移動、來回移動。然後將心智焦點轉移到腳踝上，注意腳踝如何移動，以回應來自地面和足部的力道，以及如何指揮這些力道。現在，刻意地讓腳踝穩定下來，將腳踝的動作和足部的動作減至最少。這是一種運用自己的力量精進站姿的方法。

7. 換邊重複上述動作。

假使完整的樹式會挑戰你的平衡能力，可稍加修改，將腳放在小腿或腳踝上，腳趾甚至可以觸碰地板。但需確定不要將腳放在膝蓋內側，以免受傷。找到強健而平衡的站姿是這個練習最重要的焦點，腳的高度並不是重點。

練習 2 腳踝轉圈：意在覺醒

誰知道覺醒居然簡單如腳踝轉圈運動？嗯，覺醒可能有多種形式，或大或小。有時候，最大的禮物就在最令人驚喜的包裹中，但它不見得是頭腦心智所期待或希望的禮物。要運用這個練習醒悟到，腳踝可能是你不曾花多少時間刻意探索的身體部位。身體的所有零星片斷都擁有智慧，有某些關於你自己的新課題待學習和理解，而你的兩個腳踝亦然。與其整天追縱身體的其餘部分，不如讓這個不熟悉的身體部位卸下某些重量，同時讓兩個腳踝按照它們原本的設計活動，利用使關節開放的轉圈運動，動遍腳踝的自然活動範圍。

分解步驟：

1. 舒適地坐在椅子上，背部挺直，雙肩開放而放鬆，下巴與地面平行。雙腳不要交叉，平貼在地板上。可能的話，光著腳操練。
2. 保持左腳平貼在地板上，抬起右腿，順時針旋轉右腳踝，持續緩慢地數到十。伸展腳趾（就連在鞋子裡也可以這麼做）。輕輕地將右腳放回地上。
3. 反方向以逆時針轉圈。
4. 換左邊重複上述動作。

練習3 腳尖站立：培養潛力

既然已用上述轉圈法重新連結並喚醒了你的腳踝，這個練習將會幫助腳踝完成腳踝（以及你）原本該做的事。換言之就是：收縮和伸展雙腳。這些動作很簡單，包含很可能你還沒有存取到的諸多潛力。只要詢問曾經耗費六年時間練習靠腳尖站立的芭蕾舞者，她們終有一天能穿著「腳趾」鞋「靠腳尖」站立！她必須建立某個基礎，才能夠敞開迎向充滿機會的更大世界，比如在《天鵝湖》中擔綱獨舞。

分解步驟：

1. 光著腳走動幾分鐘，設法確保移動腳踝的小腿肌肉柔軟靈活，以準備好可以安全地移動。
2. 站立，雙腳分開，與臀部同寬，使體重平均地分佈在雙腳之間。設法確保雙腳處在自然平行的位置，腳趾盡可能平均而廣泛地分佈。

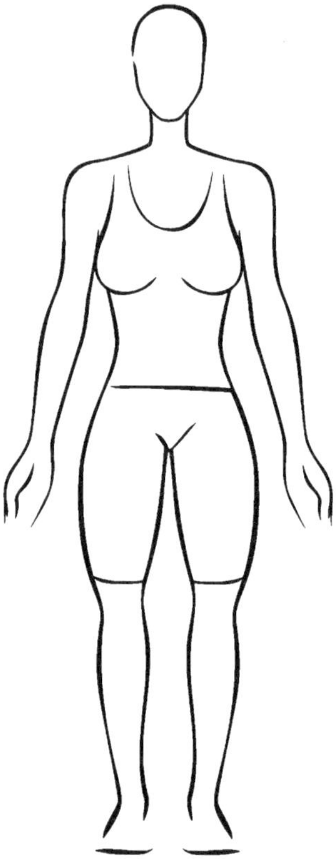

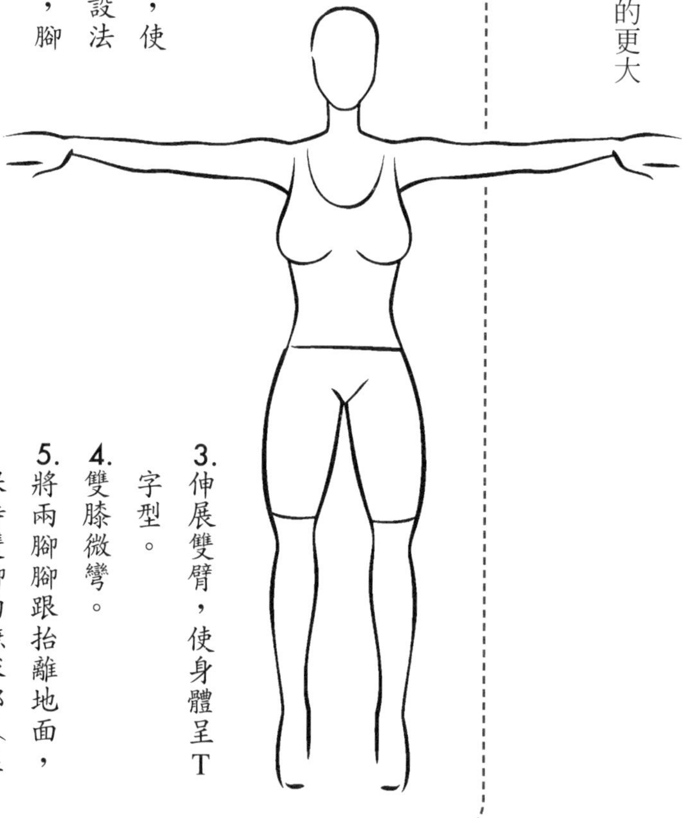

3. 伸展雙臂，使身體呈T字型。
4. 雙膝微彎。
5. 將兩腳腳跟抬離地面，保持雙腳的蹠球部（在趾頭後方）平貼在地板上。整個身體應該隨著一起上抬。

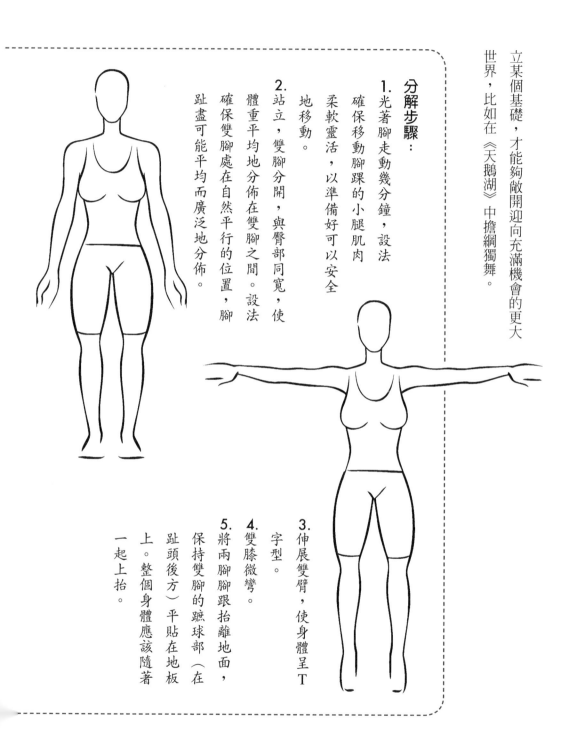

6. 吸氣，緊縮核心，伸直雙膝。
7. 呼氣，保持雙膝伸直，緊縮核心，然後放低腳跟，使腳跟貼到地板上。保持雙臂抬高。
8. 重複五次吸氣—呼氣循環。

每一天都呈現出新的可能性，包括與你的平衡相關的一切。假使你感覺比較平衡些，就盡可能長時間保持最後的「用腳尖站立」，然後以有所控制的方式落下。倘若覺得不那麼平衡，可在整個鍛鍊期間扶著前方的桌子或椅子；視需要靠近物體站立，盡可能保持軀幹挺直。

練習4 蹲踞：強化站姿

從前，在站立之前，你蹲過。你在還是嬰兒的時候蹲過，而嬰兒們一直集體這麼做，並在人類進化史上持續了大約二十萬年。在某種程度上，蹲踞是為站立做準備，讓嬰兒可以用雙腳感應地面（呈現雙足站立姿勢），同時保留雙手的效用。蹲踞也是扎根接地，因為那需要堅定的站姿，才能不僅是運用氣力與平衡蹲下，同時返回到站姿。然而，很可能情況是，儘管你早期受過蹲踞的訓練，但蹲踞絕少進入你的日常生活中（除非你生活在每天自然而然需蹲踞幾百次的某些原住民文化中）。如今，你的座位可能是沙發或椅子。所以，讓身體動起來，重新找到你的蹲踞姿勢吧！這將會幫助你強化站姿。

分解步驟：

1. 站立，雙腳分開，稍微寬過肩膀的距離（大約是一般運動墊的寬度）。雙腳平貼在地板上，角度微微向外。雙手放在腰上。
2. 輕柔而深度地彎曲雙膝和臀部，將自己降低至蹲踞的位置。軀幹可能會前傾。
3. 當你達到了自己的彎曲限度時，就將雙手置於胸前，呈祈禱姿勢，雙肘放在雙膝內側，輕輕地將雙膝向外推壓至第二腳趾上方。這應該會幫助臀部更靠近雙腳。
4. 利用雙肘對抗雙膝的槓桿作用，幫助強化並伸長軀幹。
5. 保持這個姿勢，持續五次呼吸。
6. 伸直雙膝和臀部，回復站姿。你可以讓雙臂繼續呈祈禱姿勢。試著在站起來的過程中，盡可能少用無關的外來動作。
7. 再重複蹲下兩次。如有必要，可將雙手放在腰部，以方便蹲下的動作。
8. 退出最後的蹲踞姿勢，回復站姿，然後鬆開雙臂，置於身體兩側。甩一甩身體。

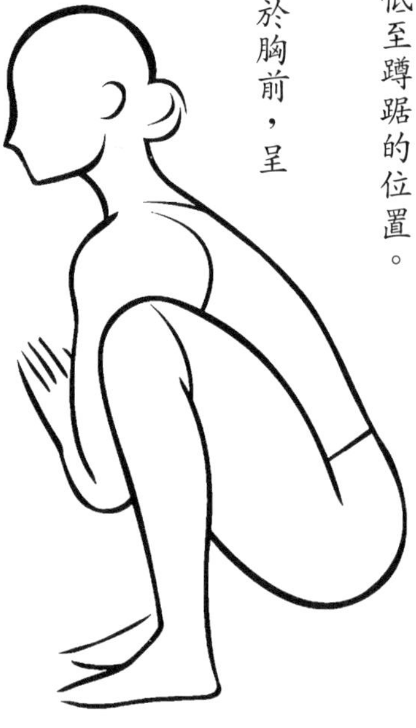

假使你的阿基里斯腱緊繃，使你無法蹲成這個姿勢，可將一張捲起的墊子或毯子置於腳跟底下。如果有任何的膝蓋或臀部損傷，可在無痛的活動範圍內屈曲患部的關節，而且只有在舒服的情況下才繼續保持該姿勢；也許甚至是在瑜伽磚上坐一回合，也就足夠了。

「阿基里斯的腳後跟」是你的跟骨腱的別名。此名稱來自於希臘神話。在神話中，半神半人的阿基里斯（Achilles）在嬰兒時期被浸入斯提克斯河中，以求取得不死之身。他母親抓住他的一個腳後跟，好讓兒子的整個身體得到這條冥河的益處。當然，被遺漏的那個腳後跟除外。幾年後，在特洛伊戰爭中，阿基里斯被箭射殺，射中之處正是他致命且因此脆弱不堪的凡人部位，亦即「阿基里斯的腳後跟」。

練習 5

梵唱：引進新時代

「嗡」（om，發音如同yoke中的o）很可能是最有名的梵唱，經常用在瑜伽課的開始或結尾，或是開始和結尾均採用。聲音是一種振動，而「嗡」音代表宇宙的振動，是最底層的基礎頻率，據此，一切形相被創造出來並加以維護。「嗡」音代表顯化的和沒有顯化的兩者，而且被唱誦時，它協調你的個人共振和宇宙的共振。換言之，它透過個人陶冶宇宙，幫助你接觸內在的神。你內在的神性爲你儲存了什麼呢？祂要你貢獻什麼給這個世界呢？你不會知道的，除非你打開通向全新世界的那扇門，把它找出來。

聲音與神性聲音之間的連結，聽起來很熟悉嗎？《欽定版聖經》〈約翰福音〉的開篇經文說：「太初有道，道與神同在，道就是神。」

分解步驟：

1. 選擇一個不會被打斷的空間和時間。
2. 在地板上找到一個舒服的座位。需要的話，盤腿坐在軟墊、枕頭或瑜伽磚上（如果不能盤腿，就找一個舒適的姿勢在地板上坐正；如果這個坐姿對你而言仍有困難，就坐在椅子上）。
3. 雙手放在大腿上，手掌朝上，輕輕地閉上眼睛。
4. 感覺振動源自於胸部，產生聲音「嗡」。聲音升起時，允許它長遠而遼闊。感覺那份振動從胸部開始，一路向上穿過喉嚨，然後離開雙唇。
5. 再重複兩次。
6. 繼續坐著，閉上眼睛，感覺全身殘留的振動，然後才起身。

若要臻至最大效果，可每天練習上述梵唱。天生創新的寶瓶座往往對例行常規心生厭煩，因此，不要煩惱要挑選哪一個特定時間，只要時機適合你，就練習吧！

練習6 進修：勇於創新和變動

什麼可使你的幻想付諸實行？雕塑？舞蹈？數學？英國文學？去上一堂可增添不同經驗的課程，提振你的日常生活。寶瓶能量喜歡被引介到形形色色的活動。另外，加入某個群體環境以確保你走出自己的實驗室（實驗室可能就在你的腦袋裡），走進世界——那個你準備好要去改變的世界。在甚至沒有嘗試的情況下，你了解到他人的能量，同時保留適合你的而放棄其餘的。這是持水者吸收種種新觀點、從而創造自己獨特融合的方法。

小結

★腳踝是與寶瓶座相關聯的部位，這些複雜的關節允許你以自己獨特的方式精煉並堅持立場。

★寶瓶座是黃道週期的第十一個星座，其能量確認你理想化與創新的潛能，使你可以發掘新的視角，從而引進一個新的時代。

★假使你那叛逆的寶瓶本質搖擺向要麼僵化死板、要麼激進極端，那麼你的腳踝可能會體驗到不同的症狀，例如，腫脹、劈啪作響。

★透過聚焦在腳踝的提問、練習和活動，存取你內在的寶瓶座，運用這些幫助你為自己認定是正確的信念挺身而出，那是為全體人類建構一個公平而自由的未來。

原註：

① 第五維度合唱團（The Fifth Dimension），〈寶瓶座／讓陽光進來（肉身失敗）〉（Aquarius/Let the Sunshine In [The Flesh Failures]），作詞：詹姆斯．雷達（James Rado）、傑羅姆．羅格尼（Gerome Ragni），作曲：高爾特．麥地蒙（Galt MacDermot），音樂專輯：《寶瓶座年代》（*The Age of Aquarius*，Los Angeles, CA: Liberty Records），1969。

譯註：

❶ meta level，簡言之，是指「高一個層次」。

13

魚兒的雙腳

♓ 雙魚座

★**出生日期**：二月十九日～三月二十日

★**身體部位**：雙腳

★**主　　題**：將靈性融入物質之中

來到雙魚座，黃道帶即完成了整個週期。之前的十一個星座已經經歷過且學習到了，現在輪到雙魚座汲取這些智慧並好好應用，將大家習得的宇宙教誨扎根至地球人間。因此，魚兒是神性以肉體形式呈現的方式。她具有從牡羊一路來到寶瓶的靈性（精神），而且她的外形就跟她的靈性一樣重要。因爲誠如水在被倒入適當的容器之前並無法展現其用途，雙魚座四處流動的靈性也同樣無法發揮所長。她需要一艘船，某個物質的導管，讓黃道帶的繁星課程活靈活現起來。所以，正如「雙魚囊」（具體呈現在兩條魚兒分別朝反方向游去的雙魚座符號之中）一樣，她在這裡是要融合看似相反的靈性和物質，同時提醒我們，靈性與物質其實是同一個。

♓

隨著時間的推移，「雙魚囊」（正統的描述是相同半徑的兩個圓圈相交）已經代表了一切，從魚兒，到耶穌，到日蝕，到用來設計古代宗教建築的幾何矩陣。

雙魚座司掌：雙腳

每一隻腳（與雙魚座相關聯的身體部位）都是大自然的奇蹟，它包含大約三十根骨頭、二十多個關節、以及十一組內附肌（相較之下，體積大了許多的大腿，擁有相似的肌肉數量，但卻只有一根骨頭和兩個關節連接）。雙腳合作共事，形成使你筆直挺立其上的承重平臺，這是界定人類的一個特色。從那座平臺，你的雙腳驅策你向前、向後，在行動（走路、慢跑、在你認爲適當時練習瑜伽）的過程中，感應腳下的土地。事

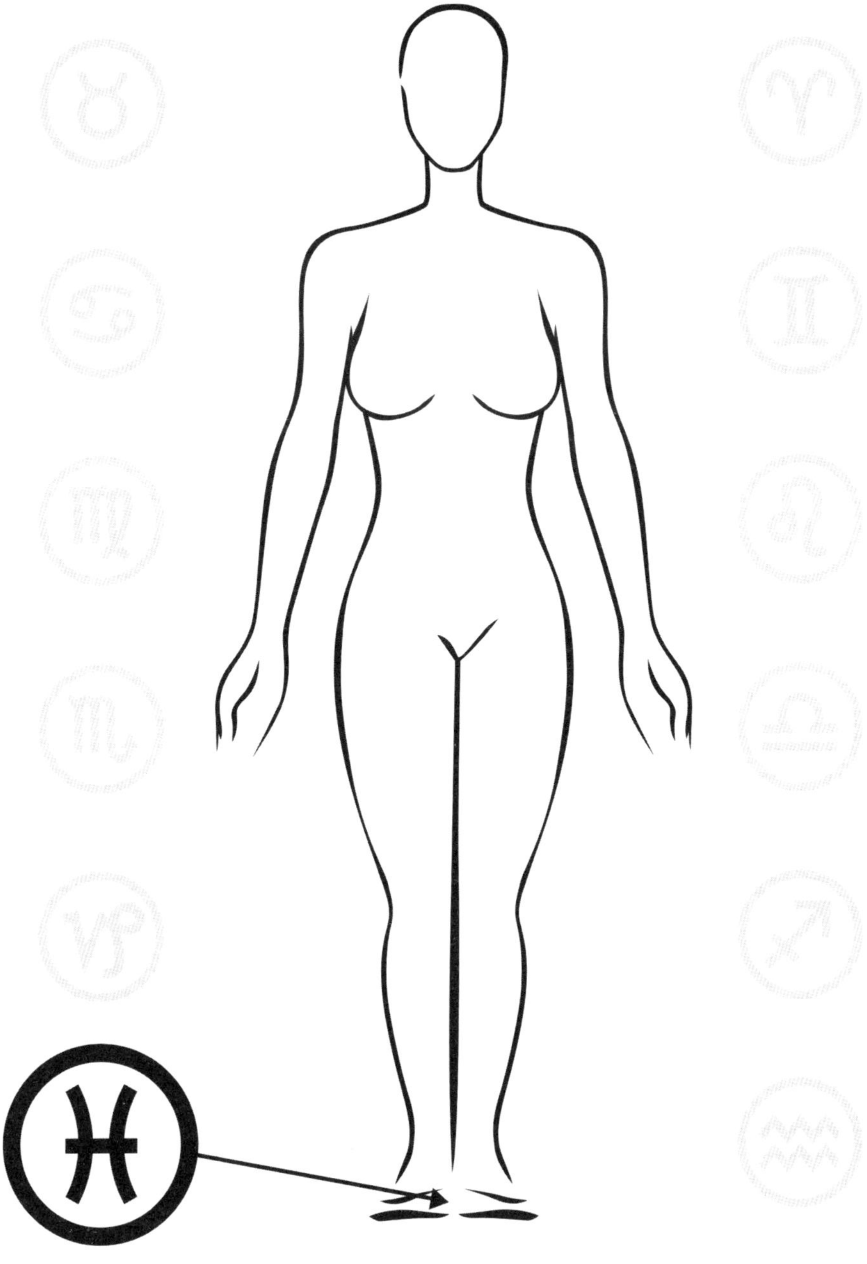

足部的骨骼結構，參見附錄C。

實上，你的雙腳擁有全身最敏感的某些皮膚，專門用來感應如何使你與下方土地做最好的連結。（不要被粗糙的雞眼和老繭愚弄了！形成這些增厚的皮膚，乃是爲了保護底下的敏感肌膚。）

雙腳是你整個人與大地之間的連結，在你的生命中扮演非常重要的角色。雙腳扎根接地，那不只是解剖學上和生理學上的零星片斷，更包括蘊藏其內的一切願景、夢想、恐懼、希望和愛。此外，你如何採用別的方法去上心愛的週二瑜伽課呢？即使是搭公車，讓你踏上公車的還是你的那一雙腳。

然而，儘管用途多多，今日的足部卻不被重視。雖然足部原本是用來赤腳跑過非洲納米比亞沙丘的，但如今卻一反常態，被捆綁在三寸高的高跟鞋內，踏在紐約市的水泥人行道上。將腳不自然地置放在這樣的鞋子當中不僅是虐待腳，也是濫用整個身體結構。高跟鞋使本該保持不活動的足部、小腿和大腿肌肉過度疲累，撐大和拉緊並不準備忍受持續壓力的韌帶，使腳踝和足部的關節負荷沉重，進而影響到重要的神經和血管。

然而，高跟鞋只是一個例子：襪子、鞋子、椅子、鋪過的道路、現代化交通工具、以及總是有地方可去的便利，這一切全都使你與地面隔離。的確，假使你是一般的美國人，可能已經好一陣子不曾光腳站立，讓雙足穩穩地扎根在天然的土地上，安住在你的身體內整整五分鐘。所有這些現代化配備將你與「那片」土地隔離，也使你與你「個人的」土地隔離——那是你本該成爲和操作的方式，並且不受外界干擾。

爲什麼扎根接地如此重要呢？因爲那是你如何參與你的有形和無形部分，並在地球上活出這兩者。這是一件大事，否則隨性的雙魚能量會開心地漂浮雲端。但地球不只是由雲朵構成的，何況假使魚兒辛苦習得的一切功課都保留在腦袋裡，沒有顯化成言辭、互動、藝術、時尚、以及其他可以啟發更多人而非少數人的模式，那我們的社會就得不到什麼好處。

所以，你需要連結到你的雙腳，才能將你的雙魚本質連接到她的土地，連接到物質，使她的靈性可以觸及物質界。你感覺靠自己的雙腳扎根接地到什麼程度呢？嘗試下述方法便可明白。

分解步驟：

1. 穿上使你與地板隔離的鞋子和襪子（或高跟鞋）。
2. 筆直站立，雙腳分開，與臀部同寬。雙臂伸直，置於身體兩側。體重應該要平均地平衡於兩腳之間。
3. 閉上眼睛，輕輕地前後、左右轉移你的體重，感覺你與下方地板連結。
4. 回復中立站姿，睜開眼睛。
5. 脫掉鞋子和襪子，讓自己赤腳。甩一甩雙腳。
6. 筆直站立，雙腳分開，與臀部同寬。雙臂伸直，置於身體兩側。體重應該要平均地平衡於兩腳之間。
7. 閉上眼睛，輕輕地前後、左右移動你的體重，感覺你與下方地板連結。
8. 回復站姿，睜開眼睛，注意穿鞋站立與不穿鞋站立之間的差異。

對某些人來說，光腳站立可能會感覺到些許不自在，因爲你不習慣充分而敏銳地與地面連結，你習慣被足部盔甲「保護著」。對其他人來說，光腳站立可能是自由解放的，可能感覺像是一口氣終於釋放，使你得以融入其中，連結一直受到人爲遏制的自己。對每一個人來說，在演變進化的過程中，光腳是你和你的身體被設計成爲的模樣。在一個將你與自己的自然基質隔離的社會中，讓自己重新認識雙腳永遠不嫌太遲。要愈來愈覺察到雙腳成爲身體的一部分有何感覺，同時感激雙腳在你的生命中所扮演的特殊角色。（閱讀第四章，回顧一下雙手和雙腳的平行結構。當然，足部缺乏方向相反的大腳趾，但由於骨頭和關節的複雜度相似，手部和足部都可以處理大量類似的細微動作。也因此，像東南亞地區「讓雙腳就是雙腳」的文化，甚至能夠用雙腳做針線活呢！）

雙魚座健康課題：將靈性融入物質之中

「融合」是綜合、合一，是將看似分離的部分合併成更大的整體。就像如何將一百片拼圖接合成一幅更大的海灘或馬匹圖像，或是如何混合麵粉、鹽巴和酵母，在烤箱的協助下，烘烤成麵包。融合當然不只是物質的；你也可以將相當於一學期英語課堂的各種想法和參考資料，結合成一篇新論文；再不然，你可能對某個個人有足夠的正向經驗和感受，假以時日，對方便成爲你所認定的朋友。

這些例子說明你經常融入日常生活中的身體、心理和情緒結構。然而，雙魚座向前再跨一步，將「靈性」（精神）引進這個方程式，讓大家都在實踐、都在談論融合身體、情緒、心智和靈性。舉特定的愛的互動爲例：你可能用頭腦心智思考愛（愛對你來說是什麼意思），存取你的情緒從而感覺愛（每次見到摯愛，心中便升起溫暖的感覺），伸出雙臂以身體表達愛（給予擁抱），開通自己的靈性以偵測愛的許多形式（你見到愛在愛犬的眼裡閃閃發亮）。缺少了身體、情緒、心智、靈性四個元素之一，你個人愛的體驗勢必不足。這就是爲什麼多數人終其一生尋求眞正地表達整個自己（從物質到靈性），即使他們不太確定那是什麼模樣，甚至那是什麼意思。

關於靈性與世俗交會，歷史上最具代表性的描述出現在梵蒂岡西斯汀教堂的天花板上，作者是著名的雙魚藝術家米開朗基羅。在物質層面，米開朗基羅做的不過是調配、混合，不然就是將一系列的油畫顏料和形狀融合在一起。但藉由描繪人類與上帝伸手連結，將生命氣息吹入「創世紀」的開篇章節，米開朗基羅同時融合了靈性。這在人間造就出全然的不同！突然間，幾個筆觸成就的不僅止是牆壁（或者，更確切地說，是天花板）藝術，而且是一枚永恆的塵土徽章，透過上帝的靈性，活靈活現起來。這份作品表達得如此美好，好到每年有數百萬男女前來參觀。

當靈性與物質合而爲一時，二元性不復存在。你可能會想起早先在黃道帶上隨著雙子孿生兒出現過的這個主題。在那裡，你被引進至人類這枚硬幣的兩面——或多或少對應於人類本質天生的二元性。來到雙魚座，這些元素如今被融合了。人以靈性的身分活著，靈性以人的身分面對人生，不同的表現表達的是同一件事。雙魚座因此預示二元性的結束，允許星雲狀的乙太靈性世界不再被認爲是分離的，而是一切人、事、物的一部分。事實上，來到雙魚座，靈性便成爲我們物質世界的驅動力。

舉個例子，想像一臺數位型收音機。假使沒有將電線插頭插入牆壁插座接收電力，這臺收音機便不過是一些零件——塑膠、電線、橡膠。然而，電線插頭一插上，這臺收音機就活了過來，有歌曲、演講、以及許許多多你可以在電臺頻道上找到的聲音。以此例而言，電力是這臺收音機的「生命衝力」（élan vital），攸關生命的法則和生命的源頭。它不是收音機吐出的歌曲或演講，也不是歌曲和演講背後的思想或情感，而是其生氣勃勃的力度。這就是你的人類身體的靈性。

像靈性這樣有品質的東西實在難以定義，也因此，靈性有許多的名稱，例如，上帝、耶和華、本源、光、能量、普拉納。儘管靈性是注入一切人、事、物的核心本質，但你卻無法直接看見、聞嗅、或以其他方式發自內心地感應到。所以，對於「靈性」意味著什麼，目前並沒有足夠一致的見解，無法給出西方世界在驗證時所要求的客觀性。不過，請注意，許多其他的信念系統完全接受靈性和靈性所代表的一切。因此，「靈性」對不同的人來說意味著不同的事物，因爲一個人的靈性經驗主要是主觀的——存在於洞察、直覺和印象的領域，以相較於線性、被貼了標籤的思想。

靈性是變形器，如實地遍佈各處，存在於一切事物當中，從桌椅等世俗製品，到愛與慈悲之類的原型。無條件的愛與慈悲是種種能量，而在所有的黃道星座中，雙魚座在此尤其是要扎根接地於地球上。所以，你必須找到實際的方法，讓她的崇高理想扎根接地。一般而言，雙魚能量傾向於音樂、攝影、藝術、以及其他有創意的媒介，以此作爲透過形相傳達靈性的方式。但所有類型的日常選擇，也都可以反映出雙魚座的理想，諸如選擇可持續提升能量的食物，購買對生態無害的清潔用品，自願參加慈善團體，幫助需要幫助的人。她與處女座共享服務的概念，不過雙魚座是出於慈悲而服務，而不是出於責任感。她將高貴的靈性帶給大家，因爲她看見靈性反映在萬物之中。

但靈性需要形相才能活靈活現。因此，雙魚座諾貝爾獎得主愛因斯坦之所以聞名，並不是因爲他只坐著接收仍舊侷限在自己之內的傑出洞見，而是將他的理解轉變成數學方程式，然後將那些公式轉換到全球的黑板上。正如雙魚座的伽利略·伽利萊，透過由他發明及製作的望遠鏡所記錄得到的天文觀測，給予「日心說」（heliocentrism）的理論有形的支持。數字、黑板、筆、紙、望遠鏡……有許多方法可以使無形化爲有形。那並不是要否定物質本身的存在！靈性或物質均不是至高無上的，兩者都需要對方才能達至完整。這是整個重點所在。靈性使物質移動，正如同物質使靈性移動。你如何看待這件事，純粹是觀點的問題，而問題是物質界的化現，尤其是當你考量到物質其實只是一種密集的能量。

♓ 在東南亞部分地區，例如，巴里島並沒有「藝術」這個詞，因為做出的每一份貢獻和舉動都被視為藝術，那是一個靈性穿越物質的表示。

然而，就魚兒來說，物質充當靈性的容器。靈性是清潔、純淨的水，不論有多少目的，均可發揮效用，端看水是否被倒入花瓶中、行經某座水力發電廠、或是滲透一塊布。容器的類型沒有對錯，只有哪一只容器最適用於雙魚的特殊目的。因此，你要考慮的是，你的物質面該如何服務你內在雙魚的目的，這股能量通常被發現它在藝術世界自在悠遊，用雙手畫畫、用身體跳舞、用眼睛拍攝、用耳朵建構想像力和直覺理解到的一切。

靈性深深地影響著藝術的不同面向，這是許許多多的藝術得以成功存活幾百年的原因。例如，皮耶—奧古斯特．雷諾瓦（Pierre-Auguste Renoir）的《煎餅磨坊的舞會》（*Dance at Le Moulin de la Galette*）、皮特．蒙德里安（Piet Mondrian）的《三原色的構成》（*Composition with Yellow, Blue, and Red*）、弗雷德里克．蕭邦（Frédéric Chopin）的《革命練習曲》（*Revolutionary Étude*）、安東尼奧．韋瓦第（Antonio Vivaldi）的《四季》（*The Four Seasons*），這些作品聞名全球，因爲它們的雙魚創作者們透過藝術和音樂喚起了普世的眞理。文字不可能總是適合表現如此龐大的主題。而且因爲靈性的信息在本質上是普世的，所以文字不見得被需要。我們能夠以許多形式理解靈性的表達，從藝術的畫布，到身體的運動，到激起情感的眼淚；畢竟，文字只是其中一種容器。

不健康的身體警訊（兩種極端）

要忘掉是哪一只鞋完美契合。每一個雙魚其實都在尋找如何讓她開放、敏感、如水一般的本質，得以流入我們有稜有角、心靈更勝物質的文明之中。魚兒的能量幾乎沒有自己的具體形狀，更不會套用社會大力鼓吹的形狀。然而，無形的能量需要在有形的世界成形，因此，這個星座的能量在此是要釐清自己的形狀如何在這個地球上生根，她該如何將自己的才華灌注到地球的整個物質界，從而幫助他人達到同樣的目標。最終，扎根接地確立了你存在的權利，以及你此刻在這裡的權利。誠如在任何特定的時間點，當時你是誰、你如何、你在生命中的什麼位置；沒有你的父母、你的工作、學校的期望，甚至沒有你自己的期望。扎根接地於自己意味著，你需要做的只不過就是成爲你，存在你的整體——身體與靈魂、物質和靈性——之中。

如果成功達成這個任務，你就成爲一個「覺者」的出色典範，這是一個透過物質在這個地球上活出其雙魚靈性的個人。當然，說比做容易！因爲我們的現代世界是以物質爲中心，就連「靈性」這個簡單的詞也足以使許多人閉上眼睛、封住頭腦。可笑的是，如果你將雙魚的靈性本質據爲己有，避開形相的密度，那麼另一種偏見可能會出現。在此情況下，你將會拒絕合併兩者，同時冒著變成禁慾的風險。（這種禁慾主義，以及因此造成的匱乏和苦行，反映在雙魚座誕生的季節，這時，冬天依舊蹂躪著大地，而春天的種子尚未發芽。）事實上，你將會放棄物質界的好、壞驚奇，追求你眼中的更高目標。

另一種避開物質、追求靈性的方法是頻頻逃避現實，無論是透過妄想還是毒品。在此情況下，你拒絕建立有必要讓自己的雙魚靈性扎根接地的結構。當你的靈性電路撒野放肆，沒有任何的容器可以有效地導入和疏通，你就開始脫離現實生活，比起沉浸在靈性世界，那必然會帶來更大的痛苦。在此情況下，靈性與物質缺乏融合，於是你在這顆星球上過活，卻偏愛感覺彷彿活在另一顆星球上。無論是哪一種情況，只要你的魚兒沒有扎根接地，可能都意指你還沒有找到眞正的人生道路。

不切實際的雙魚能量，其身體表現可能包括：

★高足弓
★雙腳活動度過大
★走路時經常足部內翻（腳踝以下的足部翻轉，腳底向內）
★站立或走路時，足部無法完全且穩定地踏在地上
★腳趾頭撞傷
★其他：增生（例如，足部疣、雞眼、老繭、拇囊炎）、關節退化

相較於大量隱藏在靈性世界，太過踏實或扎根接地不正確，是另一種可能攪亂你人生道路的失衡魚兒能量。假使你太過踏實，你投注在身體和心智問題的時間可能多過你眞正的需要，而且還否定靈性；如此，你可能忙著與物質界培養過於親近且對你來說並不自然的連結（這跟金牛座的例子不同，公牛只關心大地，而且她唯一能做的就是舉頭仰望天空）。儘管本質高度敏感，但你甚至可能會迴避所有被視爲靈性或偏激的活動、著作、談話或構想，以求不面對你自己的這個雙魚面向。如此的情節近似於強迫一個迴旋的圓圈進入方形的洞穴。或者雖然靈性可能被注入你的生命中，但你可能透過錯誤的工作、父母的期望、強迫的關係等等，不當地扎根接地。在這兩種情況下，不正確的扎根接地正在發生，你那魚兒的雙腳將會感覺到因此導致

的愚鈍。

過度踏實的雙魚本質，其身體表現可能包括：

★雙腳的沉重感，或是彷彿打了石膏
★扁平足
★腳踝、足部或腳趾的活動範圍減少
★腳底灼熱感
★疼痛或發炎，通常在腳底
★腳趾頭撞傷
★雙腳容易疲憊
★其他；增生（例如，足部疣、雞眼、老繭、拇囊炎）、關節退化

你的雙腳使你能夠扎根接地到什麼程度？無論是感覺不切實際、過度踏實，還是介於兩者之間的某處，關鍵都在於：好好聆聽你的身體，給予身體所需要的。要伸展緊繃的雙腳或強化虛弱的雙足，運用下述提問和練習，喚醒你內在的雙魚座。

找回平衡的六項提問

下述提問和練習將充當你體現雙魚座的個人指南，不妨運用它們更進一步地將靈性融合到物質之中。

★當你考慮到自己人生的不同面向，從爲人父母的角色、到搭擋、到員工等等，你覺得這些一起形成一個融合的整體嗎？還是你覺得自己活得像一系列斷續的零件？

★你對「靈性」的定義是什麼？它在你的生命中扮演什麼角色？

★你希望靈性在你的生命中扮演什麼角色？你可以給予它什麼形式，讓它成爲你一天二十四小時眞實存在的一部分？

★你覺得你受到與物質世界還是與靈性世界的連結所驅動？如果局面轉變，你的人生看起來和感覺起來會是什麼模樣？

★你生命中的什麼元素使你感覺不那麼踏實？或是更爲扎根接地？

★就品質而言，你會如何描述你的雙腳（例如，像水泥一樣、柔軟、疼痛、顫抖搖晃、扎根接地）？

雙魚座養生操

練習 1 手碰腳前屈式：祈請你內在的黃道帶

儘管黃道帶並沒有眞正的開端或結尾，但此一循環開始於牡羊座，那是新生命的種子在春天降臨。牡羊座化爲形相的個體化過程開啓了某個程序，歷經十一個星座，結束在雙魚座從自我化爲靈性的去個體化過程，只是爲了再次找到牡羊座的某個全新形式！這是一趟凡人皆有的旅程，可能在一生或累世之內，透過身體、心智、情緒和靈性的匯合被經驗到。好好利用這個姿勢形成身體的循環，從而建立你自己的黃道週期，同時在如此實踐的過程中，將你的牡羊頭部帶到你的雙魚腳邊。

分解步驟：

1. 先筆直站立，雙腳分開，與臀部同寬，雙臂垂放在身體兩側。
2. 吸氣，然後在呼氣時開始朝地面緩緩而下，脊椎骨一節節向下。你的頭部將會開始下降，接著是頸部、肩膀、軀幹等等。
3. 當你緩緩下降時，允許你的兩隻手臂下

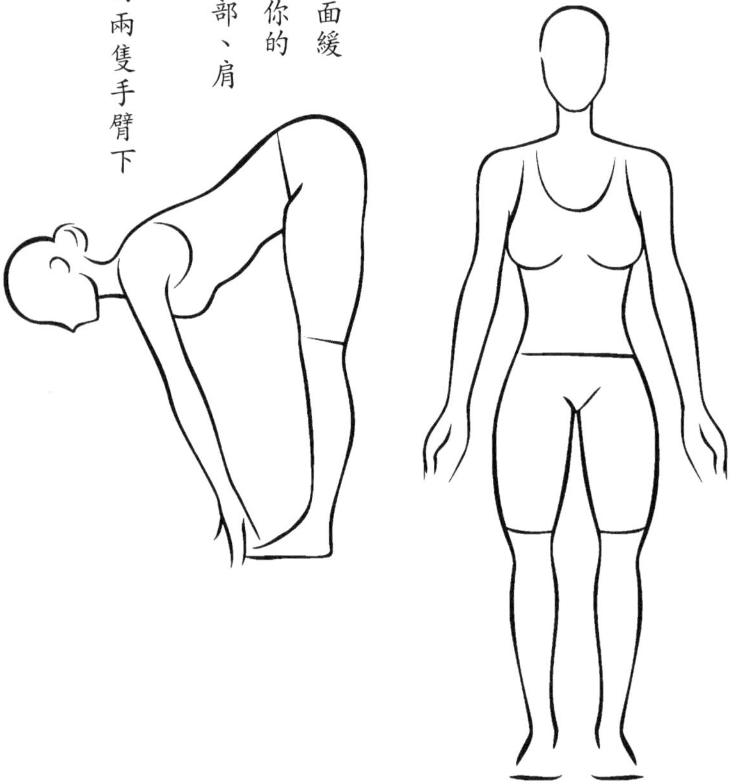

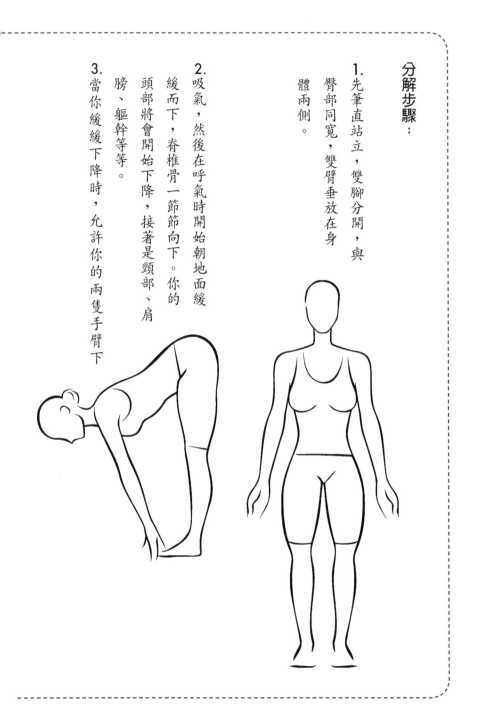

降，分別用兩手的拇指、食指和中指抓住兩腳的大姆趾。需要的話，可屈膝，讓此一連結化爲可能。

4. 吸氣，同時抬頭，盡可能拉直背部。

5. 呼氣，放鬆地進入前彎式。允許頭部和頸部懸擺著。保持在這裡，持續五次長而深的呼吸。

6. 若要退出，照來時方法緩緩向上，脊椎骨一節節升起，回復站姿。

在這個瑜伽姿勢中，進階學員可能會將雙手手掌各放在雙腳腳底下，徹底接通身體的整個線路。資淺的學員可能會將雙手靠在脛部上。

練習 2 踩腳：利於扎根接地

感到扎根接地時，你會覺得更加堅實、穩定、平衡、得到支持，彷彿移除掉當天超量的負荷，使你可以輕易地呼吸。想想你最後一次花十五分鐘時間光著腳在草地上嬉戲所引發的感官體驗。事實證明，與地面接觸時，你感到扎根接地的理由之一是：大地其實扮演著接地的角色。大地這個物體從另一個物體（例如，你的身體）轉換或接收電子，從而加以中和。需要更好的理由才要扎根接地嗎？如果是，請參閱後續的「練習5：赤腳步行」（見312頁）；否則，就用這幾個簡單的跺腳練習扎根接地（最好是赤腳走在戶外）。

分解步驟：

1. 筆直站立，將沒穿鞋襪的雙腳打開，與肩同寬，雙手置於腰上。
2. 屈膝，將重心移到左腳上，盡可能舒服地抬高右腳，然後向下踩踏。允許右腳平坦而有力地落地，彷彿你正忙著將生麵糰搗入大地中。身體重心放低，屈膝。如果踩踏時發出聲音感覺上很自然，那就吼幾聲吧！
3. 當右腳感覺到牢牢地踩在地上時，就把重心移到右腳上，左腳抬離地面，然後向下踩踏。
4. 繼續兩邊交替踩踏，持續三十秒至一分鐘。

從小，跺踏就是你參與過的一個動作，因此，不必太過擔心這個練習的形式，只需密切注意雙膝如何處理你的重量。主要的焦點應該落在你與大地正在一起鍛鍊那份堅實而刻意的連結，以及你因此接收到的無數益處。

練習3 自我足部按摩：敞開心扉進入靈性

回想一下，雙魚座如何將所有其他星座納入它的一體之中？同樣的道理也適用於雙魚的身體對應部位——雙腳。根據反射療法的說法，每一隻腳上的各個區域代表並連結到身體的其他部位，因此，按摩足弓底部同樣有益於你的消化器官。雖然埃及或中國古文化可能早已施行類似的技術，但反射療法在十九、二十世紀之交，才由一位物理治療師兼醫生引進美國。從那時起，許多美國人透過反射療法找到了輕鬆之道。事實上，就連簡單的足部按揉，也往往可以爲腳痛創造奇蹟。親自嘗試看看，然後好好落實雙魚座敞開心扉的本質。你可能無法在家自己練習眞正的反射療法，但自我足部按摩法是一個開始，可以使你敞開來迎向雙腳的奇蹟、新的療癒方法，然後也許一切就從那裡開始！

分解步驟：

1. 坐在椅子上，右腿翹在左腿上方，右腳踝靠在左大腿上方。
2. 用右手握住右腳腳趾，用左手穩住右腳後跟。用右手輕輕地延伸腳踝，將腳趾往回壓，持續十秒鐘。你應該會感覺到右腳腳底在伸展（沿足底筋膜）。
3. 放鬆那隻腳十秒鐘。總共重複十次。
4. 加入按摩：最後一次重複時，握住腳趾往回壓，然後用左手拇指按摩腳底，從右腳腳底蹠球部呈線條狀按向右腳後跟。從內側腳弓區開始做線形按摩，接著移動到足部內側，然後沿著外側腳弓按摩。用感覺舒服的方式用力按壓。

5. 重複三次，然後換腳。

按摩雙腳時，可滴幾滴精油，替足部添加額外的營養。香根草這種精油善於調動雙魚本質中的直覺和靈性面向。

給智者的建議：依足部的狀況，雙腳在前幾次按摩後，可能會感覺疼痛。假使情況如此，你的腳可能需要幾天時間才能習慣如此的伸展和按摩，這有助於減輕肌肉的黏附現象。很快地，按摩的體受感應該會從「呃」轉成「啊」。

練習 4 坐式足部伸展：形塑你的物質面

想像一名有一大堆黏土的雕塑家。對她來說，任何形狀都是可能的。她透過雙手傳達她的願景，將願景轉化成沒有固定形狀的隆起，最終顯化成她想要創作的任何東西，無論是咖啡杯，還是相互擁抱的雕像。雖然比起黏土，身體形相的限制更大些，但多數情況下，你也可以用許多不同的方式塑造自己。每一個人都有屬於自己的方法：由於關節的角度方位，加上韌帶的固有彈性，你將會體驗到不同於其他人的活動限制和範圍。基於這點，有些人可能天生（或後天變得）足夠靈活，可以表演雜技，而其他人則無論再怎麼伸展都無法勝任。身體活動的理想方式是：你的身體能夠活動的理想方式。

你可以決定想要你的雙腳如何感覺——健康、開放、呼吸自如嗎？你想要你的雙腳做些什麼——好好跑步、踮腳尖站立、保持平衡嗎？這是你的選擇。你可以在現實中靠雙腳如實地注入你想要和需要的。你的身體是你的結構，要好好利用這個練習讓自己重新認識身體，如此方便你開始形塑身體，免得由他人為你塑形。做這個練習時，你將會需要一條健身帶。假使沒有，可用毛巾模擬健身帶。

分解步驟：

1. 坐在地板上，雙腿向前伸長。你應該坐在中立位骨盆的上方。如果需要，可屈膝，讓自己坐正，不佝僂下背部。保持大腿、雙腿、雙腳彼此平行。
2. 右手握住健身帶兩端，將健身帶繞過右腳腳掌的蹠球部，讓腳趾被包覆起來。
3. 慢慢地將右腳腳趾（然後是右腳和右腳踝）指向地板。
4. 腳趾往回擴展，朝向自己。慢慢地移動，感覺那份阻抗以及貫穿腳趾、足部和腳踝等各個部分的連接方式。
5. 重複五遍，設法確保軀幹在雙腳工作時保持挺直。
6. 右腳依舊包覆在健身帶中，慢慢朝右邊畫五個圈，然後朝左邊畫五個圈。
7. 換邊，然後重複。

若要增加阻抗，可縮短健身帶的長度；若要減少阻抗，就延長健身帶的長度。

練習5 赤腳步行：利於融合

現在，你的一隻腳或兩隻腳很可能正踏在大地上休息。大地為我們做了許多事，它提供食物和水，提供步行、蹲坐、建造的地面，還有天然而充實的能量。大地的能量是感覺健康的重要環節，也因此在充滿水泥的工業化社會中，你可能感覺不到健康。許多健康好處可能源自於融合你的物質面與大地的能量，從更美好的平衡，到與大自然連結，到改善足部健康和氣力。但要做到這點，你需要移除鞋子、襪子、以及其他阻止你直接與大地連結的減震品。藉由赤腳走在大地上來產生連結，無論走的是泥地或沙地或草地，盡可能經常這麼做，即使只走二十秒鐘（但理想上是每天走二十分鐘）。如此赤腳冒險允許雙腳發揮功能，免於鞋子之類的干擾。若想要額外益處，可走入水中、走在水邊、或是沿水而行。雙魚座是水象星座，在許多層面，水對魚兒來說是生死攸關的，具有使其平靜、復原、充實滿意的作用。

練習6 充滿愛的靜心：培養愛與慈悲

寫到雙魚座，不可能不提到在內心深處流淌的兩大特徵——對人類深度的愛，以及無邊無際的慈悲。愛與慈悲是占據靈性界域的兩大原型，因此，最重要的是，魚兒學會如何將這些特質顯化成她的身體形相，顯化成她說話、進食、關聯、舉止和行動的方式。當然，第一步是要與愛和慈悲取得聯繫，不是透過頭腦心智的理解，而是藉由內心的知曉。嘗試一下吧，你可能會驚喜地發現，一天靜心五分鐘大有幫助。

分解步驟：

1. 在地板上找到一個舒服的座位，需要的話，盤腿坐在軟墊、枕頭或瑜伽磚上（如果不能盤腿，就找一個舒適的姿勢在地板上坐正；如果這個坐姿對你而言仍有困難，就坐在椅子上）。
2. 選擇一個不會被打斷的空間和時間。關掉手機鈴聲，同時設定鬧鐘，在這段五分鐘的靜心結束時提醒你。
3. 雙手放在大腿上，手掌朝上，呈接收姿勢。
4. 讓你的左手代表愛，右手代表慈悲。回顧之前感覺到這些體受感的情境，藉此祈請這類感官體驗。
5. 閉上眼睛，聚焦在你腦海中的左手，祈請愛人的念頭和感覺。
6. 現在聚焦在你想像中的右手，祈請慈悲的念頭和感覺。若要促進這番努力，可回想引出這個體受感的某人、某地方或某事物。
7. 想像一個金色圓圈連結你的雙手。

8. 現在，當你的焦點返回到愛，就沿著圓圈的頂部繞行，帶你來到慈悲；一旦來到慈悲，就繞著圓圈底部回到愛。閉上眼睛，持續在愛與慈悲之間追蹤這個圓圈，感覺兩者逐漸融合。

9. 鬧鐘響後，保持坐著，雙眼閉上，暫停一會兒。好好反思一下這段經驗，再繼續過日子。

假使五分鐘似乎令你卻步，可在任何似乎可行的時段隨意練習這個靜心。無論是哪一種靜心，最重要的莫過於親自執行。多加修習，假以時日，一次靜心的時間長度將會自然而然地增加。

小結

★雙腳是與雙魚座相關聯的部位，你的雙腳以複雜的骨骼相互作用爲其特色，無論你希不希望，雙腳都使你的其餘部分與下方的地面連結。

★雙魚座是黃道週期的第十二個兼最後一個星座，其能量確認你是從物質到靈性的整個連續體，而且它要求你將這些融合到你的生命中。

★假使你流暢的雙魚本質變得太過踏實，或是不夠踏實接地，那麼你的雙腳可能會體驗到不同的症狀，例如，灼熱、沉重。

★透過聚焦在雙腳的提問、練習和活動，擁抱你內在的雙魚座，運用這些憶起本來的你絕不僅止是肉體和骨骼；你正行走在人間天堂，正在講述人間天堂。

【結語】

從占星學洞見你的總體健康

這本全人健康指南蘊含的主旨是：你不僅止是肉眼所見，你的身體儘管在物質層面是由星塵構成的，但在形上層面也反映出宇宙萬物。你尊重如此物質與靈性的連結，並以一個互連互通的整體運作著——你不愧是這個整體，也知道你是這個整體。

然而，不僅要相信這一點，更要眞正活出來，這需要你言行一致，或者，更確切地說，要實踐每一章附帶的提問和練習，或是執行不管哪一套你爲自己量身訂製的常規。重點在於：將故事從頁面上取下，脫離頭腦，賦予它形相的事實。透過你在一天當中做出的所有選擇校正自己，如此，「你是誰」便不只是你知道存於內在的東西，更是你明確地活出的現實。這就如同「序言」中所舉的例子：關於購屋，你可以想像你想要的一切，但在你開始採取必要的步驟之前，你的房子依舊只是一個夢想。

我們相信，你的夢想可以成眞，外帶你甚至不知道自己有過的其他巨大渴望；然而除非你嘗試，否則你將永遠不知道答案。而那正是我們希望這本書鼓勵你去完成的一部分事情——嘗試新鮮，擁抱一種學習「你是誰」的新方法。我們希望你得到啓發，懂得面對自己的弱點，同時將挑戰轉化成優勢，從而敞開來迎向全人健康的全新定義。當你這麼做時，當你在人生的這一個領域敞開自己時，那份開放性便與所有其他領域產生共鳴。就好比當你透過足部鍛鍊培養雙魚座的慈悲時，那不會持續僅僅五分鐘，而是遍及當天的其餘時間，你可以觀察到微妙的轉變，例如，變得更加寬恕自己，或是比較可能爲他人敞開心房。

是時候該重新連結到我們的身體以及身體所預示的一切：從雙腳的扎根接地，到心中的愛，到腦袋的覺知。換言之，是時候該優化你的總體健康與幸福康樂了。有許多方法可以做到這點，而本書提供你星辰的智慧作爲全人健康的途徑之一，這是一種實用且頗具療效的魔法，讓你得以透過日常的身體實相，契入一則古老的假設。因爲單是知道活在你心中的愛，或許是不夠的；你應該要在愛的表達中細細品味，有能力透過你的動作、詞語的選擇、姿勢、工作、關係等等感覺到愛，並且活出愛。當出現這種情況時，愛不再只是一個概念，而是開始變得眞實，這正是本書中的提問、練習和活動爲什麼那麼重要的原因，它們幫助你喚起這些除此以外觸碰不到的部分。在經常實踐的過程中，你就利用了屬於你自己的實用魔法。

本書談論的是你的日常做法，以及因此產生的實用魔法。所以，戴上你的魔術帽吧！要透過你的身體（你所是的星辰）繼續生活，從內到外，不停地伸手觸及宇宙萬物，同時記住，你居住在一個不斷演化的宇宙——就像你現在這樣。

感謝你走過這趟從身體到星座、然後再折回的全人健康之旅。衷心希望你享有活出本書的樂趣，正如我們爲你創作本書時也是同樣的欣喜愉悅。

——史蒂芬妮醫師與麗貝卡

【附錄A】

十二星座與身體症狀一覽表

每一個黃道星座的智慧都活在你之內！當你活在個人與此一智慧相互輝映時，你將感覺平衡而安好。然而，多數人都還在學習自己是誰以及如何活出最美好的自己，而且有時候我們可能會覺得不舒服。要利用任何的疼痛和痛苦作為機會，從而更加了解自己，同時學習如何在身、心、靈各個層面好好照顧自己。你眼中的創傷，可能是你的最大贈禮。

既然本書的特色在於身體的肌肉骨骼系統，那麼收錄在下表的這些身體表現，主要也與肌肉骨骼相關聯（儘管就肌肉骨骼而言，某些部位的傳導性勝過其他部位）。這些揀選自每一章的「課題」內容，代表假使該星座的能量受阻、難以充分表達時，可能會出現什麼情況。誠如「前言」所述，請將此一覽表當作一份指南，進一步教育和探索你的身、心、靈連結（而不是用來診斷或預測）。

日期*	星座	身體部位	身體表現
3月21日～ 4月19日	牡羊座 ♈	頭部	★ 頭痛、偏頭痛 ★ 鼻竇炎 ★ 頭痛鼻塞型傷風 ★ 鼻塞或流鼻水 ★ 眼睛感染 ★ 毛髮脫落 ★ 耳朵感染 ★ 聽力減退 ★ 牙痛、牙齒感染或磨牙 ★ 下顎肌肉緊繃 ★ 臉部色斑
4月20日～ 5月20日	金牛座 ♉	頸部	★ 緊張或虛弱、不穩定 ★ 僵硬或疼痛 ★ 活動範圍受限或活動過度 ★ 劈啪聲或嘎吱響的感官體驗 ★ 其他：咳嗽、咽喉刺痛、咽喉感染、甲狀腺失衡、聲音輕柔或喧噪或不穩定
5月21日～ 6月20日	雙子座 ♊	胳膊 前臂 雙手	★ 肩膀、肘部、前臂、手腕或手部疼痛 ★ 劈啪聲或嘎吱響的感官體驗 ★ 虛弱或緊繃 ★ 指關節過度咔咔響 ★ 肩胛骨緊繃或呈「翼狀肩」 ★ 活動受限或過度 ★ 靈活度差 ★ 握桿或握手無力

日期*	星座	身體部位	身體表現
6月21日～ 7月22日	巨蟹座 ♋	胸部	★胸悶或疼痛 ★凹下或塌陷的駝背姿勢 ★呼吸短促 ★肋骨刺痛、發炎或損傷 ★其他：呼吸不適、食道不適、痰過多、情緒性進食、心口灼熱、乳房腫塊
7月23日～ 8月22日	獅子座 ♌	心臟 上背部	★挺凸的胸部 ★無精打采的上背部或駝背姿勢 ★屏住氣息或呼吸淺弱 ★上背部緊繃、緊張、虛弱或疲累 ★活動受限 ★心臟不適
8月23日～ 9月22日	處女座 ♍	腹部	★僵硬或虛弱的核心 ★C形、脊柱前凸、或如軍人操練般的直挺站姿 ★呼吸淺弱或屏住氣息（相較於腹式呼吸） ★其他：消化不良、不消化、食物過敏、便祕、腹瀉或大腸激躁症、疝氣、潰瘍、飲食失調、慮病症、強迫性行為

日期*	星座	身體部位	身體表現
9月23日～ 10月22日	天秤座 ♎	下背部	★ 痠痛或緊繃的肌肉 ★ 肌肉痙攣 ★ 活動範圍受限 ★ C形、脊柱前凸、或平背體態 ★ 突發性動作造成的痠痛 ★ 消耗造成的痠痛或虛弱 ★ 退化症狀 ★ 其他：腎臟或腎上腺失衡
10月23日～ 11月21日	天蠍座 ♏	薦骨中心	★ 下背部、腿筋、腹部、臀部、或骨盆底的肌肉緊繃或虛弱 ★ 下背部或臀部區痠痛或不適 ★ 骨盆區虛弱或不穩定 ★ 下背部或骨盆活動受限 ★ 活動過度 ★ 固定型非中立位骨盆 ★ 骨盆過度旋轉、過度外擴或內收、或傾斜 ★ 其他：月經週期不規律、尿滯留，或是尿失禁或尿道感染

日期*	星座	身體部位	身體表現
11月22日～ 12月21日	射手座 ♐	臀部 大腿	★ 緊繃或虛弱的臀部肌群 ★ 失衡的臀部肌群 ★ 大腿固定或過度向內或向外旋轉 ★ 臀部的活動範圍受限 ★ 活動過度 ★ 髂脛束緊繃 ★ 非中立的骨盆位置 ★ 關節或關節周圍感覺疼痛 ★ 臀部和／或大腿神經挫傷 ★ 其他：過度放縱於食物或飲酒，肝臟失衡
12月22日～ 1月19日	摩羯座 ♑	膝蓋	★ 膝關節周圍的肌肉和肌腱緊繃或虛弱 ★ 移動或坐著時，膝蓋疼痛或不適 ★ 活動範圍受限或僵化 ★ 過度伸展 ★ 腿部發軟或膝蓋卡卡 ★ 劈啪聲或嘎吱響的感官體驗，或諸如此類的聲音 ★ 液體過多 ★ 脛骨疼痛 ★ 校正不良

日期*	星座	身體部位	身體表現
1月20日～ 2月18日	寶瓶座 ♒	腳踝	★ 虛弱或不穩定的感官體驗 ★ 僵化死板或活動過度 ★ 腫脹 ★ 劈啪響的感覺或聲音 ★ 斷裂感 ★ 踝關節不穩定 ★ 走路時足部內翻 ★ 緊繃的小腿肌肉 ★ 痙攣或抽筋
2月19日～ 3月20日	雙魚座 ♓	雙腳	★ 活動過度 ★ 走路時足部內翻 ★ 高足弓或扁平足 ★ 雙腳無法完全穩定地踏在地上 ★ 腳趾頭撞傷 ★ 沉重 ★ 灼熱感 ★ 腳底疼痛 ★ 活動範圍減少 ★ 增生（例如，雞眼、老繭） ★ 退化

*註：請記住，你可能會在不同的圖表中看到不同的日期。那是因爲歲差（precession of the equinox），這是地球每七十二年發生一次緩慢、向後的運動，在此期間，星辰的時間位置會產生一度的變化。

【附錄B】

十二星座全身能量掃描

這個全身掃描可以用來：

★與你的身體形相重新連結，感應可能遮蔽連結的任何阻塞
★使你的身體與星辰賦予身體的天賦權利以及更大的整體合一
★進行禪修與放鬆的體驗
★根據你的黃道需求，建立自我照護的規律練習法

一開始，找一個安靜的地點執行這個練習。可能需要大約五分鐘，但只要你喜歡，可以隨性延長時間。在地板或墊子上，進入瑜伽大休息式：背朝下平躺，雙臂和雙腿伸展，雙手手掌朝上，閉上眼睛。必要時可使用支撐物，讓自己舒服些。開始時將焦點集中在頭部，最後結束於雙腳，在內心裡重複下述短句，並在每一句之間放鬆地呼吸一下：

★我是牡羊座，我是我的頭部。我是整體。
★我是金牛座，我是我的頸部。我是整體。

★我是雙子座，我是我的胳膊、前臂和雙手。我是整體。
★我是巨蟹座，我是我的胸部。我是整體。
★我是獅子座，我是我的心臟和上背部。我是整體。
★我是處女座，我是我的腹部。我是整體。
★我是天秤座，我是我的下背部。我是整體。
★我是天蠍座，我是我的薦骨中心。我是整體。
★我是射手座，我是我的臀部和大腿。我是整體。
★我是摩羯座，我是我的膝蓋。我是整體。
★我是寶瓶座，我是我的腳踝。我是整體。
★我是雙魚座，我是我的雙腳。我是整體。
★我接受我的整體的各個部分，我感恩我的整體，我放鬆地融入我的整體。

如此重複，然後只要你喜歡，花多少時間保持大休息式皆可，平躺在地板上，雙腿和雙臂伸長並放鬆。

【附錄C】人體骨骼結構和部位名稱

骨骼結構

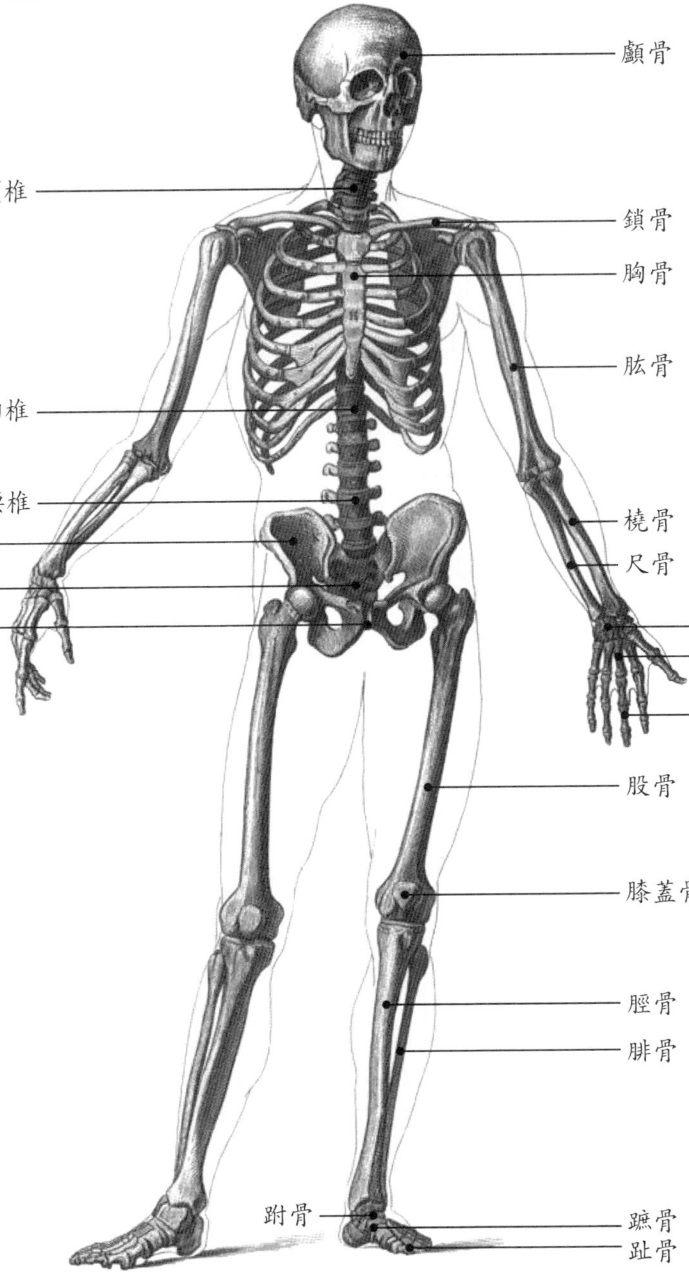

身體部位

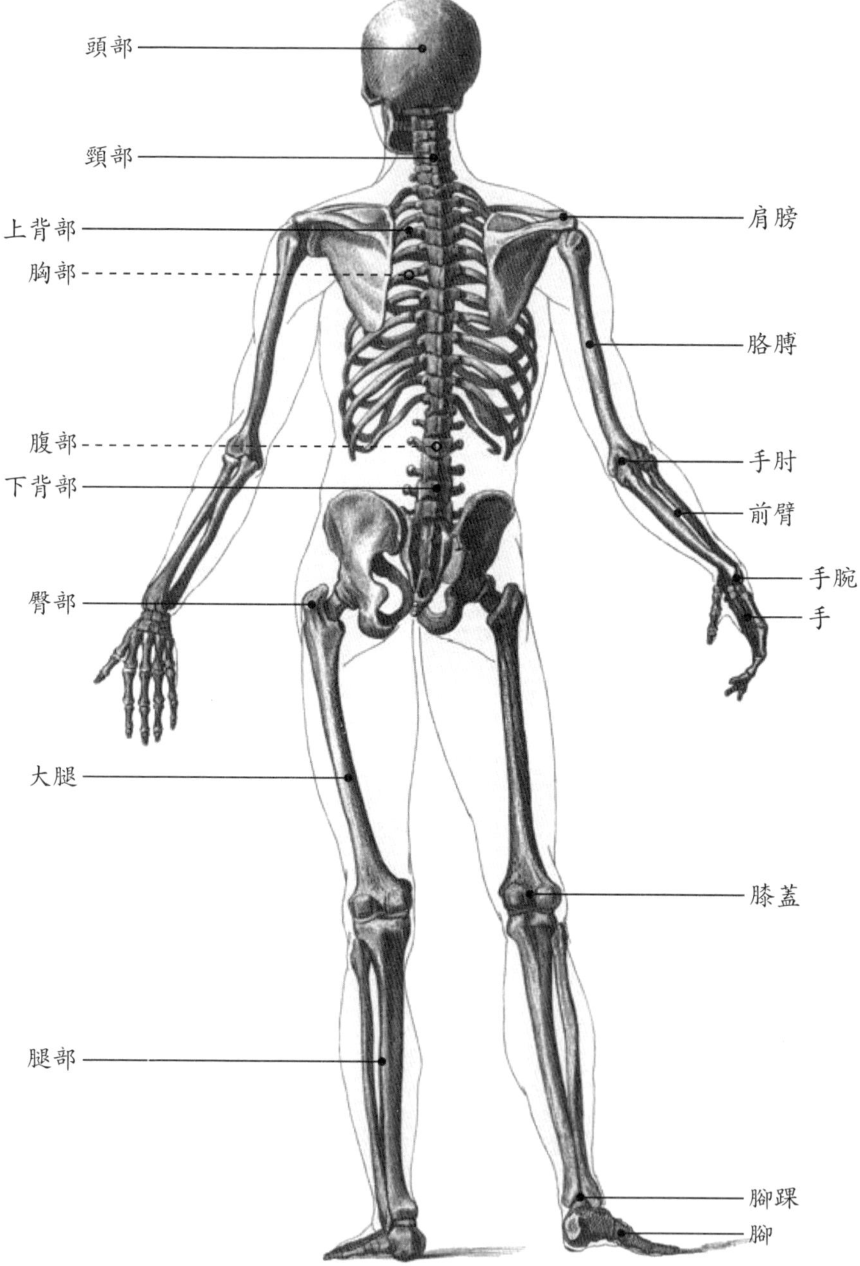
頭部
頸部
上背部
胸部
腹部
下背部
臀部
大腿
腿部
肩膀
胳膊
手肘
前臂
手腕
手
膝蓋
腳踝
腳

誌謝

撰寫一本關於身體和星辰的著作，需要將生命視爲一個互連互通的整體。就這方面而言，我們看見生活中的一切人物和事件都在幫助本書成形，爲此，我們十分感激。儘管如此，卻有少數個人扮演了直接的角色，對於這些人，我們要親自致謝：

感謝三叉戟媒體集團（Trident Media Group）的羅伯特·哥特列波（Robert Gottlieb）與梅兒·弗拉什曼（Mel Flashman），謝謝他們的先見之明與信心。感謝愛蜜莉·韓（Emily Han）、琳賽·伊斯特布魯克布朗（Lindsay Easterbrook-Brown）、以及無可言喻出版社（Beyond Words Publishing）的整個團隊，謝謝你們清晰而眞心地將我們所要說的話傳遞至讀者的手中。感謝勇敢地自願爲我們的個案研究耗費時間、精力，同時提出洞見的所有男性和女性（雖然最後並沒有將個案研究列入本書中，但卻有助於增加每一章節的內容）。還要感謝羅貝塔·羅夫納·皮齊尼克（Roberta Rovner Pieczenik）博士（史蒂芬妮博士的母親），她從史蒂芬妮小學開始便校訂她的文章，帶著愛、奉獻、敏銳的眼光，盯著使用過多的分號。最後，同樣由衷感謝所有一路上支持過我們的朋友、家人和摯愛，你們一定知道你們有多麼重要！

國家圖書館出版品預行編目（CIP）資料

健康占星全書：12星座的身心靈功課，校準能量的72個生活練習／史蒂芬妮·莫倫歌(Stephanie Marango), 麗貝卡·戈登(Rebecca Gordo)著；星光餘輝譯. -- 二版. -- 新北市：橡實文化出版：大雁出版基地發行, 2024.01
面；　公分
譯自：Your body and the stars : the zodiac as your wellness guide.
ISBN 978-626-7313-78-7(平裝)

1.CST: 占星術

292.22　　112019730

BC1052R

健康占星全書：12星座的身心靈功課，校準能量的72個生活練習
Your Body and the Stars: The Zodiac As Your Wellness Guide

本書包含作者的意見與想法，對闡述的主題提供有用的資料。讀者在採納書中的任何建議或是從中得出結論之前，應該先行諮詢自己的醫療、健康、或其他合格的專業人士。

作　　者　史蒂芬妮·莫倫歌（Stephanie Marango）、麗貝卡·戈登（Rebecca Gordon）
譯　　者　星光餘輝
責任編輯　田哲榮
協力編輯　劉芸蓁
封面設計　斐類設計
內頁構成　歐陽碧智
校　　對　吳小微

發 行 人　蘇拾平
總 編 輯　于芝峰
副總編輯　田哲榮
業務行銷　王綬晨、邱紹溢、劉文雅
行銷企劃　陳詩婷
出　　版　橡實文化 ACORN Publishing
　　　　　地址：231030 新北市新店區北新路三段207-3 號5 樓
　　　　　電話：02-8913-1005　傳眞：02-8913-1056
　　　　　網址：www.acornbooks.com.tw
　　　　　E-mail 信箱：acorn@andbooks.com.tw
發　　行　大雁出版基地
　　　　　地址：231030 新北市新店區北新路三段207-3 號5 樓
　　　　　電話：02-8913-1005　傳眞：02-8913-1056
　　　　　讀者服務信箱：andbooks@andbooks.com.tw
　　　　　劃撥帳號：19983379　戶名：大雁文化事業股份有限公司

印　　刷　中原造像股份有限公司
二版一刷　2024年1月
定　　價　580元
I S B N　978-626-7313-78-7
（原書名：《你的身體就是12星座：占星這樣教我們健康養生》）